TAIWANHUAYU
RICHANG YONGYU

3パターンで決める

日常台湾華語会話 ネイティブ表現

Pan Eason

語 研

- ★ 本書の台湾華語タイトルは〝臺灣華語日常用語〟です。
- ★ 台湾華語とは，北京語（普通語）がベースとなった台湾で話される中国語のことであり，台湾語（閩南語）とは異なります。
- ★ 弊社 Web サイトのカタログページからダウンロード（無料）できる音声データには，対話例の台湾華語のみが 1 回，自然な速さで収録されています。
- ★ 台湾華語は一部の語について中国の北京語と四声が異なります。また，発音自体がまったく異なる語については語注に記載いたしました。

はじめに

　本書は，台湾華語ネイティブスピーカーが日常生活でよく使う表現や言い回しを，会話の状況や目的別にそれぞれ対話式に 3 つのパターンを紹介した台湾華語会話表現集です。

　さまざまなコミュニケーションの機会において，言いたいことを的確に伝える言葉が見つからず困った経験はありませんか。本書は，さまざまな日常生活でよくあるシーンを切り取り，実際に役に立つ例文を紹介しています。それぞれのシーンは場面をイメージしやすいように対話形式になっており，やり取りは簡潔にまとめ，台湾では当たり前のように使われている表現を多く紹介しています。また，すべての文章にピンインとボポモフォを表記しています。ボポモフォ（注音符号）は台湾独自の発音記号で，近年台湾のアイデンティティのアイコンとして再注目されています。是非ピンインだけでなくボポモフォをマスターして本書を読み進めてください。初級学習者のみならず，リスニング力や会話表現の幅や語彙力を広げたい中級者以上の台湾華語学習者にも対応できるようになっています。

　台湾華語で最も大切なことは声調です。カタカナで発音しても通じないのは，声調を理解できていないからです。声調を誤ると，まったく違う意味になってしまいます。音声を繰り返し聞くことで，それぞれのシーンの対話形式の会話を，シャドーイング練習などを通して頭に入れることができます。それぞれのシーンに合ったリアルな台湾華語が口から出てくるようになります。

　本書を通じて，さまざまな日常生活の中で，これまで言えそうで言えなかった台湾華語のフレーズを習得し，台湾華語の会話を楽しみ，さらに台湾華語を身につけることができるようになれば，筆者としてこれに勝る喜びはありません。

2020 年 2 月

潘凱翔

目 次

I 挨拶と社交

II 質問と応答

Ⅲ　意思疎通

Ⅳ 勧誘と申し出

V 依頼・勧告・要求

VI 感情の表現

【装丁】
平木 千草

【イラスト】
オガワ ナホ

【吹き込み】
潘凱翔
潘欣妮

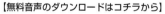

【無料音声のダウンロードはコチラから】

https://www.goken-net.co.jp/catalog/card.html?isbn=978-4-87615-354-1

台湾華語の発音記号（注音）

　台湾華語の「注音〈ㄅㄆㄇㄈ（ボポモフォ）〉」は日本語の「あいうえお」のようなもので，フリガナのように漢字の読みを表すものです。台湾では子音のボポモフォから習います。

　台湾華語（台湾の中国語）にはそり舌音がほぼありません。中国の中国語との大きな違いは，このそり舌音の有無で，台湾華語のほうがソフトに聞こえます。

子音		
ボポモフォ	ピンイン	近い発音
ㄅ	b	ボ
ㄆ	p	ポ
ㄇ	m	モ
ㄈ	f	フォ
ㄉ	d	ダ
ㄊ	t	ト
ㄋ	n	ノ
ㄌ	l	ロ
ㄍ	g	グ
ㄎ	k	ク
ㄏ	h	ホ
ㄐ	j	ヂ
ㄑ	q	チ
ㄒ	x	シ
ㄓ	zh	ズ
ㄔ	ch	ツ
ㄕ	sh	ス
ㄖ	r	ル
ㄗ	z	ズ
ㄘ	c	ツ
ㄙ	s	ス

母音		
ボポモフォ	ピンイン	近い発音
ㄚ	a	ア
ㄛ	o	オ
ㄜ	e	エ＋オ
ㄝ	ě	エ
ㄞ	ai	アイ
ㄟ	ei	エイ
ㄠ	ao	アオ
ㄡ	ou	オウ
ㄢ	an	アン
ㄣ	en	エン
ㄤ	ang	アン
ㄥ	eng	エン
ㄦ	er	アル
ㄧ	i	イ
ㄨ	u	ウ
ㄩ	ü	ユイ

声調の種類

　台湾華語の声調は，英語などの母音にかかるアクセントとは異なり，日本語の「橋（はし）」と「箸（はし）」のように音の高低があらゆる音節に指定されています。声調を間違えると，意味が変わってしまうので注意が必要です。台湾華語を学ぶ上でこの声調をマスターすることがもっとも基本的なことでありながら，もっとも大切なことです。

声調	発音の仕方	注音声調記号	単語	ボボモフォ	ピンイン
第1声	高い音で少し伸ばす	なし	媽	ㄇㄚ	mā
第2声	少し低めの音から高い音へ上げる	´	麻	ㄇㄚˊ	má
第3声	一度低い音へ下げてから上げる	ˇ	馬	ㄇㄚˇ	mǎ
第4声	高い音から低い音へ一気に下げる	ˋ	罵	ㄇㄚˋ	mà
軽声	声調は無く短く軽く発音する	˙	媽	˙ㄇㄚ	ma

声調変化

　声調変化はふたつの音節が連続したときに起こり，下記の３つのパターンが頻繁に使用されます。いづれも後ろの音節によって，前の音節が変化します。

　一般的な書籍には，変化前の声調が書かれているので，発音の際には声調変化に注意してください。

① **你好** （ㄋㄧˇ ㄏㄠˇ ➡ ㄋㄧˊ ㄏㄠˇ）
　　　第３声＋第３声 ➡ 第２声＋第３声

② **不** 本来の声調は第４声。
　〈パターン１〉第４声＋第１，２，３声 ➡ 変化なし
　〈パターン２〉第４声＋第４声 ➡ 第２声＋第４声

③ **一** 本来の声調は第１声。
　〈パターン１〉第１声＋第１，２，３声 ➡ 第４声＋第１，２，３声
　〈パターン２〉第４声＋第４声 ➡ 第２声＋第４声

音声のダウンロード方法

* 音声ファイルはフレーズごとに分かれていて，全部で 537 ファイルあ
  ります（ マーク＋番号で示しています）。

* 本書のカタログページにて【無料音声を聴く】をクリックすると音声
  のダウンロードページに飛ぶことができます。

  https://www.goken-net.co.jp/catalog/card.html?isbn=978-4-87615-354-1

  スマートフォンやタブレットでご利用の場合，下記 QR コードもぜひ
  ご活用ください。

　　　　　　　　　　　※ Wi-Fi 接続でのダウンロードを推奨します。

挨拶と社交

□ **001**
🎧

早安。

おはようございます。

ㄗㄠˇ ㄢ。

Zǎo'ān

A: **陳先生，早安。**

ㄔㄣˊ ㄒㄧㄢ ㄕㄥ, ㄗㄠˇ ㄢ。

Chén xiānshēng, zǎo'ān.

B: **早。**

ㄗㄠˇ。

Zǎo.

A: 陳さん，おはようございます。
B: おはよう。

□ **002**
🎧

快點起床！

早く起きなさい！

ㄎㄨㄞˋ ㄉㄧㄢˇ ㄑㄧˇ ㄔㄨㄤˊ！

Kuài diǎn qǐchuáng!

A: **快點起床，要來不及了！**

ㄎㄨㄞˋ ㄉㄧㄢˇ ㄑㄧˇ ㄔㄨㄤˊ, ㄧㄠˋ ㄌㄞˊ ㄅㄨˋ ㄐㄧˊ ˙ㄌㄜ！

Kuài diǎn qǐchuáng, yào lái bù jí le!

B: **再讓我睡一下。**

ㄗㄞˋ ㄖㄤˋ ㄨㄛˇ ㄕㄨㄟˋ ㄧˊ ㄒㄧㄚˋ。

Zài ràng wǒ shuì yíxià.

A: 早く起きなさい，間に合わなくなるよ！
B: もう少し寝かせて。

【快點】早く。急いで。【不及】～に間に合わない。

□ **003**
🎧

我真的起不來。

本当に起きられない。

ㄨㄛˇ ㄓㄣ ˙ㄉㄜ ㄑㄧˇ ㄅㄨˋ ㄌㄞˊ。

Wǒ zhēnde qǐ bù lái.

A: **還是每天都賴床嗎？**

ㄏㄞˊ ㄕˋ ㄇㄟˇ ㄊㄧㄢ ㄉㄡ ㄌㄞˋ ㄔㄨㄤˊ ㄇㄚ？

Hái shì měitiān dōu lài chuáng ma?

B: **我真的起不來。**

ㄨㄛˇ ㄓㄣ ˙ㄉㄜ ㄑㄧˇ ㄅㄨˋ ㄌㄞˊ。

Wǒ zhēnde qǐ bù lái.

A: やっぱり毎日朝寝坊してるの？
B: 本当に起きられないんだ。

【賴床】朝寝坊する。

□ 004

晚安。

おやすみなさい。

ㄨㄢˇ ㄢ。
Wǎn'ān.

A: **那麼，明天見。**
ㄋㄚˋ ㄇㄜ，ㄇㄧㄥˊ ㄊㄧㄢ ㄐㄧㄢˋ。
Nàme, míngtiān jiàn.

B: **好的，晚安。**
ㄏㄠˇ ˙ㄉㄜ，ㄨㄢˇ ㄢ。
Hǎode, wǎn'ān.

A: それでは，また明日。
B: はい。おやすみなさい。

【那麼】それでは。じゃあ。

□ 005 🎧

快睡吧。

早く寝て。

ㄎㄨㄞˋ ㄕㄨㄟˋ ˙ㄅㄚ。
Kuài shuì ba.

A: **快睡吧。**
ㄎㄨㄞˋ ㄕㄨㄟˋ ˙ㄅㄚ。
Kuài shuì ba.

B: **這個看完，就睡了。**
ㄓㄜˋ ˙ㄍㄜ ㄎㄢˋ ㄨㄢˊ，ㄐㄧㄡˋ ㄕㄨㄟˋ ˙ㄌㄜ。
Zhège kàn wán, jiù shuì le.

A: 早く寝て。
B: これを観終わったら，寝るよ。

【〈動詞〉＋完】〜し終わる。

□ 006 🎧

先睡了。

先に寝るよ。

ㄒㄧㄢ ㄕㄨㄟˋ ˙ㄌㄜ。
Xiān shuì le.

A: **我好累，先睡了。**
ㄨㄛˇ ㄏㄠˇ ㄌㄟˋ，ㄒㄧㄢ ㄕㄨㄟˋ ˙ㄌㄜ。
Wǒ hǎo lèi, xiān shuì le.

B: **我也差不多要睡了。**
ㄨㄛˇ ㄧㄝˇ ㄔㄚ ㄅㄨˋ ㄉㄨㄛ ㄧㄠˋ ㄕㄨㄟˋ ˙ㄌㄜ。
Wǒ yě chàbùduō yào shuì le.

A: 疲れたから，先に寝るよ。
B: 私もそろそろ寝るわ。

【差不多要】そろそろ〜する。

□**007**

我出門了。

ㄨㄛˇ ㄔㄨ ㄇㄣˊ ˙ㄌㄜ。
Wǒ chūmén le.

行ってきます。

A: **我出門了。**
ㄨㄛˇ ㄔㄨ ㄇㄣˊ ˙ㄌㄜ。
Wǒ chūmén le.

B: **路上小心。**
ㄌㄨˋ ㄕㄤˋ ㄒㄧㄠˇ ㄒㄧㄣ。
Lùshàng xiǎoxīn.

A: 行ってきます。
B: 道中，気をつけてね。

【小心】気をつける。

□**008**

我出去一下。

ㄨㄛˇ ㄔㄨ ㄑㄩˋ ㄧˊ ㄒㄧㄚˋ。
Wǒ chūqù yíxià.

ちょっと出掛けるよ。

A: **我出去一下。**
ㄨㄛˇ ㄔㄨ ㄑㄩˋ ㄧˊ ㄒㄧㄚˋ。
Wǒ chūqù yíxià.

B: **幾點回來？**
ㄐㄧˇ ㄉㄧㄢˇ ㄏㄨㄟˊ ㄌㄞˊ？
Jǐ diǎn huílái?

A: ちょっと出掛けるよ。
B: 何時に帰るの？

□**009**

我去上班了。

ㄨㄛˇ ㄑㄩˋ ㄕㄤˋ ㄅㄢ ˙ㄌㄜ。
Wǒ qù shàngbān le.

仕事に行ってきます。

A: **我去上班了。**
ㄨㄛˇ ㄑㄩˋ ㄕㄤˋ ㄅㄢ ˙ㄌㄜ。
Wǒ qù shàngbān le.

B: **開車小心。**
ㄎㄞ ㄔㄜ ㄒㄧㄠˇ ㄒㄧㄣ。
Kāichē xiǎoxīn.

A: 仕事に行ってきます。
B: 運転に気をつけてね。

【開車】車を運転する。

挨拶と社交

質問と応答

意思疎通

勧誘と申し出

依頼・勧告・要求

感情の表現

□ 010

你好嗎？
ㄋㄧˇ ㄏㄠˇ ㄇㄚ?
Nǐ hǎo ma?

お元気ですか。

A: **你好嗎？**
ㄋㄧˇ ㄏㄠˇ ㄇㄚ?
Nǐ hǎo ma?

B: **我很好，你呢？**
ㄨㄛˇ ㄏㄣˇ ㄏㄠˇ, ㄋㄧˇ ㄋㄜ?
Wǒ hěn hǎo, nǐ ne?

A: お元気ですか。
B: 元気です。あなたは？

□ 011

最近如何？
ㄗㄨㄟˋ ㄐㄧㄣˋ ㄖㄨˊ ㄏㄜˊ?
Zuìjìn rúhé ?

最近どうですか。

A: **最近如何？**
ㄗㄨㄟˋ ㄐㄧㄣˋ ㄖㄨˊ ㄏㄜˊ?
Zuìjìn rúhé?

B: **工作有點忙。**
ㄍㄨㄥ ㄗㄨㄛˋ ㄧㄡˇ ㄉㄧㄢˇ ㄇㄤˊ。
Gōngzuò yǒu diǎn máng.

A: 最近どうですか。
B: 仕事が忙しいです。

【如何】いかがですか。

□ 012

吃飽了沒？
ㄔ ㄅㄠˇ ˙ㄌㄜ ㄇㄟˊ?
Chībǎo le méi

ご飯食べたの？

A: **吃飽了沒？**
ㄔ ㄅㄠˇ ˙ㄌㄜ ㄇㄟˊ?
Chībǎo le méi?

B: **吃飽了。**
ㄔ ㄅㄠˇ ˙ㄌㄜ。
Chībǎo le.

A: ご飯食べたの？
B: 食べたよ。

【吃飽了沒】直訳は「ご飯食べた？」だが，台湾では「元気ですか」などの日常の挨拶として使われる。

□013 好久不見！

久しぶり。

ㄏㄠˇ ㄐㄧㄡˇ ㄅㄨˊ ㄐㄧㄢˋ！
Hǎojiǔ bú jiàn!

A: **莉莉，好久不見！**
ㄌㄧˋ ㄌㄧ˙，ㄏㄠˇ ㄐㄧㄡˇ ㄅㄨˊ ㄐㄧㄢˋ！
Lìlì, hǎojiǔ bú jiàn!

B: **真的！**
ㄓㄣ ㄉㄜ˙！
Zhēnde!

A: 莉莉，久しぶり！
B: 本当だね！

□014 有一陣子沒見了吧！

しばらく会ってなかったね。

ㄧㄡˇ ㄧˊ ㄓㄣˋ ㄗ˙ ㄇㄟˊ ㄐㄧㄢˋ ㄌㄜ˙ ㄅㄚ˙！
Yǒu yí zhènzi méijiàn le ba!

A: **有一陣子沒見了吧！**
ㄧㄡˇ ㄧˊ ㄓㄣˋ ㄗ˙ ㄇㄟˊ ㄐㄧㄢˋ ㄌㄜ˙ ㄅㄚ˙！
Yǒu yí zhènzi méijiàn le ba!

B: **有一年了。**
ㄧㄡˇ ㄧˊ ㄋㄧㄢˊ ㄌㄜ˙。
Yǒu yì nián le.

A: しばらく会ってなかったね！
B: 1 年ぶりだ。

【一陣子】しばらくの間。

□015 過得怎麼樣？

いかがお過ごしでしたか。

ㄍㄨㄛˋ ㄉㄜ˙ ㄗㄣˇ ㄇㄜ˙ ㄧㄤˋ？
Guòde zěnmeyàng?

A: **過得怎麼樣？**
ㄍㄨㄛˋ ㄉㄜ˙ ㄗㄣˇ ㄇㄜ˙ ㄧㄤˋ？
Guòde zěnmeyàng?

B: **老樣子。**
ㄌㄠˇ ㄧㄤˋ ㄗ˙。
Lǎo yàngzi.

A: いかがお過ごしでしたか。
B: 相変わらずだよ。

【老樣子】いつもどおり。相変わらず。

挨拶と社交

□ 016　**好巧喔！**　　　　　　　　　　偶然だね！

ㄏㄠˇ ㄑㄧㄠˇ ㄜ!
Hǎo qiǎo ō!

A: **你怎麼會在這裡！**
ㄋㄧˇ ㄗㄣˇ ˙ㄇㄜ ㄏㄨㄟˋ ㄗㄞˋ ㄓㄜˋ ㄌㄧˇ!
Nǐ zěnme huì zài zhèlǐ!

B: **好巧喔！**
ㄏㄠˇ ㄑㄧㄠˇ ㄜ!
Hǎo qiǎo ō!

A: どうしてここにいるの！？
B: 偶然だね！

質問と応答

□ 017　**很高興能再見到你。**　　また会えてうれしいです。

ㄏㄣˇ ㄍㄠ ㄒㄧㄥˋ ㄋㄥˊ ㄗㄞˋ ㄐㄧㄢˋ ㄉㄠˋ ㄋㄧˇ。
Hěn gāoxìng néng zàijiàn dào nǐ.

A: **今天真的很開心。**
ㄐㄧㄣ ㄊㄧㄢ ㄓㄣ ˙ㄉㄜ ㄏㄣˇ ㄎㄞ ㄒㄧㄣ。
Jīntiān zhēnde hěn kāixīn.

B: **我也是。很高興能再見到你。**
ㄨㄛˇ ㄧㄝˇ ㄕˋ。ㄏㄣˇ ㄍㄠ ㄒㄧㄥˋ ㄋㄥˊ ㄗㄞˋ ㄐㄧㄢˋ ㄉㄠˋ ㄋㄧˇ。
Wǒ yě shì. Hěn gāoxìng néng zàijiàn dào nǐ.

A: 今日は本当に楽しかったです。
B: 私も。また会えてうれしかったです。

【開心】愉快な。楽しい。

意思疎通

□ 018　**想不到在這裡遇見你。**　こんなところで会うなんて。

ㄒㄧㄤˇ ㄅㄨˊ ㄉㄠˋ ㄗㄞˋ ㄓㄜˋ ㄌㄧˇ ㄩˋ ㄐㄧㄢˋ ㄋㄧˇ。
Xiǎng bú dào zài zhèlǐ yùjiàn nǐ.

A: **想不到在這裡遇見你。**
ㄒㄧㄤˇ ㄅㄨˊ ㄉㄠˋ ㄗㄞˋ ㄓㄜˋ ㄌㄧˇ ㄩˋ ㄐㄧㄢˋ ㄋㄧˇ。
Xiǎng bú dào zài zhèlǐ yùjiàn nǐ.

B: **對啊！ 嚇我一跳！**
ㄉㄨㄟˋ ㄚ! ㄒㄧㄚˋ ㄨㄛˇ ㄧˊ ㄊㄧㄠˋ!
Duì a! Xià wǒ yí tiào!

A: こんなところで会うなんて。
B: そうだね！びっくりしたよ！

【遇見】たまたま出会う。出くわす。【嚇】怖がる。驚く。

勤誘と申し出

依頼・勧告・要求

感情の表現

□ 019 **初次見面。** はじめまして。

イX ち ㄐㄧㄢ ㄇㄧㄢ。
Chūcì jiànmiàn.

A: **初次見面，我姓田中，請多多指教。**
イX ち ㄐㄧㄢ ㄇㄧㄢ，XT ㄒㄧㄥ ㄊㄧㄢ ㄓㄨㄥ，ㄑㄧㄥ ㄉㄨㄛ ㄉㄨㄛ ㄓ ㄐㄧㄠ。
Chūcì jiànmiàn, wǒ xìng Tiánzhōng, qǐng duōduō zhǐjiào.

B: **您好，田中先生。**
ㄋㄧㄣ ㄏㄠ，ㄊㄧㄢ ㄓㄨㄥ ㄒㄧㄢ ㄕㄥ。
Nín hǎo, Tiánzhōng xiānshēng.

A: はじめまして，田中です，よろしくお願いします。
B: こんにちは，田中さん。

【指教】指導する。【～先生（小姐）】～さん（男性は～先生，女性は～小姐）。

□ 020 **請問您是～先生(小姐)嗎？** ～さんでいらっしゃいますか。

ㄑㄧㄥ ㄨㄣ ㄋㄧㄣ ㄕ ～ㄒㄧㄢ ㄕㄥ(ㄒㄧㄠ ㄐㄧㄝ) ˙ㄇㄚ？
Qǐngwèn nín shì ~ xiān sheng(xiǎojiě) ma?

A: **請問您是王先生嗎？**
ㄑㄧㄥ ㄨㄣ ㄋㄧㄣ ㄕ ㄨㄤ ㄒㄧㄢ ㄕㄥ ˙ㄇㄚ？
Qǐngwèn nín shì Wáng xiānshēng ma?

B: **是的，我是。**
ㄕ ˙ㄉㄜ，XT ㄕ。
Shì de, wǒ shì.

A: 王さんでいらっしゃいますか。
B: はい，私です。

□ 021 **很高興認識你。** お会いできてうれしいです。

ㄏㄣ ㄍㄠ ㄒㄧㄥ ㄖㄣ ㄕ ㄋㄧ。
Hěn gāoxìng rènshì nǐ.

A: **很高興認識你。**
ㄏㄣ ㄍㄠ ㄒㄧㄥ ㄖㄣ ㄕ ㄋㄧ。
Hěn gāoxìng rènshì nǐ.

B: **我也是，以後也請多多指教。**
XT ㄧㄝ ㄕ，ㄧ ㄏㄡ ㄧㄝ ㄑㄧㄥ ㄉㄨㄛ ㄉㄨㄛ ㄓ ㄐㄧㄠ。
Wǒ yě shì, yǐhòu yě qǐng duōduō zhǐjiào.

A: お会いできてうれしいです。
B: 私も，今後ともよろしくお願いいたします。

【認識】知り合う。

□ 022 我們是不是在哪見過面？　　どこかで会いましたよね？

ㄨㄛˇ ㄇㄣˊ ㄕˋ ㄅㄨˊ ㄕˋ ㄗㄞˋ ㄋㄚˇ ㄐㄧㄢˋ ㄍㄨㄛˋ ㄇㄧㄢˋ？
Wǒmen shì bú shì zài nǎ jiàn guò miàn?

A: **我們是不是在哪見過面？**
ㄨㄛˇ ㄇㄣˊ ㄕˋ ㄅㄨˊ ㄕˋ ㄗㄞˋ ㄋㄚˇ ㄐㄧㄢˋ ㄍㄨㄛˋ ㄇㄧㄢˋ？
Wǒmen shì bú shì zài nǎ jiàn guò miàn?

B: **不好意思，你是不是認錯人了？**
ㄅㄨˋ ㄏㄠˇ ㄧˋ ㄙ, ㄋㄧˇ ㄕˋ ㄅㄨˊ ㄕˋ ㄖㄣˋ ㄘㄨㄛˋ ㄖㄣˊ ㄌㄜ˙？
Bù hǎoyìsi, nǐ shì bú shì rèncuò rén le?

A: どこかで会ったことありますよね？
B: すみません，人違いじゃないですか。

【認錯人】人違いする。

□ 023 我覺得你很眼熟。　　あなたに見覚えがあるのですが。

ㄨㄛˇ ㄐㄩㄝˊ ㄉㄜ˙ ㄋㄧˇ ㄏㄣˇ ㄧㄢˇ ㄕㄡˊ。
Wǒ juéde nǐ hěn yǎnshóu.

A: **不好意思，我覺得你很眼熟。**
ㄅㄨˋ ㄏㄠˇ ㄧˋ ㄙ, ㄨㄛˇ ㄐㄩㄝˊ ㄉㄜ˙ ㄋㄧˇ ㄏㄣˇ ㄧㄢˇ ㄕㄡˊ。
Bù hǎoyìsi, wǒ juéde nǐ hěn yǎnshoú.

B: **我認識你嗎？**
ㄨㄛˇ ㄖㄣˋ ㄕˊ ㄋㄧˇ ㄇㄚ？
Wǒ rènshí nǐ ma?

A: すみません，あなたに見覚えがあるのですが。
B: 知り合いでしょうか。

【眼熟】見覚えがある。

□ 024 你還記得我嗎？　　まだ私のことを覚えていますか。

ㄋㄧˇ ㄏㄞˊ ㄐㄧˋ ㄉㄜ˙ ㄨㄛˇ ㄇㄚ？
Nǐ hái jìde wǒ ma?

A: **你還記得我嗎？**
ㄋㄧˇ ㄏㄞˊ ㄐㄧˋ ㄉㄜ˙ ㄨㄛˇ ㄇㄚ？
Nǐ hái jìde wǒ ma?

B: **當然記得，我們去年在台北一起喝過酒。**
ㄉㄤ ㄖㄢˊ ㄐㄧˋ ㄉㄜ˙, ㄨㄛˇ ㄇㄣˊ ㄑㄩˋ ㄋㄧㄢˊ ㄗㄞˋ ㄊㄞˊ ㄅㄟˇ ㄧˋ ㄑㄧˇ ㄏㄜ ㄍㄨㄛˋ ㄐㄧㄡˇ。
Dāngrán jìde, wǒmen qùnián zài Táiběi yìqǐ hē guò jiǔ.

A: まだ私のことを覚えていますか。
B: もちろん覚えていますよ，去年台北で一緒に飲んだことがあります。

【記得】覚えている。【當然】もちろん。当然。【〈動詞〉＋過】～したことがある（経験）。

☐ **025**

🎧

我叫～。

私は～と申します。

ㄨㄛˇ ㄐㄧㄠˋ～。
Wǒ jiào ～.

A: **哈囉！ 我叫王小明。你呢？**
ㄏㄚ ㄌㄨㄛˊ！ ㄨㄛˇ ㄐㄧㄠˋ ㄨㄤˊ ㄒㄧㄠˇ ㄇㄧㄥˊ。ㄋㄧˇ ˙ㄋㄜ？
Hāluó! Wǒ jiào Wáng Xiǎomíng. Nǐ ne?

B: **你好，我叫鈴木。**
ㄋㄧˇ ㄏㄠˇ, ㄨㄛˇ ㄐㄧㄠˋ ㄌㄧㄥˊ ㄇㄨˋ。
Nǐ hǎo, wǒ jiào Língmù.

A: ハロー！ 私は王小明と申します。あなたは？
B: こんにちは，鈴木と申します。

【哈囉】ハロー (hello)。親しい間柄でよく使われる。

☐ **026**

🎧

你有外號嗎？

ニックネームはありますか。

ㄋㄧˇ ㄧㄡˇ ㄨㄞˋ ㄏㄠˋ ˙ㄇㄚ？
Nǐ yǒu wàihào ma?

A: **你有外號嗎？**
ㄋㄧˇ ㄧㄡˇ ㄨㄞˋ ㄏㄠˋ ˙ㄇㄚ？
Nǐ yǒu wàihào ma?

B: **我的外號是超人。**
ㄨㄛˇ ˙ㄉㄜ ㄨㄞˋ ㄏㄠˋ ㄕˋ ㄔㄠ ㄖㄣˊ。
Wǒ de wàihào shì chāorén.

A: ニックネームはありますか。
B: 私のニックネームはスーパーマンです。

【外號】あだ名。ニックネーム。

☐ **027**

🎧

我是從～來的。

～から来ました。

ㄨㄛˇ ㄕˋ ㄘㄨㄥˊ～ ㄌㄞˊ ˙ㄉㄜ。
Wǒ shì cóng ～ lái de.

A: **你是從哪裡來的？**
ㄋㄧˇ ㄕˋ ㄘㄨㄥˊ ㄋㄚˇ ㄌㄧˇ ㄌㄞˊ ˙ㄉㄜ？
Nǐ shì cóng nǎlǐ lái de?

B: **我是從台灣台北來的。**
ㄨㄛˇ ㄕˋ ㄘㄨㄥˊ ㄊㄞˊ ㄨㄢ ㄊㄞˊ ㄅㄟˇ ㄌㄞˊ ˙ㄉㄜ。
Wǒ shì cóng Táiwān Táiběi lái de.

A: どこから来ましたか。
B: 台湾の台北から来ました。

【從～】～から。

挨拶と社交

□ 028
讓我介紹一下。
ㄖㄤˋ ㄨㄛˇ ㄐㄧㄝˋ ㄕㄠˋ ㄧ ㄒㄧㄚˋ。
Ràng wǒ jiè shào yíxià.

紹介させていただきます。

A: **讓我介紹一下，這位是黃小姐。**
ㄖㄤˋ ㄨㄛˇ ㄐㄧㄝˋ ㄕㄠˋ ㄧ ㄒㄧㄚˋ，ㄓㄜˋ ㄨㄟˋ ㄕˋ ㄏㄨㄤˊ ㄒㄧㄠˇ ㄐㄧㄝˇ。
Ràng wǒ jiè shào yíxià, zhè wèi shì Huáng xiǎojiě.

B: **您好，黃小姐。我姓張。**
ㄋㄧㄣˊ ㄏㄠˇ，ㄏㄨㄤˊ ㄒㄧㄠˇ ㄐㄧㄝˇ。ㄨㄛˇ ㄒㄧㄥˋ ㄓㄤ。
Nín hǎo, Huáng xiǎojiě. Wǒ xìng Zhāng.

C: **您好，張先生。**
ㄋㄧㄣˊ ㄏㄠˇ，ㄓㄤ ㄒㄧㄢ ㄕㄥ。
Nín hǎo, Zhāng xiānshēng.

A: 紹介させていただきます，こちらは黄さんです。
B: こんにちは，黄さん。私は張です。　　C: こんにちは，張さん。

【位】人の数え方（丁寧語）。

□ 029
這位是～。
ㄓㄜˋ ㄨㄟˋ ㄕˋ ～。
Zhè wèi shì ～.

こちらは～です。

A: **這位是我的老師。**
ㄓㄜˋ ㄨㄟˋ ㄕˋ ㄨㄛˇ ㄉㄜ ㄌㄠˇ ㄕ。
Zhè wèi shì wǒ de lǎoshī.

B: **老師，您好。**
ㄌㄠˇ ㄕ，ㄋㄧㄣˊ ㄏㄠˇ。
Lǎoshī, nín hǎo.

A: こちらは私の先生です。
B: 先生，こんにちは。

□ 030
他(她)是～的…。
ㄊㄚ(ㄊㄚ)ㄕˋ～ˋㄉㄜ…。
Tā(tā) shì ～ de….

彼（彼女）は～の…です。

A: **他是飛翔公司的老闆。**
ㄊㄚ ㄕˋ ㄈㄟ ㄒㄧㄤˊ ㄍㄨㄥ ㄙ ㄉㄜ ㄌㄠˇ ㄅㄢˇ。
Tā shì Fēixiáng gōngsī de lǎobǎn.

B: **幸會幸會。**
ㄒㄧㄥˋ ㄏㄨㄟˋ ㄒㄧㄥˋ ㄏㄨㄟˋ。
Xìnghuì xìnghuì.

A: 彼は飛翔会社のボスです。
B: お目にかかれて光栄です。

【老闆】ボス。オーナー。社長。【幸會幸會】お目にかかれて光栄です。繰り返し使うことでより強調される。

質問と応答

意思疎通

勧誘と申し出

依頼・勧告・要求

感情の表現

□031 再見！

さよなら！

ㄗㄞˋ ㄐㄧㄢˋ！
Zàijiàn!

A: **再見！**
ㄗㄞˋ ㄐㄧㄢˋ！
Zàijiàn!

B: **再見！ 不要忘了我。**
ㄗㄞˋ ㄐㄧㄢˋ！ ㄅㄨˊ ㄧㄠˋ ㄨㄤˋ ㄌㄜ ㄨㄛˇ。
Zàijiàn! Bú yào wàng le wǒ.

A: さよなら！
B: さよなら！ 私のこと忘れないでね。

【不要忘了】忘れないで。

□032 下次見，掰掰。

またね，バイバイ。

ㄒㄧㄚˋ ㄘˋ ㄐㄧㄢˋ，ㄅㄞ ㄅㄞ。
Xiàcì jiàn, bāibāi.

A: **下次見，掰掰。**
ㄒㄧㄚˋ ㄘˋ ㄐㄧㄢˋ，ㄅㄞ ㄅㄞ。
Xiàcì jiàn, bāibāi.

B: **掰掰。**
ㄅㄞ ㄅㄞ。
Bāibāi.

A: またね，バイバイ。
B: バイバイ。

【掰掰】バイバイ (bye bye)。

□033 我先走了。

お先に失礼します。

ㄨㄛˇ ㄒㄧㄢ ㄗㄡˇ ㄌㄜ。
Wǒ xiān zǒu le.

A: **我先走了。**
ㄨㄛˇ ㄒㄧㄢ ㄗㄡˇ ㄌㄜ。
Wǒ xiān zǒu le.

B: **辛苦了。**
ㄒㄧㄣ ㄎㄨˇ ㄌㄜ。
Xīnkǔ le.

A: お先に失礼します。
B: お疲れ様でした。

挨拶と社交

質問と応答

意思疎通

勧誘と申し出

依頼・勧告・要求

感情の表現

☐ 034

🎧

開動了。

いただきます。

ㄎㄞ ㄉㄨㄥˋ ˙ㄌㄜ。
Kāi dòng le.

A: **請慢用。**
ㄑㄧㄥˇ ㄇㄢˋ ㄩㄥˋ。
Qǐng mànyòng.

B: **那我開動了。**
ㄋㄚˋ ㄨㄛˇ ㄎㄞ ㄉㄨㄥˋ ˙ㄌㄜ。
Nà wǒ kāidòng le.

A: どうぞごゆっくりお召し上がりください。
B: じゃあ，いただきます。

【開動了】食事の際に使われる台湾独自のフレーズ。

☐ 035

🎧

可以先吃嗎？

先に食べてもいいですか。

ㄎㄜˇ ㄧˇ ㄒㄧㄢ ㄔ ˙ㄇㄚ？
Kěyǐ xiān chī ma?

A: **可以先吃嗎？**
ㄎㄜˇ ㄧˇ ㄒㄧㄢ ㄔ ˙ㄇㄚ？
Kěyǐ xiān chī ma?

B: **等她來再吃吧。**
ㄉㄥˇ ㄊㄚ ㄌㄞˊ ㄗㄞˋ ㄔ ˙ㄅㄚ。
Děng tā lái zài chī ba.

A: 先に食べてもいいですか。
B: 彼女が来てから，食べましょう。

☐ 036

🎧

都到齊了嗎？

全員揃いましたか。

ㄉㄡ ㄉㄠˋ ㄑㄧˊ ˙ㄌㄜ ㄇㄚ？
Dōu dào qí le ma?

A: **都到齊了嗎？**
ㄉㄡ ㄉㄠˋ ㄑㄧˊ ˙ㄌㄜ ㄇㄚ？
Dōu dào qí le ma?

B: **還差一個人。**
ㄏㄞˊ ㄔㄚ ㄧ ˙ㄍㄜ ㄖㄣˊ。
Hái chā yì ge rén.

A: 全員揃いましたか。
B: あと一人です。

【到齊】揃える。

☐ 037 **好好吃。**

ㄏㄠˇ ㄏㄠˇ ㄔ。
Hǎohǎo chī.

とてもおいしいです！

A: **這是什麼菜？ 好好吃！**
ㄓㄜˋ ㄕˋ ㄕㄣˊ ㄇㄜ ㄘㄞˋ？ ㄏㄠˇ ㄏㄠˇ ㄔ！
Zhè shì shénme cài? Hǎohǎo chī!

B: **這是我媽做的。**
ㄓㄜˋ ㄕˋ ㄨㄛˇ ㄇㄚ ㄗㄨㄛˋ ˙ㄉㄜ。
Zhè shì wǒ mā zuò de.

A: これは何の料理ですか。とてもおいしいです！
B: これは私の母が作りました。

☐ 038 **〜的味道超讚。**

〜˙ㄉㄜ ㄨㄟˋ ˙ㄉㄠ ㄔㄠ ㄗㄢˋ。
〜 de wèidao chāo zàn.

〜の味は超いいね！

A: **小籠包的味道超讚。**
ㄒㄧㄠˇ ㄌㄨㄥˊ ㄅㄠ ˙ㄉㄜ ㄨㄟˋ ˙ㄉㄠ ㄔㄠ ㄗㄢˋ。
Xiǎolóngbāo de wèidao chāo zàn.

B: **我一個人可以吃 20 個。**
ㄨㄛˇ ㄧˊ ˙ㄍㄜ ㄖㄣˊ ㄎㄜˇ ㄧˇ ㄔ ㄦˋ ㄕˊ ˙ㄍㄜ。
Wǒ yì ge rén kěyǐ chī èrshí ge.

A: 小籠包の味は超いいね。
B: 僕はひとりで 20 個食べられるよ。

【讚】いいね。すばらしい。

☐ 039 **我已經吃飽了。**

ㄨㄛˇ ㄧˇ ㄐㄧㄥ ㄔ ㄅㄠˇ ˙ㄌㄜ。
Wǒ yǐjīng chībǎo le.

もうお腹いっぱいだ。

A: **你再多吃點。**
ㄋㄧˇ ㄗㄞˋ ㄉㄨㄛ ㄔ ㄉㄧㄢˇ。
Nǐ zài duō chī diǎn.

B: **謝謝你，我已經吃飽了。**
ㄒㄧㄝˋ ㄒㄧㄝ ㄋㄧˇ，ㄨㄛˇ ㄧˇ ㄐㄧㄥ ㄔ ㄅㄠˇ ˙ㄌㄜ。
Xièxie nǐ, wǒ yǐjīng chībǎo le.

A: もっと食べてね。
B: ありがとう，もうお腹いっぱい。

【再多＋〈動詞〉＋點】もっと〜して。

☐ **040**

謝謝您的招待。　　　　　　ごちそうさまでした。

ㄒㄧㄝˋ ㄒㄧㄝ ㄋㄧㄣˊ ㄉㄜ ㄓㄠ ㄉㄞˋ。
Xièxie nín de zhāodài.

A: **謝謝您的招待。**
ㄒㄧㄝˋ ㄒㄧㄝ ㄋㄧㄣˊ ㄉㄜ ㄓㄠ ㄉㄞˋ。
Xièxie nín de zhāodài.

B: **不客氣。**
ㄅㄨˊ ㄎㄜˋ ㄑㄧˋ。
Bú kèqì.

A: ごちそうさまでした。
B: どういたしまして。

☐ **041**

謝謝你請我吃飯。　　ごちそうしてくれてありがとう。

ㄒㄧㄝˋ ㄒㄧㄝ ㄋㄧˇ ㄑㄧㄥˇ ㄨㄛˇ ㄔ ㄈㄢˋ。
Xièxie nǐ qǐng wǒ chīfàn.

A: **今天的菜，合胃口嗎？**
ㄐㄧㄣ ㄊㄧㄢ ㄉㄜ ㄘㄞˋ，ㄏㄜˊ ㄨㄟˋ ㄎㄡˇ ㄇㄚ?
Jīntiān de cài, hé wèi kǒu ma?

B: **太好吃了！ 謝謝你請我吃飯。**
ㄊㄞˋ ㄏㄠˇ ㄔ ㄌㄜ! ㄒㄧㄝˋ ㄒㄧㄝ ㄋㄧˇ ㄑㄧㄥˇ ㄨㄛˇ ㄔ ㄈㄢˋ。
Tài hǎo chī le! Xièxie nǐ qǐng wǒ chīfàn.

A: 今日の料理はお口に合いましたか。
B: おいしかったです！ ごちそうしてくれてありがとう。

【合胃口】口に合う。【太＋〈形容詞〉＋了】～すぎる。

☐ **042**

下次我請客。　　　　　　　今度おごるよ。

ㄒㄧㄚˋ ㄘˋ ㄨㄛˇ ㄑㄧㄥˇ ㄎㄜˋ。
Xiàcì wǒ qǐngkè.

A: **下次我請客。**
ㄒㄧㄚˋ ㄘˋ ㄨㄛˇ ㄑㄧㄥˇ ㄎㄜˋ。
Xiàcì wǒ qǐngkè.

B: **我很期待。**
ㄨㄛˇ ㄏㄣˇ ㄑㄧˊ ㄉㄞˋ。
Wǒ hěn qídài.

A: 今度おごるよ。
B: 楽しみにしてるわ。

☐ 043

🎧

你身體還好吧？

ㄋㄧˇ ㄕㄣ ㄊㄧˇ ㄏㄞˊ ㄏㄠˇ ㄅㄚ？
Nǐ shēntǐ hái hǎo ba?

体調は大丈夫ですか。

A: **你身體還好吧？**
ㄋㄧˇ ㄕㄣ ㄊㄧˇ ㄏㄞˊ ㄏㄠˇ ㄅㄚ？
Nǐ shēntǐ hái hǎo ba?

B: **好多了。**
ㄏㄠˇ ㄉㄨㄛ ˙ㄌㄜ。
Hǎo duō le.

A: 体調は大丈夫？
B: かなりよくなったよ。

☐ 044

🎧

請多保重。

ㄑㄧㄥˇ ㄉㄨㄛ ㄅㄠˇ ㄓㄨㄥˋ。
Qǐng duō bǎozhòng.

お大事に。

A: **我已經感冒一個禮拜了。**
ㄨㄛˇ ㄧˇ ㄐㄧㄥ ㄍㄢˇ ㄇㄠˋ ㄧˊ ˙ㄍㄜ ㄌㄧˇ ㄅㄞˋ ˙ㄌㄜ。
Wǒ yǐjīng gǎnmào yì ge lǐbài le.

B: **請多保重。**
ㄑㄧㄥˇ ㄉㄨㄛ ㄅㄠˇ ㄓㄨㄥˋ。
Qǐng duō bǎozhòng.

A: もう一週間も風邪を引いています。
B: お大事に。

【已經】もう。すでに。【感冒】風邪を引く。【一個禮拜】一週間。

☐ 045

🎧

希望能早點康復。

ㄒㄧ ㄨㄤˋ ㄋㄥˊ ㄗㄠˇ ㄉㄧㄢˇ ㄎㄤ ㄈㄨˋ。
Xīwàng néng zǎodiǎn kāngfù.

早く治りますように。

A: **希望能早點康復。**
ㄒㄧ ㄨㄤˋ ㄋㄥˊ ㄗㄠˇ ㄉㄧㄢˇ ㄎㄤ ㄈㄨˋ。
Xīwàng néng zǎodiǎn kāngfù.

B: **謝謝你的關心。**
ㄒㄧㄝˋ ㄒㄧㄝ ㄋㄧˇ ˙ㄉㄜ ㄍㄨㄢ ㄒㄧㄣ。
Xièxie nǐ de guānxīn.

A: 早く治りますように。
B: 心配してくれてありがとう。

【康復】回復する。健康を取り戻す。【關心】気にかける。

挨拶と社交

質問と応答

意思疎通

勧誘と申し出

依頼・勧告・要求

感情の表現

□ 046

謝啦。
ㄒㄧㄝˋ ㄌㄚ。
Xiè la.

どうも。

A: **這個給你。**
ㄓㄜˋ ㄍㄜ˙ ㄍㄟˇ ㄋㄧˇ。
Zhège gěi nǐ.

B: **謝啦。**
ㄒㄧㄝˋ ㄌㄚ。
Xiè la.

A: これあげる。
B: どうも。

【謝啦】親しい間柄で使用される。

□ 047

謝謝。
ㄒㄧㄝˋ ˙ㄒㄧㄝ。
Xièxie.

ありがとうございます。

A: **謝謝。**
ㄒㄧㄝˋ ˙ㄒㄧㄝ。
Xièxie.

B: **不會。**
ㄅㄨˊ ㄏㄨㄟˋ。
Bú huì.

A: ありがとうございます。
B: いいえ（どういたしまして）。

【不會】よりカジュアルな言い方。

□ 048

非常感謝您。
ㄈㄟ ㄔㄤˊ ㄍㄢˇ ㄒㄧㄝˋ ㄋㄧㄣˊ。
Fēicháng gǎnxiè nín.

大変感謝しております。

A: **非常感謝您。**
ㄈㄟ ㄔㄤˊ ㄍㄢˇ ㄒㄧㄝˋ ㄋㄧㄣˊ。
Fēicháng gǎnxiè nín.

B: **不客氣。**
ㄅㄨˊ ㄎㄜˋ ㄑㄧˋ。
Bú kèqì.

A: 大変感謝しております。
B: どういたしまして。

□ 049

你幫了大忙。

とても助かります。

ㄋㄧˇ ㄅㄤ ˙ㄌㄜ ㄉㄚˋ ㄇㄤˊ。
Nǐ bāng le dàmáng.

A: **你幫了大忙。**
ㄋㄧˇ ㄅㄤ ˙ㄌㄜ ㄉㄚˋ ㄇㄤˊ。
Nǐ bāng le dàmáng.

B: **這沒什麼大不了的。**
ㄓㄜˋ ㄇㄟˊ ㄕㄣˊ ˙ㄇㄜ ㄉㄚˋ ㄅㄨˋ ㄌㄧㄠˇ ˙ㄉㄜ。
Zhè méi shénme dàbuliǎo de.

A: とても助かります。
B: 大したことないですよ。

【沒什麼大不了的】大したことない。大丈夫だ。

□ 050

不知道要怎麼謝謝你才好。

何とお礼を言ったらよいか。

ㄅㄨˋ ㄓ ㄉㄠˋ ㄧㄠˋ ㄗㄣˇ ˙ㄇㄜ ㄒㄧㄝˋ ˙ㄒㄧㄝ ㄋㄧˇ ㄘㄞˊ ㄏㄠˇ。
Bù zhīdào yào zěnme xièxie nǐ cái hǎo.

A: **不知道要怎麼謝謝你才好。**
ㄅㄨˋ ㄓ ㄉㄠˋ ㄧㄠˋ ㄗㄣˇ ˙ㄇㄜ ㄒㄧㄝˋ ˙ㄒㄧㄝ ㄋㄧˇ ㄘㄞˊ ㄏㄠˇ。
Bù zhīdào yào zěnme xièxie nǐ cái hǎo.

B: **那請我吃飯吧。**
ㄋㄚˋ ㄑㄧㄥˇ ㄨㄛˇ ㄔ ㄈㄢˋ ˙ㄅㄚ。
Nà qǐng wǒ chīfàn ba.

A: なんとお礼を言ったらいいか。
B: じゃあ，ご飯おごってね。

【不知道~才好】（疑問詞とともに用いて）なんと~したらいいのかわからない。

□ 051

謝謝你所做的一切。

いろいろとありがとう。

ㄒㄧㄝˋ ˙ㄒㄧㄝ ㄋㄧˇ ㄙㄨㄛˇ ㄗㄨㄛˋ ˙ㄉㄜ ㄧˊ ㄑㄧㄝˋ。
Xièxie nǐ suǒ zuò de yíqiè.

A: **你放心，那件事已經解決了。**
ㄋㄧˇ ㄈㄤˋ ㄒㄧㄣ，ㄋㄚˋ ㄐㄧㄢˋ ㄕˋ ㄧˇ ㄐㄧㄥ ㄐㄧㄝˇ ㄐㄩㄝˊ ˙ㄌㄜ。
Nǐ fàngxīn, nàjiàn shì yǐjīng jiějué le.

B: **謝謝你所做的一切。**
ㄒㄧㄝˋ ˙ㄒㄧㄝ ㄋㄧˇ ㄙㄨㄛˇ ㄗㄨㄛˋ ˙ㄉㄜ ㄧˊ ㄑㄧㄝˋ。
Xièxie nǐ suǒ zuò de yíqiè.

A: 安心してね，あの件はすでに解決したよ。
B: いろいろとありがとう。

【放心】安心する。【已經】もう。すでに。【一切】一切。すべて。

□ 052

這是我的一點心意，請收下。 心ばかりですがどうぞ。

ㄓㄜˋ ㄕˋ ㄨㄛˇ ˙ㄉㄜ ㄧˋㄉㄧㄢˇ ㄒㄧㄣ ㄧˋ、ㄑㄧㄥˇ ㄕㄡ ㄒㄧㄚˋ。

Zhè shì wǒ de yìdiǎn xīnyì, qǐng shōuxià.

A: 這是我的一點心意，請收下。

ㄓㄜˋ ㄕˋ ㄨㄛˇ ˙ㄉㄜ ㄧˋㄉㄧㄢˇ ㄒㄧㄣ ㄧˋ、ㄑㄧㄥˇ ㄕㄡ ㄒㄧㄚˋ。

Zhè shì wǒ de yìdiǎn xīnyì, qǐng shōuxià.

B: 這怎麼好意思呢。

ㄓㄜˋ ㄗㄣˇ ㄇㄜ ㄏㄠˇ ㄧˋ ㄙ ˙ㄋㄜ。

Zhè zěnme hǎoyìsi ne.

A: ほんのお礼の気持ちですので，お受け取りください。
B: いただいてもいいのかな。

【心意】気持ち。【收下】受け取る。【好意思】平気である。

□ 053

希望你會喜歡。 気に入ってくれるとうれしいです。

ㄒㄧ ㄨㄤ ㄋㄧˇ ㄏㄨㄟˋ ㄒㄧˇ ㄏㄨㄢ。

Xīwàng nǐ huì xǐhuān.

A: 這個送給你，希望你會喜歡。

ㄓㄜˋ ˙ㄍㄜ ㄙㄨㄥˋ ㄍㄟˇ ㄋㄧˇ、ㄒㄧ ㄨㄤ ㄋㄧˇ ㄏㄨㄟˋ ㄒㄧˇ ㄏㄨㄢ。

Zhège sòng gěi nǐ, xīwàng nǐ huì xǐhuān.

B: 這是給我的嗎？！ 謝謝你。

ㄓㄜˋ ㄕˋ ㄍㄟˇ ㄨㄛˇ ˙ㄉㄜ ˙ㄇㄚ?! ㄒㄧㄝˋ ㄒㄧㄝˋ ㄋㄧˇ。

Zhè shì gěi wǒ de ma?! Xièxie nǐ.

A: これあなたに，気に入ってくれるとうれしいです。
B: これを私にくれるんですか？！ ありがとうございます。

【希望】望む。希望する。

□ 054

我很高興你喜歡。 気に入ってくれてうれしい。

ㄨㄛˇ ㄏㄣˇ ㄍㄠ ㄒㄧㄥˋ ㄋㄧˇ ㄒㄧˇ ㄏㄨㄢ。

Wǒ hěn gāoxìng nǐ xǐhuān.

A: 這是我一直想要的！

ㄓㄜˋ ㄕˋ ㄨㄛˇ ㄧˋ ㄓˊ ㄒㄧㄤˇ ㄧㄠˋ ˙ㄉㄜ!

Zhè shì wǒ yìzhí xiǎng yào de!

B: 我很高興你喜歡。

ㄨㄛˇ ㄏㄣˇ ㄍㄠ ㄒㄧㄥˋ ㄋㄧˇ ㄒㄧˇ ㄏㄨㄢ。

Wǒ hěn gāoxìng nǐ xǐhuān.

A: これずっとほしかったの！
B: 気に入ってくれてうれしいよ。

【一直】ずっと。絶え間なく。

□ 055 謝謝你的伴手禮。

お土産ありがとうございます。

ㄒㄧㄝˋ ㄒㄧㄝ˙ ㄋㄧˇ ˙ㄉㄜ ㄅㄢˋ ㄕㄡˇ ㄌㄧˇ。
Xièxie nǐ de bànshǒulǐ.

A: 這個是從台灣帶來的。
ㄓㄜˋ ㄍㄜ˙ ㄕˋ ㄘㄨㄥˊ ㄊㄞˊ ㄨㄢ ㄉㄞˋ ㄌㄞˊ ˙ㄉㄜ。
Zhège shì cóng Táiwān dài lái de.

B: 謝謝你的伴手禮。
ㄒㄧㄝˋ ㄒㄧㄝ˙ ㄋㄧˇ ˙ㄉㄜ ㄅㄢˋ ㄕㄡˇ ㄌㄧˇ。
Xièxie nǐ de bànshǒulǐ.

A: これは台湾から持ってきました。
B: お土産ありがとうございます。

【伴手禮】お土産。

□ 056 謝謝你送我這麼好的禮物。

こんなすてきなプレゼントありがとう。

ㄒㄧㄝˋ ㄒㄧㄝ˙ ㄋㄧˇ ㄙㄨㄥˋ ㄨㄛˇ ㄓㄜˋ ˙ㄇㄜ ㄏㄠˇ ˙ㄉㄜ ㄌㄧˇ ㄨˋ。
Xièxie nǐ sòng wǒ zhème hǎo de lǐwù.

A: 謝謝你送我這麼好的禮物。
ㄒㄧㄝˋ ㄒㄧㄝ˙ ㄋㄧˇ ㄙㄨㄥˋ ㄨㄛˇ ㄓㄜˋ ˙ㄇㄜ ㄏㄠˇ ˙ㄉㄜ ㄌㄧˇ ㄨˋ。
Xièxie nǐ sòng wǒ zhème hǎo de lǐwù.

B: 你喜歡就好。
ㄋㄧˇ ㄒㄧˇ ㄏㄨㄢ ㄐㄧㄡˋ ㄏㄠˇ。
Nǐ xǐhuān jiù hǎo.

A: こんなすてきなプレゼントありがとう。
B: 気に入ってくれたならよかった。

□ 057 我會好好珍惜的。

大切にします。

ㄨㄛˇ ㄏㄨㄟˋ ㄏㄠˇ ㄏㄠˇ ㄓㄣ ㄒㄧˊ ˙ㄉㄜ。
Wǒ huì hǎohǎo zhēnxí de.

A: 這是你的生日禮物。
ㄓㄜˋ ㄕˋ ㄋㄧˇ ˙ㄉㄜ ㄕㄥ ㄖˋ ㄌㄧˇ ㄨˋ。
Zhè shì nǐ de shēngrì lǐwù.

B: 很貴吧？ 謝謝你，我會好好珍惜的。
ㄏㄣˇ ㄍㄨㄟˋ ㄅㄚ？ ㄒㄧㄝˋ ㄒㄧㄝ˙ ㄋㄧˇ，ㄨㄛˇ ㄏㄨㄟˋ ㄏㄠˇ ㄏㄠˇ ㄓㄣ ㄒㄧˊ ˙ㄉㄜ。
Hěn guì ba? Xièxie nǐ, wǒ huì hǎohǎo zhēnxí de.

A: これをお誕生日のお祝いに。
B: とても高かったでしょう？ ありがとう，大切にします。

【很＋〈形容詞〉＋吧】～でしょう？。確認の語気を表す。【珍惜】大切にする。大事にする。

挨拶と社交

☐058 謝謝你的幫忙。 手伝ってくれてありがとう。
Xièxie nǐ de bāngmáng.

A: 謝謝你的幫忙。
Xièxie nǐ de bāngmáng.

B: 你太見外了！
Nǐ tài jiànwài le!

A: 手伝ってくれてありがとう。
B: 水臭いこと言わないで！

【見外】水臭い。

☐059 給您添了許多麻煩。 いろいろご面倒をおかけしました。
Gěi nín tiān le xǔduō máfan.

A: 給您添了許多麻煩。
Gěi nín tiān le xǔduō máfan.

B: 沒關係。請別在意。
Méi guānxì. Qǐng bié zàiyì.

A: いろいろご面倒をおかけしました。
B: 大丈夫です。気にしないでください。

【麻煩】面倒くさい。厄介だ。

☐060 謝謝您這段時間的照顧。 短い間でしたがお世話になりました。
Xièxie nín zhè duàn shíjiān de zhàogù.

A: 謝謝您這段時間的照顧。
Xièxie nín zhèduàn shíjiān de zhàogù.

B: 你太客氣了！
Nǐ tài kèqì le!

A: 短い間でしたがお世話になりました。
B: そんなに気を遣わないで大丈夫ですよ！

【照顧】面倒をみる。

質問と応答／意思疎通／勧誘と申し出／依頼・勧告・要求／感情の表現

☐ 061

不好意思。
ㄅㄨˋ ㄏㄠˇ ㄧˋ ㄙ。
Bù hǎoyìsi.

すみません。

A: **為什麼遲到了？**
ㄨㄟˋ ㄕㄣˊ ㄇㄜ ㄔˊ ㄉㄠˋ ㄌㄜ?
Wèi shénme chídào le?

B: **電車誤點了，不好意思。**
ㄉㄧㄢˋㄔㄜ ㄨˋ ㄉㄧㄢˇㄌㄜ, ㄅㄨˋ ㄏㄠˇ ㄧˋ ㄙ。
Diànchē wùdiǎn le, bù hǎoyìsi.

A: どうして遅刻しましたか。
B: 電車が遅れました，すみません。

【誤點】（交通機関の）遅延。

☐ 062

對不起。
ㄉㄨㄟˋ ㄅㄨˋ ㄑㄧˇ。
Duìbuqǐ.

ごめんなさい。

A: **對不起，我睡過頭了。**
ㄉㄨㄟˋ ㄅㄨˋ ㄑㄧˇ, ㄨㄛˇ ㄕㄨㄟˋ ㄍㄨㄛˋ ㄊㄡˊ ㄌㄜ。
Duìbuqǐ, wǒ shuìguòtóu le.

B: **你沒設定鬧鐘嗎？**
ㄋㄧˇ ㄇㄟˊ ㄕㄜˋ ㄉㄧㄥˋ ㄋㄠˋ ㄓㄨㄥ ㄇㄚ?
Nǐ méi shèdìng nàozhōng ma?

A: ごめんなさい，寝過ごしてしまいました。
B: アラームをかけてなかったのですか。

【鬧鐘】目覚まし時計。

☐ 063

都是我的錯！
ㄉㄡ ㄕˋ ㄨㄛˇ ㄉㄜ ㄘㄨㄛˋ!
Dōu shì wǒ de cuò!

すべて私のせいです。

A: **為什麼會發生這種事！**
ㄨㄟˋ ㄕㄣˊ ㄇㄜ ㄏㄨㄟˋ ㄈㄚ ㄕㄥ ㄓㄜˋ ㄓㄨㄥˇ ㄕˋ!
Wèi shénme huì fāshēng zhè zhǒng shì!

B: **都是我的錯！**
ㄉㄡ ㄕˋ ㄨㄛˇ ㄉㄜ ㄘㄨㄛˋ!
Dōu shì wǒ de cuò!

A: どうしてこんなことが起きてしまったのですか！
B: すべて私のせいです！

☐ 064

非常抱歉。 申し訳ございません。

ㄈㄟ ㄔㄤˊ ㄅㄠˋ ㄑㄧㄢˋ。
Fēicháng bàoqiàn.

A: **我想預約。**
ㄨㄛˇ ㄒㄧㄤˇ ㄩˋ ㄩㄝ。
Wǒ xiǎng yùyuē.

B: **非常抱歉，今天已經客滿了。**
ㄈㄟ ㄔㄤˊ ㄅㄠˋ ㄑㄧㄢˋ，ㄐㄧㄣ ㄊㄧㄢ ㄧˇ ㄐㄧㄥ ㄎㄜˋ ㄇㄢˇ ㄌㄜ。
Fēicháng bàoqiàn, jīntiān yǐjīng kè mǎn le.

A: 予約したいのですが。
B: 申し訳ございません，本日はすでに満席となっております。

☐ 065

造成您的不便，敬請見諒。 ご迷惑をおかけして申し訳ありません。

ㄗㄠˋ ㄔㄥˊ ㄋㄧㄣˊ ㄉㄜ ㄅㄨˋ ㄅㄧㄢˋ，ㄐㄧㄥˋ ㄑㄧㄥˇ ㄐㄧㄢˋ ㄌㄧㄤˋ。
Zào chéng nín de búbiàn, jìng qǐng jiànliàng.

A: **由於停電的關係，造成您的不便，敬請見諒。**
ㄧㄡˊ ㄩˊ ㄊㄧㄥˊ ㄉㄧㄢˋ ㄉㄜ ㄍㄨㄢ ㄒㄧˋ，ㄗㄠˋ ㄔㄥˊ ㄋㄧㄣˊ ㄉㄜ ㄅㄨˋ ㄅㄧㄢˋ，ㄐㄧㄥˋ ㄑㄧㄥˇ ㄐㄧㄢˋ ㄌㄧㄤˋ。
Yóuyú tíngdiàn de guānxì, zàochéng nín de búbiàn, jìng qǐng jiànliàng.

B: **那我明天再來。**
ㄋㄚˋ ㄨㄛˇ ㄇㄧㄥˊ ㄊㄧㄢ ㄗㄞˋ ㄌㄞˊ。
Nà wǒ míngtiān zài lái.

A: 停電のため，ご迷惑をおかけして申し訳ありません。
B: それでは明日また来ます。

【造成】もたらす。引き起こす。

☐ 066

我代表公司，鄭重向您道歉。 会社を代表し，深くお詫び申し上げます。

ㄨㄛˇ ㄉㄞˋ ㄅㄧㄠˇ ㄍㄨㄥ ㄙ，ㄓㄥˋ ㄓㄨㄥˋ ㄒㄧㄤˋ ㄋㄧㄣˊ ㄉㄠˋ ㄑㄧㄢˋ。
Wǒ dài biǎo gōngsī, zhèngzhòng xiàng nín dàoqiàn.

A: **我代表公司，鄭重向您道歉。**
ㄨㄛˇ ㄉㄞˋ ㄅㄧㄠˇ ㄍㄨㄥ ㄙ，ㄓㄥˋ ㄓㄨㄥˋ ㄒㄧㄤˋ ㄋㄧㄣˊ ㄉㄠˋ ㄑㄧㄢˋ。
Wǒ dài biǎo gōngsī, zhèngzhòng xiàng nín dàoqiàn.

B: **不是貴公司問題，請別介意。**
ㄅㄨˊ ㄕˋ ㄍㄨㄟˋ ㄍㄨㄥ ㄙ ㄨㄣˋ ㄊㄧˊ，ㄑㄧㄥˇ ㄅㄧㄝˊ ㄐㄧㄝˋ ㄧˋ。
Bú shì guì gōngsī wèntí, qǐng bié jièyì.

A: 会社を代表し，深くお詫び申し上げます。
B: 貴社の問題ではございませんので，お気になさらず。

【鄭重】厳粛である。丁重である。

☐ **067** 🎧 **謝謝您寶貴的時間。** 貴重なお時間をいただきありがとうございます。

ㄒㄧㄝˋ ㄒㄧㄝ ㄋㄧㄣˊ ㄅㄠˇ ㄍㄨㄟˋ ˙ㄉㄜ ㄕˊ ㄐㄧㄢ。
Xièxie nín bǎo guì de shíjiān.

A: **還有其他的事嗎？**

ㄏㄞˊ ㄧㄡˇ ㄑㄧˊ ㄊㄚ ˙ㄉㄜ ㄕˋ ˙ㄇㄚ?
Hái yǒu qítā de shì ma?

B: **沒問題了，謝謝您寶貴的時間。**

ㄇㄟˊ ㄨㄣˋ ㄊㄧˊ ˙ㄌㄜ，ㄒㄧㄝˋ ㄒㄧㄝ ㄋㄧㄣˊ ㄅㄠˇ ㄍㄨㄟˋ ˙ㄉㄜ ㄕˊ ㄐㄧㄢ。
Méi wèntí le, xièxie nín bǎo guì de shíjiān.

A: ほかに何かございますか。
B: 大丈夫です，貴重なお時間をいただきありがとうございます。

【其他的～】ほかの～。

☐ **068** 🎧 **我先失陪了。** お先に失礼します。

ㄨㄛˇ ㄒㄧㄢ ㄕ ㄆㄟˊ ˙ㄌㄜ。
Wǒ xiān shīpéi le.

A: **不好意思，我先失陪了。**

ㄅㄨˋ ㄏㄠˇ ㄧˋ ㄙ，ㄨㄛˇ ㄒㄧㄢ ㄕ ㄆㄟˊ ˙ㄌㄜ。
Bù hǎoyìsi, wǒ xiān shīpéi le.

B: **那麼下次見。**

ㄋㄚˋ ˙ㄇㄜ ㄒㄧㄚˋ ㄘˋ ㄐㄧㄢˋ。
Nàme xiàcì jiàn.

A: すみません，お先に失礼します。
B: ではまた今度。

【先～了】先に～する。

☐ **069** 🎧 **下次再聊吧。** またお話ししましょう。

ㄒㄧㄚˋ ㄘˋ ㄗㄞˋ ㄌㄧㄠˊ ˙ㄅㄚ。
Xiàcì zài liáo ba.

A: **下次再聊吧。**

ㄒㄧㄚˋ ㄘˋ ㄗㄞˋ ㄌㄧㄠˊ ˙ㄅㄚ。
Xiàcì zài liáo ba.

B: **今天謝謝你聽我說。**

ㄐㄧㄣ ㄊㄧㄢ ㄒㄧㄝˋ ㄒㄧㄝ ㄋㄧˇ ㄊㄧㄥ ㄨㄛˇ ㄕㄨㄛ。
Jīntiān xièxie nǐ tīng wǒ shuō.

A: またお話ししましょうね。
B: 今日は私の話を聞いていただきありがとうございました。

□ 070

現在沒時間。

ㄒㄧㄢˋ ㄗㄞˋ ㄇㄟˊ ㄕˊ ㄐㄧㄢ。
Xiànzài méi shíjiān.

いまは時間がない。

A: **能幫我修改一下這個嗎？**

ㄋㄥˊ ㄅㄤ ㄨㄛˇ ㄒㄧㄡ ㄍㄞˇ ㄧˊ ㄒㄧㄚˋ ㄓㄜˋ ㄍㄜˋ ㄇㄚ？
Néng bāng wǒ xiūgǎi yíxià zhège ma?

B: **現在沒時間。**

ㄒㄧㄢˋ ㄗㄞˋ ㄇㄟˊ ㄕˊ ㄐㄧㄢ。
Xiànzài méi shíjiān.

A: これを修正してもらえますか。
B: いまは時間がないです。

【修改】修正する。

□ 071

我趕時間。

ㄨㄛˇ ㄍㄢˇ ㄕˊ ㄐㄧㄢ。
Wǒ gǎn shíjiān.

急いでいるので。

A: **可以問你一些問題嗎？**

ㄎㄜˇ ㄧˇ ㄨㄣˋ ㄋㄧˇ ㄧˋ ㄒㄧㄝ ㄨㄣˋ ㄊㄧˊ ㄇㄚ？
Kěyǐ wèn nǐ yìxiē wèntí ma?

B: **我趕時間，下次吧。**

ㄨㄛˇ ㄍㄢˇ ㄕˊ ㄐㄧㄢ, ㄒㄧㄚˋ ㄘˋ ㄅㄚ。
Wǒ gǎn shíjiān, xiàcì ba.

A: いくつか質問してもいいですか。
B: 急いでいるので，今度にしましょう。

□ 072

現在有點忙。

ㄒㄧㄢˋ ㄗㄞˋ ㄧㄡˇ ㄉㄧㄢˇ ㄇㄤˊ。
Xiànzài yǒu diǎn máng.

いまはちょっと忙しい。

A: **有空嗎？**

ㄧㄡˇ ㄎㄨㄥˋ ㄇㄚ？
Yǒu kòng ma?

B: **現在有點忙。**

ㄒㄧㄢˋ ㄗㄞˋ ㄧㄡˇ ㄉㄧㄢˇ ㄇㄤˊ。
Xiànzài yǒu diǎn máng.

A: 空いてる？
B: いまちょっと忙しい。

【有空】時間がある。暇だ。

挨拶と社交

質問と応答

意思疎通

勧誘と申し出

依頼・勧告・要求

感情の表現

□ 073　**什麼時候**　　　　　　　　　　　　　いつ

ㄕㄣˊ ˙ㄇㄜ ㄕˊ ㄏㄡˋ
Shénme shíhòu

A: **什麼時候一起去看電影？**
ㄕㄣˊ ˙ㄇㄜ ㄕˊ ㄏㄡˋ ㄧˋ ㄑㄧˇ ㄑㄩˋ ㄎㄢˋ ㄉㄧㄢˋ ㄧㄥˇ？
Shénme shíhòu yìqǐ qù kàn diànyǐng?

B: **下禮拜天的話，可以去。**
ㄒㄧㄚˋ ㄌㄧˇ ㄅㄞˋ ㄊㄧㄢ ˙ㄉㄜ ㄏㄨㄚˋ，ㄎㄜˇ ㄧˇ ㄑㄩˋ。
Xià lǐbàitiān de huà, kěyǐ qù.

A: いつ一緒に映画を見に行きますか。
B: 来週日曜日なら，行けますよ。

□ 074　**～月～號怎麼樣？**　　　　　　　　～月～日はどう？

～ㄩㄝˋ～ㄏㄠˋ ㄗㄣˇ ˙ㄇㄜ ㄧㄤˋ？
～ yuè ～ hào zěnmeyàng?

A: **8 月 1 號怎麼樣？**
ㄅㄚ ㄩㄝˋ ㄧˊ ㄏㄠˋ ㄗㄣˇ ˙ㄇㄜ ㄧㄤˋ？
Bā yuè yí hào zěnmeyàng?

B: **好啊！**
ㄏㄠˇ ˙ㄚ！
Hǎo a!

A:8 月 1 日はどう？
B: いいよ！

□ 075　**看你什麼時候方便。**　　　　　あなたの都合がいいときに。

ㄎㄢˋ ㄋㄧˇ ㄕˊ ˙ㄇㄜ ㄕˊ ㄏㄡˋ ㄈㄤ ㄅㄧㄢˋ。
Kàn nǐ shí me shíhòu fāngbiàn.

A: **什麼時候來我家玩？**
ㄕㄣˊ ˙ㄇㄜ ㄕˊ ㄏㄡˋ ㄌㄞˊ ㄨㄛˇ ㄐㄧㄚ ㄨㄢˊ？
Shénme shíhòu lái wǒ jiā wán?

B: **看你什麼時候方便。**
ㄎㄢˋ ㄋㄧˇ ㄕㄣˊ ˙ㄇㄜ ㄕˊ ㄏㄡˋ ㄈㄤ ㄅㄧㄢˋ。
Kàn nǐ shénme shíhòu fāngbiàn.

A: いつ私の家に遊びにきますか。
B: あなたの都合がいいときに。

□076 **我們在哪裡見面？** 私たちはどこで待ち合わせますか。

ㄨㄛˇ ㄇㄣ˙ ㄗㄞˋ ㄋㄚˇ ㄌㄧˇ ㄐㄧㄢˋ ㄇㄧㄢˋ？
Wǒmen zài nǎlǐ jiànmiàn?

A: **我們在哪裡見面？**
ㄨㄛˇ ㄇㄣ˙ ㄗㄞˋ ㄋㄚˇ ㄌㄧˇ ㄐㄧㄢˋ ㄇㄧㄢˋ？
Wǒmen zài nǎlǐ jiànmiàn?

B: **在電影院門口怎麼樣？**
ㄗㄞˋ ㄉㄧㄢˋ ㄧㄥˇ ㄩㄢˋ ㄇㄣˊ ㄎㄡˇ ㄗㄣˇ ㄇㄜ˙ ㄧㄤˋ？
Zài diànyǐngyuàn ménkǒu zěnmeyàng?

A: 私たちはどこで待ち合わせますか。
B: 映画館の入り口はどうですか。

【門口】入り口。

□077 **在〜等你，好嗎？** 〜で待ってもいいですか。

ㄗㄞˋ〜ㄉㄥˇ ㄋㄧˇ，ㄏㄠˇ ㄇㄚ？
Zài ~ děng nǐ, hǎo ma?

A: **在台北火車站南門等你，好嗎？**
ㄗㄞˋ ㄊㄞˊ ㄅㄟˇ ㄏㄨㄛˇ ㄔㄜ ㄓㄢˋ ㄋㄢˊ ㄇㄣˊ ㄉㄥˇ ㄋㄧˇ，ㄏㄠˇ ㄇㄚ？
Zài Táiběi huǒchēzhàn nánmén děng nǐ, hǎo ma?

B: **好，那明天見。**
ㄏㄠˇ，ㄋㄚˋ ㄇㄧㄥˊ ㄊㄧㄢ ㄐㄧㄢˋ。
Hǎo, nà míngtiān jiàn.

A: 台北駅の南口で待ってもいいですか。
B: いいですよ、では明日。

□078 **在老地方見。** いつもの場所で。

ㄗㄞˋ ㄌㄠˇ ㄉㄧˋ ㄈㄤ ㄐㄧㄢˋ。
Zài lǎo dìfāng jiàn.

A: **在哪見？**
ㄗㄞˋ ㄋㄚˇ ㄐㄧㄢˋ？
Zài nǎ jiàn?

B: **在老地方見。**
ㄗㄞˋ ㄌㄠˇ ㄉㄧˋ ㄈㄤ ㄐㄧㄢˋ。
Zài lǎo dìfāng jiàn.

A: どこで会うの？
B: いつもの場所で。

【老地方】いつもの場所。

挨拶と社交

質問と応答

意思疎通

勧誘と申し出

依頼・勧告・要求

感情の表現

□ 079

可不可以改到～？

～に変えてもらっていいですか。

ㄎㄜˇ ㄅㄨˋ ㄎㄜˇ ㄧˇ ㄍㄞˇ ㄉㄠˋ～?

Kě bù kěyǐ gǎi dào ～?

A: **我今天有點事，可不可以改到後天？**

ㄨㄛˇ ㄐㄧㄣ ㄊㄧㄢ ㄧㄡˇ ㄉㄧㄢˇ ㄕˋ, ㄎㄜˇ ㄅㄨˋ ㄎㄜˇ ㄧˇ ㄍㄞˇ ㄉㄠˋ ㄏㄡˋ ㄊㄧㄢ?

Wǒ jīntiān yǒu diǎn shì, kě bù kěyǐ gǎi dào hòutiān?

B: **當然可以。**

ㄉㄤ ㄖㄢˊ ㄎㄜˇ ㄧˇ.

Dāngrán kěyǐ.

A: 今日はちょっと用事があって，明後日に変えてもらっていいですか。
B: もちろんいいです。

【改】直す。修正する。【當然】当然。もちろん。

□ 080

～點在～見吧。

～時に～で会いましょう。

～ㄉㄧㄢˇ ㄗㄞˋ ～ ㄐㄧㄢˋ ˙ㄅㄚ.

～ diǎn zài ～ jiàn ba.

A: **那麼，下午 3 點在學校見吧。**

ㄋㄚˋ ˙ㄇㄜ, ㄒㄧㄚˋ ㄨˇ ㄙㄢ ㄉㄧㄢˇ ㄗㄞˋ ㄒㄩㄝˊ ㄒㄧㄠˋ ㄐㄧㄢˋ ˙ㄅㄚ.

Nàme, xiàwǔ sān diǎn zài xuéxiào jiàn ba.

B: **我知道了。**

ㄨㄛˇ ㄓ ㄉㄠˋ ˙ㄌㄜ.

Wǒ zhīdào le.

A: それでは，午後 3 時に学校で会いましょう。
B: わかりました。

□ 081

我想確認一下，是～對吧？

ちょっと確認ですが，～でよろしいですね？

ㄨㄛˇ ㄒㄧㄤˇ ㄑㄩㄝˋ ㄖㄣˋ ㄧˊ ㄒㄧㄚˋ, ㄕˋ ～, ㄉㄨㄟˋ ˙ㄅㄚ?

Wǒ xiǎng quèrèn yíxià, shì ～, duì ba?

A: **我想確認一下，是晚上 8 點在台北 101，對吧？**

ㄨㄛˇ ㄒㄧㄤˇ ㄑㄩㄝˋ ㄖㄣˋ ㄧˊ ㄒㄧㄚˋ, ㄕˋ ㄨㄢˇ ㄕㄤˋ ㄅㄚ ㄉㄧㄢˇ ㄗㄞˋ ㄊㄞˊ ㄅㄟˇ ㄧ ㄌㄧㄥˊ ㄧ, ㄉㄨㄟˋ ˙ㄅㄚ?

Wǒ xiǎng quèrèn yíxià, shì wǎnshang bā diǎn zài Táiběi Yīlíngyī duì ba?

B: **沒錯。**

ㄇㄟˊ ㄘㄨㄛˋ.

Méicuò.

A: ちょっと確認ですが，夜 8 時に台北 101 でよろしいですよね？
B: そうですよ。

□082

馬上回來。　すぐ戻ります。
ㄇㄚˇ ㄕㄤˋ ㄏㄨㄟˊ ㄌㄞˊ。
Mǎshàng huílái.

A: **我出去一下，馬上回來。**
ㄨㄛˇ ㄔㄨ ㄑㄩˋ ㄧˊ ㄒㄧㄚˋ，ㄇㄚˇ ㄕㄤˋ ㄏㄨㄟˊ ㄌㄞˊ。
Wǒ chūqù yíxià, mǎshàng huílái.

B: **那我等你。**
ㄋㄚˋ ㄨㄛˇ ㄉㄥˇ ㄋㄧˇ。
Nà wǒ děng nǐ.

A: ちょっと出掛けてきますが，すぐ戻ります。
B: じゃあ待ってます。

□083

可以等一下嗎？　ちょっと待っていただけませんか。
ㄎㄜˇ ㄧˇ ㄉㄥˇ ㄧˊ ㄒㄧㄚˋ ˙ㄇㄚ？
Kěyǐ děng yíxià ma?

A: **你現在方便嗎？**
ㄋㄧˇ ㄒㄧㄢˋ ㄗㄞˋ ㄈㄤ ㄅㄧㄢˋ ˙ㄇㄚ？
Nǐ xiànzài fāngbiàn ma?

B: **可以等一下嗎？**
ㄎㄜˇ ㄧˇ ㄉㄥˇ ㄧˊ ㄒㄧㄚˋ ˙ㄇㄚ？
Kěyǐ děng yíxià ma?

A: いまちょっとよろしいですか。
B: ちょっと待っていただけませんか。

□084

等一下再說。　あとで話しましょう。
ㄉㄥˇ ㄧˊ ㄒㄧㄚˋ ㄗㄞˋ ㄕㄨㄛ。
Děng yíxià zài shuō.

A: **我現在忙不過來，等一下再說。**
ㄨㄛˇ ㄒㄧㄢˋ ㄗㄞˋ ㄇㄤˊ ㄅㄨˊ ㄍㄨㄛˋ ㄌㄞˊ，ㄉㄥˇ ㄧˊ ㄒㄧㄚˋ ㄗㄞˋ ㄕㄨㄛ。
Wǒ xiànzài máng búguòlái, děng yíxià zài shuō.

B: **你先忙吧，等一下見。**
ㄋㄧˇ ㄒㄧㄢ ㄇㄤˊ ˙ㄅㄚ，ㄉㄥˇ ㄧˊ ㄒㄧㄚˋ ㄐㄧㄢˋ。
Nǐ xiān máng ba, děng yíxià jiàn.

A: いまは手が回らないので，あとで話しましょう。
B: お忙しいようなので，あとでね。

【等一下】あとで。ちょっと待って。

□085 今天謝謝您的邀請。 今日はお誘いいただきありがとうございます。

ㄐㄧㄣ ㄊㄧㄢ ㄒㄧㄝˋ ˙ㄒㄧㄝ ㄋㄧㄣˊ ˙ㄉㄜ ㄧㄠ ㄑㄧㄥˇ。
Jīntiān xièxie nín de yāoqǐng.

A: **今天謝謝您的邀請。**
ㄐㄧㄣ ㄊㄧㄢ ㄒㄧㄝˋ ˙ㄒㄧㄝ ㄋㄧㄣˊ ˙ㄉㄜ ㄧㄠ ㄑㄧㄥˇ。
Jīntiān xièxie nín de yāoqǐng.

B: **不客氣。下次再來玩。**
ㄅㄨˊ ㄎㄜˋ ㄑㄧˋ。ㄒㄧㄚˋ ㄘˋ ㄗㄞˋ ㄌㄞˊ ㄨㄢˊ。
Bú kèqì. Xiàcì zài lái wán.

A: 今日はお誘いいただきありがとうございます。
B: どういたしまして。今度また遊びに来てくださいね。

【邀請】誘う。招待する。

□086 打擾了。 お邪魔します。

ㄉㄚˇ ㄖㄠˇ ˙ㄌㄜ 。
Dǎrǎo le.

A: **你好，請進。**
ㄋㄧˇ ㄏㄠˇ，ㄑㄧㄥˇ ㄐㄧㄣˋ。
Nǐ hǎo, qǐng jìn.

B: **打擾了。**
ㄉㄚˇ ㄖㄠˇ ˙ㄌㄜ。
Dǎrǎo le.

A: こんにちは，どうぞ中へ。
B: お邪魔します。

【打擾】行われている事柄を邪魔する。

□087 請隨便，不要客氣。 お気軽に，ご遠慮なく。

ㄑㄧㄥˇ ㄙㄨㄟˊ ㄅㄧㄢˋ，ㄅㄨˊ ㄧㄠˋ ㄎㄜˋ ㄑㄧˋ。
Qǐng suíbiàn, bú yào kèqi.

A: **請隨便，不要客氣。**
ㄑㄧㄥˇ ㄙㄨㄟˊ ㄅㄧㄢˋ，ㄅㄨˊ ㄧㄠˋ ㄎㄜˋ ㄑㄧˋ。
Qǐng suíbiàn, bú yào kèqi.

B: **好的，謝謝。**
ㄏㄠˇ ˙ㄉㄜ，ㄒㄧㄝˋ ˙ㄒㄧㄝ。
Hǎo de, xièxie.

A: お気軽に，ご遠慮なく。
B: はい，ありがとうございます。

□ 088

我差不多該回去了。

そろそろ帰ります。

ㄨㄛˇ ㄔㄚ ㄅㄨˋ ㄉㄨㄛ ㄍㄞ ㄏㄨㄟˊ ㄑㄩˋ ˙ㄌㄜ。
Wǒ chàbùduō gāi huíqù le.

A: **我差不多該回去了。**
ㄨㄛˇ ㄔㄚ ㄅㄨˋ ㄉㄨㄛ ㄍㄞ ㄏㄨㄟˊ ㄑㄩˋ ˙ㄌㄜ。
Wǒ chàbùduō gāi huíqù le.

B: **好吧，那麼明天見。**
ㄏㄠˇ ㄅㄚ，ㄋㄚˋㄇㄜ ㄇㄧㄥˊ ㄊㄧㄢ ㄐㄧㄢˋ。
Hǎo ba, nàme míngtiān jiàn.

A: そろそろ帰ります。
B: わかりました，それではまた明日。

□ 089

時間不早了。

もう遅くなってきたので。

ㄕˊ ㄐㄧㄢ ㄅㄨˋ ㄗㄠˇ ˙ㄌㄜ。
Shíjiān bù zǎo le.

A: **時間不早了，我們回家吧。**
ㄕˊ ㄐㄧㄢ ㄅㄨˋ ㄗㄠˇ ˙ㄌㄜ，ㄨㄛˇ ˙ㄇㄣ ㄏㄨㄟˊ ㄐㄧㄚ ˙ㄅㄚ。
Shíjiān bù zǎo le, wǒmen huíjiā ba.

B: **說的也是。**
ㄕㄨㄛ ˙ㄉㄜ ㄧㄝˇ ㄕˋ。
Shuō de yě shì.

A: もう遅くなってきたので，帰りましょうか。
B: そうですね。

□ 090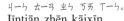

今天真開心。

今日は楽しかったです。

ㄐㄧㄣ ㄊㄧㄢ ㄓㄣ ㄎㄞ ㄒㄧㄣ。
Jīntiān zhēn kāixīn.

A: **今天真開心。**
ㄐㄧㄣ ㄊㄧㄢ ㄓㄣ ㄎㄞ ㄒㄧㄣ。
Jīntiān zhēn kāixīn.

B: **我也是，今天謝謝你來。**
ㄨㄛˇ ㄧㄝˇ ㄕˋ，ㄐㄧㄣ ㄊㄧㄢ ㄒㄧㄝˋ ㄒㄧㄝˇ ㄋㄧˇ ㄌㄞˊ。
Wǒ yě shì, jīntiān xièxie nǐ lái.

A: 今日は楽しかったです。
B: 私も，今日は来てくれてありがとうございます。

【開心】愉快な。楽しい。

TAIWANHUAYU
RICHANG YONGYU

質問と応答

☐ 091 　請問一下，　　　　　ちょっとお尋ねしますが，

ㄑㄧㄥˇ ㄨㄣˋ ㄧˊ ㄒㄧㄚˋ，
Qǐngwèn yíxià,

A: **請問一下，這個地方在哪裡？**
ㄑㄧㄥˇ ㄨㄣˋ ㄧˊ ㄒㄧㄚˋ，ㄓㄜˋ ㄍㄜ˙ ㄉㄧˋ ㄈㄤ ㄗㄞˋ ㄋㄚˇ ㄌㄧˇ？
Qǐngwèn yíxià, zhège dìfāng zài nǎlǐ?

B: **就在前面。**
ㄐㄧㄡˋ ㄗㄞˋ ㄑㄧㄢˊ ㄇㄧㄢˋ。
Jiù zài qiánmiàn.

A: ちょっとお尋ねしますが，この場所はどこにありますか。
B: すぐ前にあります。

【請問】物事を質問・依頼する前に使用する。

☐ 092 　可以請教一個問題嗎？　ひとつ伺ってもよろしいでしょうか。

ㄎㄜˇ ㄧˇ ㄑㄧㄥˇ ㄐㄧㄠˋ ㄧˊ ˙ㄍㄜ ㄨㄣˋ ㄊㄧˊ ˙ㄇㄚ？
Kěyǐ qǐng jiào yì ge wèntí ma?

A: **可以請教一個問題嗎？**
ㄎㄜˇ ㄧˇ ㄑㄧㄥˇ ㄐㄧㄠˋ ㄧˊ ˙ㄍㄜ ㄨㄣˋ ㄊㄧˊ ˙ㄇㄚ？
Kěyǐ qǐng jiào yì ge wèntí ma?

B: **什麼問題？**
ㄕㄣˊ ˙ㄇㄜ ㄨㄣˋ ㄊㄧˊ？
Shénme wèntí?

A: ひとつ伺ってもよろしいでしょうか。
B: 何の質問ですか。

☐ 093 　我有幾個問題想請教您。　いくつかご質問がございます。

ㄨㄛˇ ㄧㄡˇ ㄐㄧˇ ˙ㄍㄜ ㄨㄣˋ ㄊㄧˊ ㄒㄧㄤˇ ㄑㄧㄥˇ ㄐㄧㄠˋ ㄋㄧㄣˊ。
Wǒ yǒu jǐ ge wèntí xiǎng qǐng jiào nín.

A: **我有幾個問題想請教您。**
ㄨㄛˇ ㄧㄡˇ ㄐㄧˇ ˙ㄍㄜ ㄨㄣˋ ㄊㄧˊ ㄒㄧㄤˇ ㄑㄧㄥˇ ㄐㄧㄠˋ ㄋㄧㄣˊ。
Wǒ yǒu jǐ ge wèntí xiǎng qǐng jiào nín.

B: **請說。**
ㄑㄧㄥˇ ㄕㄨㄛ。
Qǐng shuō.

A: いくつかご質問ございます。
B: おっしゃってください。

□ 094

你叫什麼名字？

ㄋㄧˇ ㄐㄧㄠˋ ㄕㄣˊ ˙ㄇㄜ ㄇㄧㄥˊ ˙ㄗ？
Nǐ jiào shénme míngzi?

お名前は何ですか。

A: **你叫什麼名字？**
ㄋㄧˇ ㄐㄧㄠˋㄕㄣˊ˙ㄇㄜ ㄇㄧㄥˊ ˙ㄗ？
Nǐ jiàoshénme míngzì?

B: **我叫黃偉倫。**
ㄨㄛˇ ㄐㄧㄠˋ ㄏㄨㄤˊ ㄨㄟˇ ㄌㄨㄣˊ。
Wǒ jiào Huáng Wěilún.

A: お名前は何ですか。
B: 黃偉倫と申します。

【名字】名前。

□ 095

怎麼稱呼您呢？

あなたのことを何と呼べばいいですか。

ㄗㄣˇ ˙ㄇㄜ ㄔㄥ ㄏㄨ ㄋㄧㄣˊ ˙ㄋㄜ？
Zěnme chēnghū nín ne?

A: **怎麼稱呼您呢？**
ㄗㄣˇ ˙ㄇㄜ ㄔㄥ ㄏㄨ ㄋㄧㄣˊ ˙ㄋㄜ？
Zěnme chēnghū nín ne?

B: **叫我 Eason 就好了。**
ㄐㄧㄠˋ ㄨㄛˇ Eason ㄐㄧㄡˋ ㄏㄠˇ ˙ㄌㄜ。
Jiào wǒ Eason jiù hǎo le.

A: あなたのことを何と呼べばいいですか。
B: EASON と呼んでいいですよ。

【稱呼】称呼する。

□ 096

請問是哪位？

どなたですか。

ㄑㄧㄥˇ ㄨㄣˋ ㄕˋ ㄋㄚˇ ㄨㄟˋ？
Qǐngwèn shì nǎwèi?

A: **請問是哪位？**
ㄑㄧㄥˇ ㄨㄣˋ ㄕˋ ㄋㄚˇ ㄨㄟˋ？
Qǐngwèn shì nǎwèi?

B: **我是潘老師。**
ㄨㄛˇ ㄕˋ ㄆㄢ ㄌㄠˇ ㄕ。
Wǒ shì Pān lǎoshī.

A: どなたですか。
B: 潘（先生）です。

挨拶と社交

質問と応答

意思疎通

勧誘と申し出

依頼・勧告・要求

感情の表現

□ 097 **您是哪裡人？**

ㄋㄧㄣˊ ㄕˋ ㄋㄚˇ ㄌㄧˇ ㄖㄣˊ？
Nín shì nǎlǐ rén?

どちらのご出身ですか。

A: **您是哪裡人？**
ㄋㄧㄣˊ ㄕˋ ㄋㄚˇ ㄌㄧˇ ㄖㄣˊ？
Nín shì nǎlǐ rén?

B: **我是台北人。**
ㄨㄛˇ ㄕˋ ㄊㄞˊ ㄅㄟˇ ㄖㄣˊ。
Wǒ shì Táiběirén.

A: どちらのご出身ですか。
B: 台北市です。

□ 098 **您是哪裡出生的？**

ㄋㄧㄣˊ ㄕˋ ㄋㄚˇ ㄌㄧˇ ㄔㄨ ㄕㄥ ˙ㄉㄜ？
Nín shì nǎlǐ chūshēng de?

お生まれはどちらですか。

A: **您是哪裡出生的？**
ㄋㄧㄣˊ ㄕˋ ㄋㄚˇ ㄌㄧˇ ㄔㄨ ㄕㄥ ˙ㄉㄜ？
Nín shì nǎlǐ chūshēng de?

B: **我在台東出身，台北長大的。**
ㄨㄛˇ ㄗㄞˋ ㄊㄞˊ ㄉㄨㄥ ㄔㄨ ㄕㄣ，ㄊㄞˊ ㄅㄟˇ ㄓㄤˇ ㄉㄚˋ ˙ㄉㄜ。
Wǒ zài Táidōng chūshēn, Táiběi zhǎngdà de.

A: お生まれはどちらですか。
B: 台東生まれ，台北育ちです。

【長大】成長して大人になる。

□ 099 **你是哪國人？**

ㄋㄧˇ ㄕˋ ㄋㄚˇ ㄍㄨㄛˊ ㄖㄣˊ？
Nǐ shì nǎ guórén?

国籍はどこですか。

A: **你是哪國人？**
ㄋㄧˇ ㄕˋ ㄋㄚˇ ㄍㄨㄛˊ ㄖㄣˊ？
Nǐ shì nǎ guórén?

B: **我是日本人。**
ㄨㄛˇ ㄕˋ ㄖˋ ㄅㄣˇ ㄖㄣˊ。
Wǒ shì Rìběnrén.

A: 国籍はどこですか。
B: 私は日本人です。

挨拶と社交

質問と応答

意思疎通

勧誘と申し出

依頼・勧告・要求

感情の表現

☐ 100

你幾歲了？
ㄋㄧ ㄐㄧ ㄙㄨㄟˋ ˙ㄌㄜ?
Nǐ jǐ suì le?

何歳ですか。

A: **你幾歲了？**
ㄋㄧ ㄐㄧ ㄙㄨㄟˋ ˙ㄌㄜ?
Nǐ jǐ suì le?

B: **剛滿 20 歲。**
ㄍㄤ ㄇㄢˇ ㄦˋ ㄕˊ ㄙㄨㄟˋ。
Gāng mǎn èrshí suì.

A: 何歳ですか。
B: ちょうど 20 歳になりました。

【剛〜】〜したばかりだ。

☐ 101

你多大了？
ㄋㄧ ㄉㄨㄛ ㄉㄚˋ ˙ㄌㄜ?
Nǐ duō dà le?

おいくつですか。

A: **你多大了？**
ㄋㄧ ㄉㄨㄛ ㄉㄚˋ ˙ㄌㄜ?
Nǐ duō dà le?

B: **快 30 歲了。**
ㄎㄨㄞˋ ㄙㄢ ㄕˊ ㄙㄨㄟˋ ˙ㄌㄜ。
Kuài sānshí suì le.

A: おいくつですか。
B: もうすぐ 30 歳になりますよ。

☐ 102

您今年貴庚？
ㄋㄧㄣˊ ㄐㄧㄣ ㄋㄧㄢˊ ㄍㄨㄟˋ ㄍㄥ?
Nín jīnnián guìgēng?

今年おいくつでいらっしゃいますか。

A: **您今年貴庚？**
ㄋㄧㄣˊ ㄐㄧㄣ ㄋㄧㄢˊ ㄍㄨㄟˋ ㄍㄥ?
Nín jīnnián guìgēng?

B: **我已經 88 歲了。**
ㄨㄛˇ ㄧˇ ㄐㄧㄥ ㄅㄚ ㄕˊ ㄅㄚ ㄙㄨㄟˋ ˙ㄌㄜ。
Wǒ yǐjīng bāshíbā suì le.

A: 今年おいくつでいらっしゃいますか。
B: 私はもう 88 歳ですよ。

【貴庚】年配の方にだけ使用する。

□ 103

現在幾點了？

いま何時ですか。

ㄒㄧㄢˋ ㄗㄞˋ ㄐㄧˇ ㄉㄧㄢˇ ˙ㄌㄜ?
Xiànzài jǐ diǎn le?

A: 現在幾點了？
ㄒㄧㄢˋ ㄗㄞˋ ㄐㄧˇ ㄉㄧㄢˇ ˙ㄌㄜ?
Xiànzài jǐ diǎn le?

B: 12 點半。
ㄕˊ ㄦˋ ㄉㄧㄢˇ ㄅㄢˋ。
Shíèr diǎn bàn.

A: いま何時ですか。
B: 12 半です。

□ 104

需要多久時間？

どれくらいの時間が必要ですか。

ㄒㄩ ㄧㄠˋ ㄉㄨㄛ ㄐㄧㄡˇ ㄕˊ ㄐㄧㄢ?
Xūyào duōjiǔ shíjiān?

A: 到東京需要多久時間？
ㄉㄠˋ ㄉㄨㄥ ㄐㄧㄥ ㄒㄩ ㄧㄠˋ ㄉㄨㄛ ㄐㄧㄡˇ ㄕˊ ㄐㄧㄢ?
Dào Dōngjīng xūyào duōjiǔ shíjiān?

B: 要 3 個半小時左右。
ㄧㄠˋ ㄙㄢ ㄍㄜ˙ ㄅㄢˋ ㄒㄧㄠˇ ㄕˊ ㄗㄨㄛˇ ㄧㄡˋ。
Yào sān ge bàn xiǎoshí zuǒyòu.

A: 東京まではどれくらいの時間が必要ですか。
B: 3 時間半ぐらいかかります。

【〜左右】〜前後。〜ごろ。

□ 105

從〜點到…點。

〜時から…まで。

ㄘㄨㄥˊ 〜 ㄉㄧㄢˇ ㄉㄠˋ … ㄉㄧㄢˇ。
Cóng 〜 diǎn dào … diǎn.

A: 請問你們的營業時間是什麼時候？
ㄑㄧㄥˇ ㄨㄣˋ ㄋㄧˇ ˙ㄇㄣ ˙ㄉㄜ ㄧㄥˊ ㄧㄝˋ ㄕˊ ㄐㄧㄢ ㄕˋ ㄕㄣˊ ˙ㄇㄜ ㄕˊ ㄏㄡˋ?
Qǐngwèn nǐmen de yíngyè shíjiān shì shénme shíhòu?

B: 從早上 8 點到下午 5 點。
ㄘㄨㄥˊ ㄗㄠˇ ㄕㄤˋ ㄅㄚ ㄉㄧㄢˇ ㄉㄠˋ ㄒㄧㄚˋ ㄨˇ ㄨˇ ㄉㄧㄢˇ。
Cóng zǎoshàng bā diǎn dào xiàwǔ wǔ diǎn.

A: すみません。営業時間はいつですか。
B: 朝 8 時から午後 5 時までです。

□106 **你的生日是什麼時候？**　　　　　誕生日はいつですか。

ㄋㄧˇ ˙ㄉㄜ ㄕㄥㄖˋ ㄕˋ ㄕㄣˊ ˙ㄇㄜ ㄕˊ ㄏㄡˋ?

Nǐ de shēngrì shì shénme shíhòu?

A: **昱安，你的生日是什麼時候？**

ㄩˋ ㄢ, ㄋㄧˇ ˙ㄉㄜ ㄕㄥㄖˋ ㄕˋ ㄕㄣˊ ˙ㄇㄜ ㄕˊ ㄏㄡˋ?

Yùan, nǐ de shēngrì shì shénme shíhòu?

B: **1月19號，你要幫我過生日嗎？**

ㄧˊ ㄩㄝˋ ㄕˊㄐㄧㄡˇ ㄏㄠˋ, ㄋㄧˇ ㄧㄠˋ ㄅㄤ ㄨㄛˇ ㄍㄨㄛˋ ㄕㄥㄖˋ ˙ㄇㄚ?

Yí yuè shíjiǔ hào, nǐ yào bāng wǒ guò shēngrì ma?

A: 昱安さん，誕生日はいつですか。
B:1 月 19 日ですけど，誕生日をお祝いしてくれますか。

【過生日】誕生日を祝う。

□107 **你是什麼星座的？**　　　　　あなたの星座は何ですか。

ㄋㄧˇ ㄕˋ ㄕㄣˊ ˙ㄇㄜ ㄒㄧㄥ ㄗㄨㄛˋ ˙ㄉㄜ?

Nǐ shì shénme xīngzuò de?

A: **你是什麼星座的？**

ㄋㄧˇ ㄕˋ ㄕㄣˊ ˙ㄇㄜ ㄒㄧㄥ ㄗㄨㄛˋ ˙ㄉㄜ?

Nǐ shì shénme xīngzuò de?

B: **我是獅子座。**

ㄨㄛˇ ㄕˋ ㄕ ㄗˇ ㄗㄨㄛˋ.

Wǒ shì shīzǐ zuò.

A: あなたの星座は何？
B: 獅子座です。

□108 **你的血型是？**　　　　　あなたの血液型は？

ㄋㄧˇ ˙ㄉㄜ ㄒㄧㄝˇ ㄒㄧㄥˊ ㄕˋ?

Nǐ de xiěxíng shì?

A: **你的血型是？**

ㄋㄧˇ ˙ㄉㄜ ㄒㄧㄝˇ ㄒㄧㄥˊ ㄕˋ?

Nǐ de xiěxíng shì?

B: **我是 O 型的。**

ㄨㄛˇ ㄕˋ O ㄒㄧㄥˊ ˙ㄉㄜ.

Wǒ shì O xíng de.

A: あなたの血液型は？
B: O 型です。

□109 **你是做什麼的？**　　　　　　　　職業は何ですか。

ㄋㄧˇ ㄕˋ ㄗㄨㄛˋ ㄕㄣˊ ㄇㄜ ˙ㄉㄜ?
Nǐ shì zuò shénme de?

A: **你是做什麼的？**
ㄋㄧˇ ㄕˋ ㄗㄨㄛˋ ㄕㄣˊ ㄇㄜ ˙ㄉㄜ?
Nǐ shì zuò shénme de?

B: **我是服務業。**
ㄨㄛˇ ㄕˋ ㄈㄨˊ ㄨˋ ㄧㄝˋ.
Wǒ shì fúwùyè.

A: 職業は何ですか。
B: 私はサービス業です。

【服務業】サービス業。

□110 **您在哪高就呢？**　　　　　　どちらの会社でお勤めですか。

ㄋㄧㄣˊ ㄗㄞˋ ㄋㄚˇ ㄍㄠ ㄐㄧㄡˋ ˙ㄋㄜ?
Nín zài nǎ gāo jiù ne?

A: **您在哪高就呢？**
ㄋㄧㄣˊ ㄗㄞˋ ㄋㄚˇ ㄍㄠ ㄐㄧㄡˋ ˙ㄋㄜ?
Nín zài nǎ gāo jiù ne?

B: **我在 3Q 台灣華語學院當老師。**
ㄨㄛˇ ㄗㄞˋ 3Q ㄊㄞˊ ㄨㄢ ㄏㄨㄚˊ ㄩˇ ㄒㄩㄝˊ ㄩㄢˋ ㄉㄤ ㄌㄠˇ ㄕ.
Wǒ zài 3Q Táiwān huáyǔ xuéyuàn Dāng lǎoshī.

A: どちらの会社でお勤めですか。
B: 私は 3Q 台湾華語学院で先生をしています。

□111 **能請教您是從事什麼行業嗎？**　お仕事を伺ってもよろしいですか。

ㄋㄥˊ ㄑㄧㄥˇ ㄐㄧㄠˋ ㄋㄧㄣˊ ㄕˋ ㄘㄨㄥˊ ㄕˋ ㄕㄣˊ ㄇㄜ ㄏㄤˊ ㄧㄝˋ ˙ㄇㄚ?
Néng qǐng jiào nín shì cóngshì shénme hángyè ma?

A: **能請教您是從事什麼行業嗎？**
ㄋㄥˊ ㄑㄧㄥˇ ㄐㄧㄠˋ ㄋㄧㄣˊ ㄕˋ ㄘㄨㄥˊ ㄕˋ ㄕㄣˊ ㄇㄜ ㄏㄤˊ ㄧㄝˋ ˙ㄇㄚ?
Néng qǐng jiào nín shì cóngshì shénme hángyè ma?

B: **我從事電影相關的工作。**
ㄨㄛˇ ㄘㄨㄥˊ ㄕˋ ㄉㄧㄢˋ ㄧㄥˇ ㄒㄧㄤˋ ㄍㄨㄢ ˙ㄉㄜ ㄍㄨㄥ ㄗㄨㄛˋ.
Wǒ cóngshì diànyǐng xiàngguān de gōngzuò.

A: お仕事を伺ってもよろしいですか。
B: 映画関係の仕事に就いています。

【請教】伺う。【行業】業種。

挨拶と社交

質問と応答

意思疎通

勧誘と申し出

依頼・勧告・要求

感情の表現

□112

你念哪間學校？

ㄋㄧˇ ㄋㄧㄢˋ ㄋㄚˇ ㄐㄧㄢ ㄒㄩㄝˊ ㄒㄧㄠˋ？
Nǐ niàn nǎ jiān xuéxiào?

学校はどちらですか。

A: **你念哪間學校？**
ㄋㄧˇ ㄋㄧㄢˋ ㄋㄚˇ ㄐㄧㄢ ㄒㄩㄝˊ ㄒㄧㄠˋ？
Nǐ niàn nǎ jiān xuéxiào?

B: **台灣大學。**
ㄊㄞˊ ㄨㄢ ㄉㄚˋ ㄒㄩㄝˊ。
Táiwān dàxué.

A: 学校はどちらですか。
B: 台湾大学です。

□113

你是幾年次的？

ㄋㄧˇ ㄕˋ ㄐㄧˇ ㄋㄧㄢˊ ㄘˋ ㄉㄜ？
Nǐ shì jǐ niáncì de?

何年生まれですか。

A: **你是幾年次的？**
ㄋㄧˇ ㄕˋ ㄐㄧˇ ㄋㄧㄢˊ ㄘˋ ㄉㄜ？
Nǐ shì jǐ niáncì de?

B: **我是民國八十五年生的。**
ㄨㄛˇ ㄕˋ ㄇㄧㄣˊ ㄍㄨㄛˊ ㄅㄚ ㄕˊ ㄨˇ ㄋㄧㄢˊ ㄕㄥ ㄉㄜ。
Wǒ shì Mínguó bāshíwǔ niánshēng de.

A: 何年生まれですか。
B: 中華民國 85 年生まれです。

【民國～年】台湾の年号。1912 年(中華民国成立)を中華民国元年とし, 2019 年は中華民国 108 年(民国 108 年)。

□114

你念什麼課系？

ㄋㄧˇ ㄋㄧㄢˋ ㄕㄣˊ ㄇㄜ ㄎㄜˋ ㄒㄧˋ？
Nǐ niàn shénme kēxì?

専攻は何ですか。

A: **你念什麼課系？**
ㄋㄧˇ ㄋㄧㄢˋ ㄕㄣˊ ㄇㄜ ㄎㄜˋ ㄒㄧˋ？
Nǐ niàn shénme kèxì?

B: **我念廣告系。**
ㄨㄛˇ ㄋㄧㄢˋ ㄍㄨㄤˇ ㄍㄠˋ ㄒㄧˋ。
Wǒ niàn guǎnggào xì.

A: 専攻は何ですか。
B: 広告学を専攻しています。

【課系】学科。専攻。

☐ 115　你家有幾個人？

何人家族ですか。

ㄋㄧˇ ㄐㄧㄚ ㄧㄡˇ ㄐㄧˇ ㄍㄜ ㄖㄣˊ？
Nǐ jiā yǒu jǐ ge rén?

A: 你家有幾個人？
ㄋㄧˇ ㄐㄧㄚ ㄧㄡˇ ㄐㄧˇ ㄍㄜ ㄖㄣˊ？
Nǐ jiā yǒu jǐ ge rén?

B: 我家有 5 個人。
ㄨㄛˇ ㄐㄧㄚ ㄧㄡˇ ㄨˇ ㄍㄜ ㄖㄣˊ。
Wǒ jiā yǒu wǔ ge rén.

A: 何人家族ですか。
B: うちは 5 人家族です。

☐ 116　你家有幾個兄弟姐妹？

兄弟は何人いますか。

ㄋㄧˇ ㄐㄧㄚ ㄧㄡˇ ㄐㄧˇ ㄍㄜ ㄒㄩㄥ ㄉㄧˋ ㄐㄧㄝˇ ㄇㄟˋ？
Nǐ jiā yǒu jǐ ge xiōngdì jiěmèi?

A: 你家有幾個兄弟姐妹？
ㄋㄧˇ ㄐㄧㄚ ㄧㄡˇ ㄐㄧˇ ㄍㄜ ㄒㄩㄥ ㄉㄧˋ ㄐㄧㄝˇ ㄇㄟˋ？
Nǐ jiā yǒu jǐ ge xiōngdì jiěmèi?

B: 我有兩個姐姐和一個弟弟。
ㄨㄛˇ ㄧㄡˇ ㄌㄧㄤˇ ㄍㄜ ㄐㄧㄝˇ ㄐㄧㄝ ㄏㄢˋ ㄧˋ ㄍㄜ ㄉㄧˋ ㄉㄧ。
Wǒ yǒu liǎng ge jiějie hàn yì ge dìdi.

A: 兄弟は何人いますか。
B: 姉が 1 人と弟が 1 人います。

【兄弟姐妹】兄弟姉妹。【～和】～と。台湾華語の発音は，ㄏㄜˊ [hé] ではなくㄏㄢˋ [hàn]。

☐ 117　你排行老幾？

兄弟の中で何番目ですか。

ㄋㄧˇ ㄆㄞˊ ㄏㄤˊ ㄌㄠˇ ㄐㄧˇ？
Nǐ páiháng lǎo jǐ?

A: 你排行老幾？
ㄋㄧˇ ㄆㄞˊ ㄏㄤˊ ㄌㄠˇ ㄐㄧˇ？
Nǐ páiháng lǎo jǐ?

B: 我排行老三。
ㄨㄛˇ ㄆㄞˊ ㄏㄤˊ ㄌㄠˇ ㄙㄢ。
Wǒ páiháng lǎo sān.

A: 兄弟の中で何番目ですか。
B: 上から三番目です。

【排行】兄弟姉妹の上からの順序。

□ 118 **這是誰的？** これは誰のですか。

ㄓㄜˋ ㄕˋ ㄕㄟˊ ˙ㄉㄜ?
Zhè shì shéi de?

A: **這是誰的？**
ㄓㄜˋ ㄕˋ ㄕㄟˊ ˙ㄉㄜ?
Zhè shì shéi de?

B: **那是他的。**
ㄋㄚˋ ㄕˋ ㄊㄚ ˙ㄉㄜ。
Nà shì tā de.

A: これは誰のですか。
B: それは彼のです。

□ 119 **那個人是誰？** あの人は誰ですか。

ㄋㄚˋ ˙ㄍㄜ ㄖㄣˊ ㄕˋ ㄕㄟˊ?
Nà ge rén shì shéi?

A: **那個人是誰？**
ㄋㄚˋ ˙ㄍㄜ ㄖㄣˊ ㄕˋ ㄕㄟˊ?
Nà ge rén shì shéi?

B: **他是我朋友。**
ㄊㄚ ㄕˋ ㄨㄛˇ ㄆㄥˊ ㄧㄡˇ。
Tā shì wǒ péngyǒu.

A: あの人は誰ですか。
B: 彼は私の友達です。

□ 120 **哪位是～？** どちらが～ですか。

ㄋㄚˇ ㄨㄟˋ ㄕˋ～?
Nǎ wèi shì ~ ?

A: **哪位是你的女朋友呢？**
ㄋㄚˇ ㄨㄟˋ ㄕˋ ㄋㄧˇ ˙ㄉㄜ ㄋㄩˇ ㄆㄥˊㄧㄡˇ ˙ㄋㄜ?
Nǎ wèi shì nǐ de nǚpéngyǒu ne?

B: **穿紅衣服的是我的女朋友。**
ㄔㄨㄢ ㄏㄨㄥˊ ㄧ ㄈㄨˊ ˙ㄉㄜ ㄕˋ ㄨㄛˇ ˙ㄉㄜ ㄋㄩˇ ㄆㄥˊ ㄧㄡˇ。
Chuān hóng yīfú de shì wǒ de nǚpéngyǒu.

A: どちらがあなたの彼女ですか。
B: 赤い服を着ているのが私の彼女です。

挨拶と社交

質問と応答

意思疎通

勧誘と申し出

依頼・勧告・要求

感情の表現

□121 你的夢想是什麼？

ㄋㄧˇ ˙ㄉㄜ ㄇㄥˋ ㄒㄧㄤˇ ㄕˋ ㄕㄣˊ ˙ㄇㄜ？
Nǐ de mèngxiǎng shì shénme?

あなたの夢は何ですか。

A: 你的夢想是什麼？
ㄋㄧˇ ˙ㄉㄜ ㄇㄥˋ ㄒㄧㄤˇ ㄕˋ ㄕㄣˊ ˙ㄇㄜ？
Nǐ de mèngxiǎng shì shénme?

B: 我想當總統。
ㄨㄛˇ ㄒㄧㄤˇ ㄉㄤ ㄗㄨㄥˇ ㄊㄨㄥˇ。
Wǒ xiǎng dāng zǒngtǒng.

A: あなたの夢は何ですか。
B: 総統になりたいです。

【總統】総統。中華民国の国家元首。

□122 你有什麼願望嗎？

ㄋㄧˇ ㄧㄡˇ ㄕㄣˊ ˙ㄇㄜ ㄩㄢˋ ㄨㄤˋ ˙ㄇㄚ？
Nǐ yǒu shénme yuànwàng ma?

何か願い事がありますか。

A: 你有什麼願望嗎？
ㄋㄧˇ ㄧㄡˇ ㄕㄣˊ ˙ㄇㄜ ㄩㄢˋ ㄨㄤˋ ˙ㄇㄚ？
Nǐ yǒu shénme yuànwàng ma?

B: 我希望世界和平。
ㄨㄛˇ ㄒㄧ ㄨㄤˋ ㄕˋ ㄐㄧㄝˋ ㄏㄜˊ ㄆㄧㄥˊ。
Wǒ xīwàng shìjiè hépíng.

A: あなたには何か願い事がありますか。
B: 世界平和を願っています。

【和平】平和。

□123 你想做什麼樣的工作？

ㄋㄧˇ ㄒㄧㄤˇ ㄗㄨㄛˋ ㄕㄣˊ ˙ㄇㄜ ㄧㄤˋ ˙ㄉㄜ ㄍㄨㄥ ㄗㄨㄛˋ？
Nǐ xiǎng zuò shénmeyàng de gōngzuò?

どんな仕事をしたいですか。

A: 你想做什麼樣的工作？
ㄋㄧˇ ㄒㄧㄤˇ ㄗㄨㄛˋ ㄕㄣˊ ˙ㄇㄜ ㄧㄤˋ ˙ㄉㄜ ㄍㄨㄥ ㄗㄨㄛˋ？
Nǐ xiǎng zuò shénmeyàng de gōngzuò?

B: 我想做跟旅遊有關的工作。
ㄨㄛˇ ㄒㄧㄤˇ ㄗㄨㄛˋ ㄍㄣ ㄌㄩˇ ㄧㄡˊ ㄧㄡˇ ㄍㄨㄢ ˙ㄉㄜ ㄍㄨㄥ ㄗㄨㄛˋ。
Wǒ xiǎng zuò gēn lǚyóu yǒuguān de gōngzuò.

A: あなたはどんな仕事がしたいですか。
B: 旅行関係の仕事をしたいです。

【有關】～に関する。～に関係ある。

挨拶と社交

質問と応答

意思疎通

勧誘と申し出

依頼・勧告・要求

感情の表現

□124 **能不能借我一點錢？** お金を少し貸していただけませんか。

Néng bu néng jiè wǒ yìdiǎn qián?

A: **不好意思，能不能借我一點錢？**

Bù hǎoyìsi, néng bù néng jiè wǒ yìdiǎn qián?

B: **你要多少？**

Nǐ yào duōshǎo?

A: すみません，お金を少し貸していただけませんか。
B: いくら必要ですか。

□125 **什麼時候可以還錢？** いつお金を返してくれますか。

Shénme shíhòu kěyǐ huánqián?

A: **什麼時候可以還錢？**

Shénme shíhòu kěyǐ huánqián?

B: **下個月，可以嗎？**

Xiàgeyuè, kěyǐ ma?

A: いつお金を返してくれますか。
B: 来月でも大丈夫ですか。

【還錢】お金を返す。

□126 **我跟你借了多少錢？** いくら借りていましたか。

Wǒ gēn nǐ jiè le duōshǎo qián?

A: **我跟你借了多少錢？**

Wǒ gēn nǐ jiè le duōshǎo qián?

B: **三千塊。**

Sānqiān kuài.

A: あなたにいくら借りてましたっけ。
B: 三千元ですよ。

【塊】台湾の通貨単位は元だが，口語ではこちらが多く用いられる。

□ 127 **你平常喜歡做什麼？**　　　普段何をするのが好きですか。

ㄋㄧˇ ㄆㄧㄥˊ ㄔㄤˊ ㄒㄧˇ ㄏㄨㄢ ㄗㄨㄛˋ ㄕㄣˊ ㄇㄜ?
Nǐ píngcháng xǐhuān zuò shénme?

A: **哲哲，你平常喜歡做什麼？**

ㄓㄜˊ ㄓㄜˊ, ㄋㄧˇ ㄆㄧㄥˊ ㄔㄤˊ ㄒㄧˇ ㄏㄨㄢ ㄗㄨㄛˋ ㄕㄣˊ ㄇㄜ?
Zhézhé, nǐ píngcháng xǐhuān zuò shénme?

B: **我平常喜歡看看電影，喝喝酒。**

ㄨㄛˇ ㄆㄧㄥˊ ㄔㄤˊ ㄒㄧˇ ㄏㄨㄢ ㄎㄢˋ ㄎㄢˋ ㄉㄧㄢˋ ㄧㄥˇ, ㄏㄜ ㄏㄜ ㄐㄧㄡˇ。
Wǒ píngcháng xǐhuān kànkan diànyǐng, hē hējiǔ.

A: 哲ちゃん，普段何をするのが好きなの？
B: 普段は映画を観たり，お酒を飲んだりするのが好きです。

【哲哲】名前の文字を２回繰り返すことで愛称になる。

□ 128 **你的興趣是什麼？**　　　あなたの趣味は何ですか。

ㄋㄧˇ ˙ㄉㄜ ㄒㄧㄥˋ ㄑㄩˋ ㄕˋ ㄕㄣˊ ㄇㄜ?
Nǐ de xìngqù shì shénme?

A: **你的興趣是什麼？**

ㄋㄧˇ ˙ㄉㄜ ㄒㄧㄥˋ ㄑㄩˋ ㄕˋ ㄕㄣˊ ㄇㄜ?
Nǐ de xìngqù shì shénme?

B: **最近開始喜歡上出國旅行了。**

ㄗㄨㄟˋ ㄐㄧㄣˋ ㄎㄞ ㄕˇ ㄒㄧˇ ㄏㄨㄢ ㄕㄤˋ ㄔㄨ ㄍㄨㄛˊ ㄌㄩˇ ㄒㄧㄥˊ ˙ㄌㄜ。
Zuìjìn kāishǐ xǐhuānshang chūguó lǚxíng le.

A: あなたの趣味は何ですか。
B: 最近は海外旅行をするのが好きになりました。

【喜歡上～】～が好きになる。【出國旅行】海外旅行。

□ 129 **你最喜歡什麼～？**　　　一番好きな～は何ですか。

ㄋㄧˇ ㄗㄨㄟˋ ㄒㄧˇ ㄏㄨㄢ ㄕㄣˊ ㄇㄜ ～?
Nǐ zuì xǐhuān shénme ～?

A: **你最喜歡什麼口味？**

ㄋㄧˇ ㄗㄨㄟˋ ㄒㄧˇ ㄏㄨㄢ ㄕㄣˊ ㄇㄜ ㄎㄡˇ ㄨㄟˋ?
Nǐ zuì xǐhuān shénme kǒuwèi?

B: **我最喜歡甜的。**

ㄨㄛˇ ㄗㄨㄟˋ ㄒㄧˇ ㄏㄨㄢ ㄊㄧㄢˊ ˙ㄉㄜ。
Wǒ zuì xǐhuān tián de.

A: 一番好きな味は何ですか。
B: 一番好きなのは甘い味です。

【口味】味。フレーバー。

□ 130 **你討厭什麼～？**

嫌いな～は何ですか。

ㄋㄧˇ ㄊㄠˋ ㄧㄢˋ ㄕㄣˊ ㄇㄜ˙~?
Nǐ tǎoyàn shénme ~ ?

A: **你討厭什麼顏色？**
ㄋㄧˇ ㄊㄠˇ ㄧㄢˋ ㄕㄣˊ ㄇㄜ˙ ㄧㄢˊ ㄙㄜˋ?
Nǐ tǎoyàn shénme yánsè?

B: **我討厭紫色。**
ㄨㄛˇ ㄊㄠˇ ㄧㄢˋ ㄗˇ ㄙㄜˋ。
Wǒ tǎoyàn zǐsè.

A: 嫌いな色は何ですか。
B: 紫色が嫌いです。

【顏色】色。

□ 131 **什麼～是你不拿手的？**

何の～が苦手なの？

ㄕㄣˊ ㄇㄜ˙ ~ ㄕˋ ㄋㄧˇ ㄅㄨˋ ㄋㄚˊ ㄕㄡˇ ㄉㄜ˙?
Shénme ~ shì nǐ bù ná shǒu de?

A: **什麼運動是你不拿手的？**
ㄕㄣˊ ㄇㄜ˙ ㄩㄣˋ ㄉㄨㄥˋ ㄕˋ ㄋㄧˇ ㄅㄨˋ ㄋㄚˊ ㄕㄡˇ ㄉㄜ˙?
Shénme yùndòng shì nǐ bù ná shǒu de?

B: **游泳吧。**
ㄧㄡˊ ㄩㄥˇ ㄅㄚ˙。
Yóuyǒng ba.

A: 何のスポーツが苦手なの？
B: 水泳かな。

【不拿手】下手だ。得意ではない。

□ 132 **你受不了的是什麼？**

我慢できないのは何ですか。

ㄋㄧˇ ㄕㄡˋ ㄅㄨˋ ㄌㄧㄠˇ ㄉㄜ˙ ㄕˋ ㄕㄣˊ ㄇㄜ˙?
Nǐ shòubuliǎo de shì shénme?

A: **你受不了的是什麼？**
ㄋㄧˇ ㄕㄡˋ ㄅㄨˋ ㄌㄧㄠˇ ㄉㄜ˙ ㄕˋ ㄕㄣˊ ㄇㄜ˙?
Nǐ shòubuliǎo de shì shénme?

B: **加班。**
ㄐㄧㄚ ㄅㄢ。
Jiābān.

A: 我慢できないのは何ですか。
B: 残業です。

【加班】残業する。

□ 133

你在做什麼呢？
何をしていますか。

ㄋㄧˇ ㄗㄞˋ ㄗㄨㄛˋ ㄕㄣˊ ˙ㄇㄜ ˙ㄋㄜ?
Nǐ zài zuò shénme ne?

A: **喂，你在做什麼呢？**
ㄨㄟˊ, ㄋㄧˇ ㄗㄞˋ ㄗㄨㄛˋ ㄕㄣˊ ˙ㄇㄜ ˙ㄋㄜ?
Wéi, nǐ zài zuò shénme ne?

B: **我在逛夜市。**
ㄨㄛˇ ㄗㄞˋ ㄍㄨㄤˋ ㄧㄝˋ ㄕˋ。
Wǒ zài guàng yèshì.

A: もしもし，何をしていますか。
B: 夜市をぶらぶらしています。

【逛】ぶらつく。【夜市】台湾の夜市は観光スポットとして人気があり，多くの人で賑わう。

□ 134

你在幹嗎？
何をしてるの？

ㄋㄧˇ ㄗㄞˋ ㄍㄢˋ ˙ㄇㄚ?
Nǐ zài gàn ma?

A: **你在幹嗎？**
ㄋㄧˇ ㄗㄞˋ ㄍㄢˋ ˙ㄇㄚ?
Nǐ zài gàn ma?

B: **沒在幹嘛。**
ㄇㄟˊ ㄗㄞˋ ㄍㄢˋ ˙ㄇㄚ。
Méi zài gàn ma.

A: 何をしているの？
B: 何もしてないわよ。

【幹嗎】タメ口表現なので，目上の人に対しては使わないほうがいい。

□ 135

你去那裡做什麼？
そこへ何しに行くの？

ㄋㄧˇ ㄑㄩˋ ㄋㄚˋ ㄌㄧˇ ㄗㄨㄛˋ ㄕㄣˊ ˙ㄇㄜ?
Nǐ qù nàlǐ zuò shénme?

A: **這麼晚了，你去那裡做什麼？**
ㄓㄜˋ ˙ㄇㄜ ㄨㄢˇ ˙ㄌㄜ, ㄋㄧˇ ㄑㄩˋ ㄋㄚˋ ㄌㄧˇ ㄗㄨㄛˋ ㄕㄣˊ ˙ㄇㄜ?
Zhème wǎn le, nǐ qù nàlǐ zuò shénme?

B: **我去找朋友一下。**
ㄨㄛˇ ㄑㄩˋ ㄓㄠˇ ㄆㄥˊ ㄧㄡˇ ㄧ ㄒㄧㄚˋ。
Wǒ qù zhǎopéngyǒu yíxià.

A: こんな遅い時間に，そこへ何しに行くの？
B: ちょっと友達に会いに行ってくる。

□136

你覺得～怎麼樣？

～はどう思う？

ㄋㄧˇ ㄐㄩㄝˊ ˙ㄉㄜ ～ ㄗㄣˇ ˙ㄇㄜ ㄧㄤˋ？
Nǐ juéde ～ zěnmeyàng?

A: **你覺得這個顏色怎麼樣？**
ㄋㄧˇ ㄐㄩㄝˊ ˙ㄉㄜ ㄓㄜˋ ˙ㄍㄜ ㄧㄢˊ ㄙㄜˋ ㄗㄣˇ ˙ㄇㄜ ㄧㄤˋ？
Nǐ juéde zhège yánsè zěnmeyàng?

B: **還不錯啊。**
ㄏㄞˊ ㄅㄨˊ ㄘㄨㄛˋ ˙ㄚ。
Hái búcuò a.

A: この色はどう思う？
B: いいと思うよ。

【顏色】色。

□137

～還可以吧？

～は大丈夫ですか。

～ ㄏㄞˊ ㄎㄜˇ ㄧˇ ˙ㄅㄚ？
～hái kěyǐ ba?

A: **味道還可以吧？**
ㄨㄟˋ ˙ㄉㄠ ㄏㄞˊ ㄎㄜˇ ㄧˇ ˙ㄅㄚ？
Wèidao hái kěyǐ ba?

B: **你做的嗎？ 太好吃了！**
ㄋㄧˇ ㄗㄨㄛˋ ˙ㄉㄜ ˙ㄇㄚ？ ㄊㄞˋ ㄏㄠˇ ㄔ ˙ㄌㄜ！
Nǐ zuò de ma? Tài hǎo chī le!

A: 味は大丈夫？
B: あなたが作ったの？ うますぎる！

【味道】味。匂い。

□138

關於～您覺得如何？

～についてどう思われますか。

ㄍㄨㄢ ㄩˊ ～ ㄋㄧㄣˊ ㄐㄩㄝˊ ˙ㄉㄜ ㄖㄨˊ ㄏㄜˊ？
Guānyú ～ nín juéde rúhé?

A: **關於這件事您覺得如何？**
ㄍㄨㄢ ㄩˊ ㄓㄜˋ ㄐㄧㄢˋ ㄕˋ ㄋㄧㄣˊ ㄐㄩㄝˊ ˙ㄉㄜ ㄖㄨˊ ㄏㄜˊ？
Guānyú zhè jiàn shì nín juéde rúhé?

B: **我覺得不太好，重做吧。**
ㄨㄛˇ ㄐㄩㄝˊ ˙ㄉㄜ ㄅㄨˊ ㄊㄞˋ ㄏㄠˇ，ㄓㄨㄥˋ ㄗㄨㄛˋ ˙ㄅㄚ。
Wǒ juéde bú tài hǎo, zhòng zuò ba.

A: この件についてどう思われますか。
B: あまりよくないと思います，やり直しましょう。

【重做】やり直す。

挨拶と社交

質問と応答

意思疎通

勧誘と申し出

依頼・勧告・要求

感情の表現

139 你懂嗎？

わかりますか。

ㄋㄧˇ ㄉㄨㄥˇ ˙ㄇㄚ?
Nǐ dǒng ma?

A: 你懂嗎？
ㄋㄧˇ ㄉㄨㄥˇ ˙ㄇㄚ?
Nǐ dǒng ma?

B: 我懂。
ㄨㄛˇ ㄉㄨㄥˇ。
Wǒ dǒng.

A: わかりますか。
B: わかります。

140 你懂我說的嗎？

私の言いたいことがわかりましたか。

ㄋㄧˇ ㄉㄨㄥˇ ㄨㄛˇ ㄕㄨㄛ ˙ㄉㄜ ˙ㄇㄚ?
Nǐ dǒng wǒ shuō de ma?

A: 你懂我說的嗎？
ㄋㄧˇ ㄉㄨㄥˇ ㄨㄛˇ ㄕㄨㄛ ˙ㄉㄜ ˙ㄇㄚ?
Nǐ dǒng wǒ shuō de ma?

B: 大概懂了。
ㄉㄚˋ ㄍㄞˋ ㄉㄨㄥˇ ˙ㄌㄜ。
Dàgài dǒng le.

A: 私の言いたいことがわかりましたか。
B: 大体わかりました。

【大概】大体。

141 你能理解～嗎？

～を理解できますか。

ㄋㄧˇ ㄋㄥˊ ㄌㄧˇㄐㄧㄝˇ～˙ㄇㄚ ?
Nǐ néng lǐjiě ~ ma?

A: 你能理解我的心情嗎？
ㄋㄧˇ ㄋㄥˊ ㄌㄧˇㄐㄧㄝˇ ㄨㄛˇ ˙ㄉㄜ ㄒㄧㄣ ㄑㄧㄥˊ ˙ㄇㄚ?
Nǐ néng lǐjiě wǒ de xīnqíng ma?

B: 你外遇的事情嗎？ 我完全無法理解。
ㄋㄧˇ ㄨㄞˋ ㄩˋ ˙ㄉㄜ ㄕˋ ㄑㄧㄥˊ ˙ㄇㄚ? ㄨㄛˇ ㄨㄢˊ ㄑㄩㄢˊ ㄨˊ ㄈㄚˇ ㄌㄧˇㄐㄧㄝˇ。
Nǐ wàiyù de shìqíng ma? Wǒ wánquán wúfǎ lǐjiě.

A: 私の気持ちを理解できますか。
B: あなたが不倫したことですか。全然理解できないんですけど。

【無法＋〈動詞〉】～できない。

□ 142 **為什麼你喜歡〜？**

ㄨㄟˋ ㄕㄣˊ ㄇㄜ ㄋㄧˇ ㄒㄧˇ ㄏㄨㄢ 〜?
Wèi shénme nǐ xǐhuān 〜?

なぜ〜が好きなのですか。

A: **為什麼你喜歡台灣菜？**
ㄨㄟˋ ㄕㄣˊ ㄇㄜ ㄋㄧˇ ㄒㄧˇ ㄏㄨㄢ ㄊㄞˊ ㄨㄢ ㄘㄞˋ?
Wèi shénme nǐ xǐhuān Táiwān cài?

B: **因為又便宜又好吃。**
ㄧㄣ ㄨㄟˋ ㄧㄡˋ ㄆㄧㄢˊ ㄧˊ ㄧㄡˋ ㄏㄠˇ ㄔ。
Yīnwèi yòu piányí yòu hǎo chī.

A: なぜ台湾料理が好きなのですか。
B: 安いし，おいしいからです。

【〈国名〉＋菜】〜料理。【又〜又…】〜でもあるし…でもある。

□ 143 **為什麼？**

ㄨㄟˋ ㄕㄣˊ ㄇㄜ?
Wèi shénme?

どうしてですか。

A: **我決定辭職了。**
ㄨㄛˇ ㄐㄩㄝˊ ㄉㄧㄥˋ ㄘˊ ㄓˊ ㄌㄜ。
Wǒ juédìng cízhí le.

B: **為什麼？**
ㄨㄟˋ ㄕㄣˊ ㄇㄜ?
Wèi shénme?

A: 仕事を辞めることにしました。
B: どうしてですか。

【辭職】仕事を辞める。

□ 144 **你為什麼那樣做？**

ㄋㄧˇ ㄨㄟˋ ㄕㄣˊ ㄇㄜ ㄋㄚˋ ㄧㄤˋ ㄗㄨㄛˋ?
Nǐ wèi shénme nàyàng zuò?

どうしてそんなことしたの？

A: **你為什麼那樣做？**
ㄋㄧˇ ㄨㄟˋ ㄕㄣˊ ㄇㄜ ㄋㄚˋ ㄧㄤˋ ㄗㄨㄛˋ?
Nǐ wèi shénme nàyàng zuò?

B: **老實說，我自己也不知道。**
ㄌㄠˇ ㄕˊ ㄕㄨㄛ，ㄨㄛˇ ㄗˋ ㄐㄧˇ ㄧㄝˇ ㄅㄨˋ ㄓ ㄉㄠˋ。
Lǎoshí shuō, wǒ zìjǐ yě bù zhīdào.

A: どうしてそんなことしたの？
B: 正直言って，自分でもわからないんだ。

【老實】正直に。誠実に。

□145 **我也這麼覺得。**　　　　　　　　私もそう思います。

ㄨㄛˇ ㄧㄝˇ ㄓㄜˋ ˙ㄇㄜ ㄐㄩㄝˊ ˙ㄉㄜ。
Wǒ yě zhème juéde.

A: **貴的東西不一定好。**
《ㄨㄟˋ ˙ㄉㄜ ㄉㄨㄥ·ㄒㄧ ㄅㄨˋ ㄧˊ ㄉㄧㄥˋ ㄏㄠˇ。
Guì de dōngxi bù yídìng hǎo.

B: **我也這麼覺得。**
ㄨㄛˇ ㄧㄝˇ ㄓㄜˋ ˙ㄇㄜ ㄐㄩㄝˊ ˙ㄉㄜ。
Wǒ yě zhème juéde.

A: 高いものがいいとは限らないです。
B: 私もそう思います。

【貴】高価な。【東西】もの。品物。【不一定】～とは限らない。

□146 **一點也沒錯。**　　　　　　　　まったくそのとおりです。

ㄧˋ ㄉㄧㄢˇ ㄧㄝˇ ㄇㄟˊ ㄘㄨㄛˋ。
Yìdiǎn yě méicuò.

A: **每天喝酒對身體不太好。**
ㄇㄟˇ ㄊㄧㄢ ㄏㄜ ㄐㄧㄡˇ ㄉㄨㄟˋ ㄕㄣ ㄊㄧˇ ㄅㄨˊ ㄊㄞˋ ㄏㄠˇ。
Měitiān hējiǔ duì shēntǐ bú tài hǎo.

B: **一點也沒錯。**
ㄧˋ ㄉㄧㄢˇ ㄧㄝˇ ㄇㄟˊ ㄘㄨㄛˋ。
Yìdiǎn yě méicuò.

A: 毎日お酒を飲むのは体に悪いですよ。
B: まったくそのとおりです。

【身體】身体。体。

□147 **您說的很對。**　　　　　　　　おっしゃるとおりです。

ㄋㄧㄣˊ ㄕㄨㄛ ˙ㄉㄜ ㄏㄣˇ ㄉㄨㄟˋ。
Nín shuō de hěn duì.

A: **那很明顯是藉口。**
ㄋㄚˋ ㄏㄣˇ ㄇㄧㄥˊ ㄒㄧㄢˇ ㄕˋ ㄐㄧㄝˋ ㄎㄡˇ。
Nà hěn míngxiǎn shì jièkǒu.

B: **您說的很對。**
ㄋㄧㄣˊ ㄕㄨㄛ ˙ㄉㄜ ㄏㄣˇ ㄉㄨㄟˋ。
Nín shuō de hěn duì.

A: それは明らかに口実です。
B: おっしゃるとおりです。

【明顯】明らかに。【藉口】言い訳、口実。

□ 148

也許吧。
一ㄝˇ ㄒㄩˇ ˙ㄅㄚ。
Yě xǔ ba.

そうかもしれません。

A: **我覺得他不是很喜歡這份工作。**
ㄨㄛˇ ㄐㄩㄝˊ ˙ㄉㄜ ㄊㄚ ㄅㄨˊ ˙ㄕ ㄏㄣˇ ㄒㄧˇ ㄏㄨㄢ ㄓㄜˋ ㄈㄣˋ ㄍㄨㄥ ㄗㄨㄛˋ。
Wǒ juéde tā bú shì hěn xǐhuān zhè fèn gōngzuò.

B: **也許吧。**
一ㄝˇ ㄒㄩˇ ˙ㄅㄚ。
Yě xǔ ba.

A: 彼はこの仕事があまり好きじゃないと思います。
B: そうかもしれません。

□ 149

可能吧。
ㄎㄜˇ ㄋㄥˊ ˙ㄅㄚ。
Kěnéng ba.

たぶんね。

A: **明天好像會下雨。**
ㄇㄧㄥˊ ㄊㄧㄢ ㄏㄠˇ ㄒㄧㄤˋ ㄏㄨㄟˋ ㄒㄧㄚˋ ㄩˇ。
Míngtiān hǎoxiàng huì xiàyǔ.

B: **可能吧。**
ㄎㄜˇ ㄋㄥˊ ˙ㄅㄚ。
Kěnéng ba.

A: 明日、雨が降るそうです。
B: たぶんね。

【好像】（予測や不確実な事柄に対して）どうやら～のようだ。～らしい。

□ 150

算是吧。
ㄙㄨㄢˋ ㄕˋ ˙ㄅㄚ。
Suàn shì ba.

まぁ一応ね。

A: **他是你的男朋友吗？**
ㄊㄚ ㄕˋ ㄋㄧˇ ˙ㄉㄜ ㄋㄢˊ ㄆㄥˊ 一ㄡˇ ㄇㄚ?
Tā shì nǐ de nánpéngyǒu ma?

B: **算是吧。**
ㄙㄨㄢˋ ㄕˋ ˙ㄅㄚ。
suàn shì ba.

A: 彼はあなたの彼氏ですか。
B: まぁ一応ね。

【男朋友】ボーイフレンド。彼氏。

□151 不對！

ㄅㄨˊ ㄉㄨㄟˋ!
Bú duì!

違うよ！

A: 你喜歡她，對不對！？
ㄋㄧˇ ㄒㄧˇ ㄏㄨㄢ ㄊㄚ, ㄉㄨㄟˋ ㄅㄨˊ ㄉㄨㄟˋ!?
Nǐ xǐhuān tā, duì bú duì!?

B: 不對！ 她是我的好朋友。
ㄅㄨˊ ㄉㄨㄟˋ! ㄊㄚ ㄕˋ ㄨㄛˇ ㄉㄜ ㄏㄠˇ ㄆㄥˊ ㄧㄡˇ。
Bú duì! Tā shì wǒ de hǎopéngyǒu.

A: あなたは彼女が好きなんでしょう！？
B: 違うよ！ 彼女は僕の親友だ！

【對不對】「そうなんでしょ？」と相手に確認する表現。【好朋友】親友。

□152 不是那樣的。

ㄅㄨˊ ㄕˋ ㄋㄚˋ ㄧㄤˋ ㄉㄜ。
Bú shì nàyàng de.

そうじゃない。

A: 你們又吵架了嗎？
ㄋㄧˇ ㄇㄣ ㄧㄡˋ ㄔㄠˇ ㄐㄧㄚˋ ㄌㄜ ㄇㄚ?
Nǐmen yòu chǎojià le ma?

B: 不是那樣的，是誤會。
ㄅㄨˊ ㄕˋ ㄋㄚˋ ㄧㄤˋ ㄉㄜ, ㄕˋ ㄨˋ ㄏㄨㄟˋ。
Bú shì nàyàng de, shì wùhuì.

A: また喧嘩したの？
B: そうじゃない，誤解だ。

【吵架】喧嘩する。【誤會】誤解。

□153 並不是那樣子。

ㄅㄧㄥˋ ㄅㄨˊ ㄕˋ ㄋㄚˋ ㄧㄤˋ ㄗ。
Bìng bú shì nàyàngzi.

それは違います。

A: 所以你們離婚了？
ㄙㄨㄛˇ ㄧˇ ㄋㄧˇ ㄇㄣ ㄌㄧˊ ㄏㄨㄣ ㄌㄜ?
Suǒyǐ nǐmen líhūn le?

B: 並不是那樣子，我們只是分居。
ㄅㄧㄥˋ ㄅㄨˊ ㄕˋ ㄋㄚˋ ㄧㄤˋ ㄗ, ㄨㄛˇ ㄇㄣ ㄓˇ ㄕˋ ㄈㄣ ㄐㄩ。
Bìng bú shì nàyàngzi, wǒmen zhǐshì fēnjū.

A: 離婚したんですか。
B: それは違います，別居しただけです。

【並＋〈否定形〉】決して，それほど（～でない）。否定形を強調する。【分居】別居する。

挨拶と社交

質問と応答

意思疎通

勧誘と申し出

依頼・勧告・要求

感情の表現

□154 **我不太確定。** 確信はないですが。

ㄨㄛˇ ㄅㄨˊ ㄊㄞˋ ㄑㄩㄝˋ ㄉㄧㄥˋ。
Wǒ bú tài quèdìng.

A: **明天的考試是下午兩點嗎？**
ㄇㄧㄥˊ ㄊㄧㄢ ˙ㄉㄜ ㄎㄠˇ ㄕˋ ㄕˋ ㄒㄧㄚˋ ㄨˇ ㄌㄧㄤˇ ㄉㄧㄢˇ ㄇㄚ？
Míngtiān de kǎoshì shì xiàwǔ liǎng diǎn ma?

B: **我不太確定，要問問看老師。**
ㄨㄛˇ ㄅㄨˊ ㄊㄞˋ ㄑㄩㄝˋ ㄉㄧㄥˋ，ㄧㄠˋ ㄨㄣˋ ㄨㄣˋ ㄎㄢˋ ㄌㄠˇ ㄕ。
Wǒ bú tài quèdìng, yào wèn wèn kàn lǎoshī.

A: 明日のテストは午後2時ですか。
B: 確信はないですが，先生に聞かないと。

【〈動詞の重ね型〉＋看】～してみる。

□155 **不是很清楚。** 正確にはわからないですけど。

ㄅㄨˊ ㄕˋ ㄏㄣˇ ㄑㄧㄥ ㄔㄨˇ。
Bú shì hěn qīngchǔ.

A: **租車需要身分證嗎？**
ㄗㄨ ㄔㄜ ㄒㄩ ㄧㄠˋ ㄕㄣ ㄈㄣˋ ㄓㄥˋ ㄇㄚ？
Zūchē xūyào shēnfènzhèng ma?

B: **不是很清楚。**
ㄅㄨˊ ㄕˋ ㄏㄣˇ ㄑㄧㄥ ㄔㄨˇ。
Bú shì hěn qīngchǔ.

A: レンタカーを借りるのに身分証は必要ですか。
B: 正確にはわからないですけど。

【身分證】身分証。【清楚】はっきり。明瞭。

□156 **我記得沒錯的話。** 私の記憶が正しければ。

ㄨㄛˇ ㄐㄧˋ ˙ㄉㄜ ㄇㄟˊ ㄘㄨㄛˋ ˙ㄉㄜ ㄏㄨㄚˋ。
Wǒ jìde méicuò de huà.

A: **小美說下個月幾號回國，你還記得嗎？**
ㄒㄧㄠˇ ㄇㄟˇ ㄕㄨㄛ ㄒㄧㄚˋ ㄍㄜˋ ㄩㄝˋ ㄐㄧˇ ㄏㄠˋ ㄏㄨㄟˊ ㄍㄨㄛˊ，ㄋㄧˇ ㄏㄞˊ ㄐㄧˋ ˙ㄉㄜ ㄇㄚ？
XiǎoMěi shuō xiàgeyuè jǐ hào huíguó, nǐ hái jìde ma?

B: **我記得沒錯的話，好像是 5 號。**
ㄨㄛˇ ㄐㄧˋ ˙ㄉㄜ ㄇㄟˊ ㄘㄨㄛˋ ˙ㄉㄜ ㄏㄨㄚˋ，ㄏㄠˇ ㄒㄧㄤˋ ㄕˋ ㄨˇ ㄏㄠˋ。
Wǒ jìde méicuò de huà, hǎoxiàng shì wǔ hào.

A: 美ちゃんは来月何日に帰国するのか，覚えていますか。
B: 私の記憶が正しければ，おそらく5日です。

【下個月】来月【幾號】何日【沒錯的話】正しければ。

□ **157** **你在笑什麼？** 何を笑っているのですか。

ㄋㄧˇ ㄗㄞˋ ㄒㄧㄠˋ ㄕㄣˊ ㄇㄜ?
Nǐ zài xiào shénme?

A: **你在笑什麼？**
ㄋㄧˇ ㄗㄞˋ ㄒㄧㄠˋ ㄕㄣˊ ㄇㄜ?
Nǐ zài xiào shénme?

B: **她不知道現在台灣總統的名字。**
ㄊㄚ ㄅㄨˋ ㄓ ㄉㄠˋ ㄒㄧㄢˋ ㄗㄞˋ ㄊㄞˊ ㄨㄢ ㄗㄨㄥˇ ㄊㄨㄥˇ ㄉㄜ ㄇㄧㄥˊ ㄗˋ.
Tā bú zhīdào xiànzài Táiwān zǒngtǒng de míngzì.

A: 何を笑ってるの？
B: 彼女は現在の台湾総統の名前がわからないんだって。

□ **158** **很奇怪嗎？** おかしいですか。

ㄏㄣˇ ㄑㄧˊ ㄍㄨㄞˋ ㄇㄚ?
Hěn qíguài ma?

A: **不知道自己血型，很奇怪嗎？**
ㄅㄨˋ ㄓ ㄉㄠˋ ㄗˋ ㄐㄧˇ ㄒㄧㄝˇ ㄒㄧㄥˊ, ㄏㄣˇ ㄑㄧˊ ㄍㄨㄞˋ ㄇㄚ?
Bù zhīdào zìjǐ xiěxíng, hěn qíguài ma?

B: **對啊，很奇怪。**
ㄉㄨㄟˋ ㄚ, ㄏㄣˇ ㄑㄧˊ ㄍㄨㄞˋ.
Duì a, hěn qíguài.

A: 自分の血液型がわからないのって，おかしいですか。
B: そうですよ，おかしいです。

□ **159** **你那是什麼表情啊？** その表情はどういう意味ですか。

ㄋㄧˇ ㄋㄚˋ ㄕˋ ㄕㄣˊ ㄇㄜ ㄅㄧㄠˇ ㄑㄧㄥˊ ㄚ?
Nǐ nà shì shénme biǎoqíng a?

A: **你那是什麼表情啊？**
ㄋㄧˇ ㄋㄚˋ ㄕˋ ㄕㄣˊ ㄇㄜ ㄅㄧㄠˇ ㄑㄧㄥˊ ㄚ?
Nǐ nà shì shénme biǎoqíng a?

B: **沒什麼，我在發呆而已。**
ㄇㄟˊ ㄕㄣˊ ㄇㄜ, ㄨㄛˇ ㄗㄞˋ ㄈㄚ ㄉㄞ ㄦˊ ㄧˇ.
Méi shénme, wǒ zài fādāi éryǐ.

A: その表情はどういう意味ですか。
B: いいえなんでも，ぼうっとしているだけです。

【發呆】ぼうっとする。【而已】～だけである。

□160 為什麼問這個？

なんでそれを聞くのですか。

ㄨㄟˋ ㄕㄣˊ ㄇㄜ˙ ㄨㄣˋ ㄓㄜˋ˙ㄍㄜ˙?
Wèi shénme wèn zhège?

A: 你的薪水是多少？

ㄋㄧˇ ㄉㄜ˙ ㄒㄧㄣ ㄕㄨㄟˇ ㄕˋ ㄉㄨㄛ ㄕㄠˇ?
Nǐ de xīnshuǐ shì duōshǎo?

B: 為什麼問這個？

ㄨㄟˋ ㄕㄣˊ ㄇㄜ˙ ㄨㄣˋ ㄓㄜˋ˙ㄍㄜ˙?
Wèi shénme wèn zhège?

A: 給料はいくらもらっているのですか。
B: なんでそれを聞くんですか。

【薪水】給料。

□161 不要再問了。

もう聞かないで。

ㄅㄨˊ ㄧㄠˋ ㄗㄞˋ ㄨㄣˋ ˙ㄌㄜ˙
Bú yào zài wèn le.

A: 你什麼時候開始找工作呢？

ㄋㄧˇ ㄕㄣˊ ㄇㄜ˙ ㄕˊ ㄏㄡˋ ㄎㄞ ㄕˇ ㄓㄠˇ ㄍㄨㄥ ㄗㄨㄛˋ ˙ㄋㄜ˙?
Nǐ shénme shíhòu kāishǐ zhǎo gōngzuò ne?

B: 很煩，不要再問了。

ㄏㄣˇ ㄈㄢˊ, ㄅㄨˊ ㄧㄠˋ ㄗㄞˋ ㄨㄣˋ ˙ㄌㄜ˙
Hěn fán, bú yào zài wèn le.

A: いつ仕事を探し始めるの？
B: うるさい，もう聞かないで。

【什麼時候】いつ。【煩】うるさい。うんざりだ。

□162 這個問題很難回答。

答えるのが難しいです。

ㄓㄜˋ˙ㄍㄜ˙ ㄨㄣˋㄊㄧˊ ㄏㄣˇ ㄋㄢˊ ㄏㄨㄟˊ ㄉㄚˊ。
Zhège wèntí hěn nán huídá.

A: 這次的罷工會到什麼時候結束？

ㄓㄜˋ ㄘˋ ㄉㄜ˙ ㄅㄚˋ ㄍㄨㄥ ㄏㄨㄟˋ ㄉㄠˋ ㄕㄣˊ ㄇㄜ˙ ㄕˊ ㄏㄡˋ ㄐㄧㄝˊ ㄕㄨˋ?
Zhècì de bàgōng huì dào shénme shíhòu jiéshù?

B: 這個問題很難回答。

ㄓㄜˋ˙ㄍㄜ˙ ㄨㄣˋ ㄊㄧˊ ㄏㄣˇ ㄋㄢˊ ㄏㄨㄟˊ ㄉㄚˊ。
Zhège wèntí hěn nán huídá.

A: 今回のストライキはいつになったら終わりますか。
B: 答えるのが難しいです。

【罷工】ストライキ。【結束】終わる。結末がつく。

挨拶と社交

質問と応答

意思疎通

勧誘と申し出

依頼・勧告・要求

感情の表現

□ 163　**我不知道該說什麼才好。**　何て言ったらいいかわからない。

ㄨㄛˇ ㄅㄨˋ ㄓ ㄉㄠˋ ㄍㄞ ㄕㄨㄛ ㄕㄣˊ ㄇㄜ ㄘㄞˊ ㄏㄠˇ。
Wǒ bù zhīdào gāi shuō shénme cái hǎo.

A: **你是不是不喜歡我了？**

ㄋㄧˇ ㄕˋ ㄅㄨˊ ㄕˋ ㄅㄨˋ ㄒㄧˇ ㄏㄨㄢ ㄨㄛˇ ˙ㄌㄜ？
Nǐ shì bú shì bù xǐhuān wǒ le?

B: **我不知道該說什麼才好。**

ㄨㄛˇ ㄅㄨˋ ㄓ ㄉㄠˋ ㄍㄞ ㄕㄨㄛ ㄕㄣˊ ㄇㄜ ㄘㄞˊ ㄏㄠˇ。
Wǒ bù zhīdào gāi shuō shénme cái hǎo.

A: もう私のこと好きじゃなくなったんだよね？
B: 何て言ったらいいかわからない。

【不知道～才好】（疑問詞とともに用いて）なんと～したらいいのかわからない。

□ 164　**難以說明。**　　　　　　説明するのが難しいです。

ㄋㄢˊ ㄧˇ ㄕㄨㄛ ㄇㄧㄥˊ。
Nán yǐ shuōmíng.

A: **惡作劇和霸凌哪裡不一樣？**

ㄜˋ ㄗㄨㄛˋ ㄐㄩˋ ㄏㄢˋ ㄅㄚˋ ㄌㄧㄥˊ ㄋㄚˇ ㄌㄧˇ ㄅㄨˋ ㄧˊ ㄧㄤˋ？
Èzuòjù hàn bàlíng nǎlǐ bù yíyàng?

B: **難以說明，你問老師比較好。**

ㄋㄢˊ ㄧˇ ㄕㄨㄛ ㄇㄧㄥˊ，ㄋㄧˇ ㄨㄣˋ ㄌㄠˇ ㄕ ㄅㄧˇ ㄐㄧㄠˋ ㄏㄠˇ。
Nányǐ shuōmíng, nǐ wèn lǎoshī bǐjiào hǎo.

A: いたずらといじめの違いは何ですか。
B: 説明するのが難しいです，先生に聞いたほうがいいですよ。

【惡作劇】いたずら。【霸凌】いじめる。【～和】～と。台湾華語の発音は、ㄏㄜˊ [hé] ではなくㄏㄢˋ [hàn]。

□ 165　**不予置評。**　　　　　　ノーコメントです。

ㄅㄨˋ ㄩˇ ㄓˋ ㄆㄧㄥˊ。
Bùyǔzhìpíng.

A: **你要投票給誰？**

ㄋㄧˇ ㄧㄠˋ ㄊㄡˊ ㄆㄧㄠˋ ㄍㄟˇ ㄕㄟˊ？
Nǐ yào tóupiào gěi shéi?

B: **不予置評。**

ㄅㄨˋ ㄩˇ ㄓˋ ㄆㄧㄥˊ。
Bùyǔzhìpíng.

A: 誰に投票しますか。
B: ノーコメントです。

【投票】投票する。

□166

我不知道。

ㄨㄛˇ ㄅㄨˋ ㄓ ㄉㄠˋ。
Wǒ bù zhīdào.

私は知りません。

A: **你知道他的電話號碼嗎？**
ㄋㄧˇ ㄓ ㄉㄠˋ ㄊㄚ ˙ㄉㄜ ㄉㄧㄢˋㄏㄨㄚˋ ㄏㄠˋㄇㄚˇ ˙ㄇㄚ?
Nǐ zhīdào tā de diànhuà hàomǎ ma?

B: **我不知道。**
ㄨㄛˇ ㄅㄨˋ ㄓ ㄉㄠˋ。
Wǒ bù zhīdào.

A: 彼の電話番号を知っていますか。
B: 知りません。

【電話號碼】電話番号。

□167

我也完全不懂。

ㄨㄛˇ ㄧㄝˇ ㄨㄢˊ ㄑㄩㄢˊ ㄅㄨˋ ㄉㄨㄥˇ。
Wǒ yě wánquán bù dǒng.

私もさっぱりわかりません。

A: **他為什麼突然生氣了。**
ㄊㄚ ㄨㄟˋ ㄕㄣˊ ˙ㄇㄜ ㄊㄨ ㄖㄢˊ ㄕㄥ ㄑㄧˋ ˙ㄌㄜ?
Tā wèi shénme tūrán shēngqì le?

B: **我也完全不懂。**
ㄨㄛˇ ㄧㄝˇ ㄨㄢˊ ㄑㄩㄢˊ ㄅㄨˋ ㄉㄨㄥˇ。
Wǒ yě wánquán bù dǒng.

A: 彼女はなんで急に怒ったのですか。
B: 私にもさっぱりわかりません。

【突然】急に。突然。いきなり。【生氣】怒る。憤る。

□168

我不懂你的意思。

ㄨㄛˇ ㄅㄨˋ ㄉㄨㄥˇ ㄋㄧˇ ˙ㄉㄜ ㄧˋ ㄙ。
Wǒ bù dǒng nǐ de yìsi.

あなたの言ってる意味がわからない。

A: **我喜歡她也討厭她。**
ㄨㄛˇ ㄒㄧ ㄏㄨㄢ ㄊㄚ ㄧㄝˇ ㄊㄠˇ ㄧㄢˋ ㄊㄚ。
Wǒ xǐhuān tā yě tǎoyàn tā.

B: **我不懂你的意思。**
ㄨㄛˇ ㄅㄨˋ ㄉㄨㄥˇ ㄋㄧˇ ˙ㄉㄜ ㄧˋ ㄙ。
Wǒ bù dǒng nǐ de yìsi.

A: 彼女のことが好きだけど嫌いです。
B: あなたの言ってる意味がわからないわ。

【討厭】嫌う。

□ **169**　我什麼也不知道。　　　　　　　　僕は何も知らない。

ㄨㄛˇ ㄕㄣˊ ㄇㄜ˙ ㄧㄝˇ ㄅㄨˋ ㄓ ㄉㄠˋ。
Wǒ shénme yě bù zhīdào.

A: **是誰告訴老闆我遲到的事？**
ㄕˋ ㄕㄟˊ ㄍㄠˋㄙㄨ ㄌㄠˇㄅㄢˇ ㄨㄛˇ ㄔˊㄉㄠˋ ㄉㄜ˙ ㄕˋ?
Shì shéi gàosu lǎobǎn wǒ chídào de shì?

B: **我什麼也不知道，不要問我。**
ㄨㄛˇ ㄕㄣˊ ㄇㄜ˙ ㄧㄝˇ ㄅㄨˋ ㄓ ㄉㄠˋ，ㄅㄨˊ ㄧㄠˋ ㄨㄣˋ ㄨㄛˇ。
Wǒ shénme yě bù zhīdào, bú yào wèn wǒ.

A: 私が遅刻したことをボスに言ったの誰？
B: 何も知らないよ，僕に聞かないで。

【老闆】ボス。オーナー。社長。

□ **170**　我怎麼可能知道！　　　　　　私にわかるわけないでしょ！

ㄨㄛˇ ㄗㄣˇ ㄇㄜ˙ ㄎㄜˇ ㄋㄥˊ ㄓ ㄉㄠˋ!
Wǒ zěnme kěnéng zhīdào.

A: **為什麼手機解約要花那麼多錢？**
ㄨㄟˋ ㄕㄣˊ ㄇㄜ˙ ㄕㄡˇㄐㄧ ㄐㄧㄝˇㄩㄝ ㄧㄠˋ ㄏㄨㄚ ㄋㄚˋ ㄇㄜ˙ ㄉㄨㄛ ㄑㄧㄢˊ?
Wèi shénme shǒujī jiěyuē yào huā nàme duō qián?

B: **我怎麼可能知道！**
ㄨㄛˇ ㄗㄣˇ ㄇㄜ˙ ㄎㄜˇ ㄋㄥˊ ㄓ ㄉㄠˋ!
Wǒ zěnme kěnéng zhīdào!

A: どうして携帯電話を解約するのにそんなにお金がかかるの？
B: 私にわかるわけないでしょ！

【手機】携帯電話。【解約】解約する。【花】（お金を）使う。費やす。

□ **171**　誰知道啊。　　　　　　　　　　　知るかよ。

ㄕㄟˊ ㄓ ㄉㄠˋ ㄚ。
Shéi zhīdào a.

A: **小張沒有工作，為什麼可以買房子？**
ㄒㄧㄠˇ ㄓㄤ ㄇㄟˊ ㄧㄡˇ ㄍㄨㄥ ㄗㄨㄛˋ，ㄨㄟˋ ㄕㄣˊ ㄇㄜ˙ ㄎㄜˇ ㄧˇ ㄇㄞˇ ㄈㄤˊ ㄗ?
XiǎoZhāng méiyǒu gōngzuò, wèi shénme kěyǐ mǎi fángzi?

B: **誰知道啊，我一點興趣也沒有。**
ㄕㄟˊ ㄓ ㄉㄠˋ ㄚ，ㄨㄛˇ ㄧˊ ㄉㄧㄢˇ ㄒㄧㄥˋ ㄑㄩˋ ㄧㄝˇ ㄇㄟˊ ㄧㄡˇ。
Shéi zhīdào a, wǒ yìdiǎn xìngqù yě méiyǒu.

A: 張くんは仕事が無いのに，なんで家を買えるの？
B: 知るかよ，全然興味ないから。

【房子】家。【興趣】興味。

□ 172

我不記得我做了什麼。
何をしたか覚えていないです。

ㄨㄛˇ ㄅㄨˊ ㄐㄧˋ ㄉㄜ ㄨㄛˇ ㄗㄨㄛˋ ㄌㄜ ㄕㄣˊ ㄇㄜ。

Wǒ bú jìde wǒ zuò le shénme.

A: **你知道你昨晚做了什麼嗎？**
ㄋㄧˇ ㄓ ㄉㄠˋ ㄋㄧˇ ㄗㄨㄛˊ ㄨㄢˇ ㄗㄨㄛˋ ㄌㄜ ㄕㄣˊ ㄇㄜ ㄇㄚˊ？
Nǐ zhīdào nǐ zuówǎn zuò le shénme ma?

B: **不好意思，我不記得我做了什麼。**
ㄅㄨˋ ㄏㄠˇ ㄧˋ ㄙ，ㄨㄛˇ ㄅㄨˊ ㄐㄧˋ ㄉㄜ ㄨㄛˇ ㄗㄨㄛˋ ㄌㄜ ㄕㄣˊ ㄇㄜ。
Bù hǎoyìsi, wǒ bú jìde wǒ zuò le shénme.

A: あなたは昨日何をしたのを覚えていますか。
B: すみません，何をしたか覚えていないです。

□ 173

我想不起來。
思い出せない。

ㄨㄛˇ ㄒㄧㄤˇ ㄅㄨˋ ㄑㄧˇ ㄌㄞˊ。

Wǒ xiǎng bù qǐ lái.

A: **他叫什麼名字來著？**
ㄊㄚ ㄐㄧㄠˋ ㄕㄣˊ ㄇㄜ ㄇㄧㄥˊ ㄗˋ ㄌㄞˊ ㄓㄜˋ？
Tā jiào shénme míngzì lái zhe?

B: **我想不起來。**
ㄨㄛˇ ㄒㄧㄤˇ ㄅㄨˋ ㄑㄧˇ ㄌㄞˊ。
Wǒ xiǎng bù qǐ lái.

A: 彼の名前は何だっけ？
B: 思い出せない。

【叫】（姓名は）〜という。

□ 174

一不小心忘了。
うっかり忘れていました。

ㄧˊ ㄅㄨˋ ㄒㄧㄠˇ ㄒㄧㄣ ㄨㄤˋ ㄌㄜ。

Yí bù xiǎoxīn wàng le.

A: **你怎麼沒打電話給我。**
ㄋㄧˇ ㄗㄣˇ ㄇㄜ ㄇㄟˊ ㄉㄚˇ ㄉㄧㄢˋ ㄏㄨㄚˋ ㄍㄟˇ ㄨㄛˇ。
Nǐ zěnme méi dǎ diànhuà gěi wǒ.

B: **對不起，一不小心忘了。**
ㄉㄨㄟˋ ㄅㄨˋ ㄑㄧˇ，ㄧˊ ㄅㄨˋ ㄒㄧㄠˇ ㄒㄧㄣ ㄨㄤˋ ㄌㄜ。
Duìbuqǐ, yí bù xiǎoxīn wàng le.

A: なんで僕に電話しなかったの？
B: ごめん，うっかり忘れてた。

【打電話】電話する。【一不小心】うっかりする。油断する。

□175 **跟你沒關係吧！** あなたには関係ないでしょ！

🎧 《ㄣ ㄋㄧˇ ㄇㄟˊ 《ㄨㄢ ㄒㄧˋ ˙ㄅㄚ！
Gēn nǐ méi guānxì ba!

A: **你跟田中和好了嗎？**
ㄋㄧˇ 《ㄣ ㄊㄧㄢˊ ㄓㄨㄥ ㄏㄜˊ ㄏㄠˇ ˙ㄌㄜ ㄇㄚ？
Nǐ gēn Tiánzhōng hé hǎo le ma?

B: **跟你沒關係吧！**
《ㄣ ㄋㄧˇ ㄇㄟˊ 《ㄨㄢ ㄒㄧˋ ˙ㄅㄚ！
Gēn nǐ méi guānxì ba!

A: 田中とは仲直りしたの？
B: あなたには関係ないでしょ！

【和好】仲直りをする。

□176 **太多管閒事了。** 大きなお世話だ。

🎧 ㄊㄞˋ ㄉㄨㄛ《ㄨㄢˇㄒㄧㄢˊ ㄕˋ ˙ㄌㄜ。
Tài duōguǎnxián shì le.

A: **你為什麼不想結婚呢？**
ㄋㄧˇ ㄨㄟˋ ㄕㄣˊ ˙ㄇㄜ ㄅㄨˋ ㄒㄧㄤˇ ㄐㄧㄝˊ ㄏㄨㄣ ˙ㄋㄜ？
Nǐ wèi shénme bù xiǎng jiéhūn ne?

B: **太多管閒事了。**
ㄊㄞˋ ㄉㄨㄛ《ㄨㄢˇㄒㄧㄢˊ ㄕˋ ˙ㄌㄜ。
Tài duōguǎnxiánshì le.

A: どうして結婚したくないの？
B: 大きなお世話よ。

【多管閒事】おせっかいだ。

□177 **請不要再說了。** もう言わないでください。

🎧 ㄑㄧㄥˇ ㄅㄨˊ ㄧㄠˋ ㄗㄞˋ ㄕㄨㄛ ˙ㄌㄜ。
Qǐng bú yào zài shuō le.

A: **他一定有其他喜歡的人了！**
ㄊㄚ ㄧˊ ㄉㄧㄥˋ ㄧㄡˇ ㄑㄧˊ ㄊㄚ ㄒㄧˇ ㄏㄨㄢ ˙ㄉㄜ ㄖㄣˊ ˙ㄌㄜ！
Tā yídìng yǒu qítā xǐhuān de rén le!

B: **請不要再說了。我不想聽！**
ㄑㄧㄥˇ ㄅㄨˊ ㄧㄠˋ ㄗㄞˋ ㄕㄨㄛ ˙ㄌㄜ。ㄨㄛˇ ㄅㄨˋ ㄒㄧㄤˇ ㄊㄧㄥ！
Qǐng bú yào zài shuō le. Wǒ bù xiǎng tīng!

A: 彼にはきっと好きな人がいるだろうよ！
B: もう言わないで。聞きたくない！

【其他】ほかの。別の。

□178 我還沒決定。

まだ決めていません。

ㄨㄛˇ ㄏㄞˊ ㄇㄟˊ ㄐㄩㄝˊ ㄉㄧㄥˋ。
Wǒ hái méi juédìng.

A: 你打算什麼時候搬家？

ㄋㄧˇ ㄉㄚˇ ㄙㄨㄢˋ ㄕˊ ㄇㄜ˙ ㄕˊ ㄏㄡˋ ㄅㄢ ㄐㄧㄚ？
Nǐ dǎsuàn shénme shíhòu bānjiā?

B: 我還沒決定。

ㄨㄛˇ ㄏㄞˊ ㄇㄟˊ ㄐㄩㄝˊ ㄉㄧㄥˋ。
Wǒ hái méi juédìng.

A: いつ引っ越しするつもりですか。
B: まだ決めていません。

【什麼時候】いつ。【搬家】引っ越す。【還】まだ。依然として。

□179 還不知道。

まだわかりません。

ㄏㄞˊ ㄅㄨˋ ㄓ ㄉㄠˋ。
Hái bù zhīdào.

A: 下個月去哪裡出差呢？

ㄒㄧㄚˋ ㄍㄜˋ ㄩㄝˋ ㄑㄩˋ ㄋㄚˇ ㄌㄧˇ ㄔㄨ ㄔㄞ ㄋㄜ˙？
Xiàgeyuè qù nǎlǐ chūchāi ne?

B: 還不知道。

ㄏㄞˊ ㄅㄨˋ ㄓ ㄉㄠˋ。
Hái bù zhīdào.

A: 来月，どこに出張しますか。
B: まだわかりません。

【出差】出張する。

□180 目前還不確定。

いまのところ，まだ未定です。

ㄇㄨˋ ㄑㄧㄢˊ ㄏㄞˊ ㄅㄨˊ ㄑㄩㄝˋ ㄉㄧㄥˋ。
Mùqián hái búquèdìng.

A: 冬季的發表會決定了嗎？

ㄉㄨㄥ ㄐㄧˋ ㄉㄜ˙ ㄈㄚ ㄅㄧㄠˇ ㄏㄨㄟˋ ㄐㄩㄝˊ ㄉㄧㄥˋ ㄌㄜ˙ ㄇㄚ˙？
Dōngjì de fābiǎo huì juédìng le ma?

B: 目前還不確定。

ㄇㄨˋ ㄑㄧㄢˊ ㄏㄞˊ ㄅㄨˊ ㄑㄩㄝˋ ㄉㄧㄥˋ。
Mùqián hái búquèdìng.

A: 冬の発表会は決まりましたか。
B: いまのところまだ未定です。

【冬季】冬。【目前】いまのところ。現在。

挨拶と社交

質問と応答

意思疎通

勧誘と申し出

依頼・勧告・要求

感情の表現

意思疏通

□181

一定會～。

きっと～です。

ー´ カーム` 厂メて`～。
Yídìng huì ～.

A: **不知道他會不會喜歡我送的禮物。**

ㄅㄨ` ㄓ ㄉㄠ` ㄊㄚ ㄏㄨㄟ` ㄅㄨ´ ㄏㄨㄟ` ㄒㄧˇ ㄏㄨㄢ ㄨㄛˇ ㄙㄨㄥ` ㄉㄜ ㄌㄧˇ ㄨ`。
Bù zhīdào tā huì bú huì xǐhuān wǒ sòng de lǐwù.

B: **放心，他一定會喜歡的。**

ㄈㄤ` ㄒㄧㄣ, ㄊㄚ ー´ ㄉㄧㄥ` ㄏㄨㄟ` ㄒㄧˇ ㄏㄨㄢ ㄉㄜ。
Fàngxīn, tā yídìng huì xǐhuān de.

A: 彼は私が贈ったプレゼントを気に入るかな？
B: 安心して，きっと気に入るよ。

【禮物】ギフト。プレゼント。【放心】安心する。

□182

我確定沒問題。

大丈夫だと確信している。

ㄨㄛˇ ㄑㄩㄝ` ㄉㄧㄥ` ㄇㄟ´ ㄨㄣ` ㄊㄧ´。
Wǒ quèdìng méi wèntí.

A: **我確定沒問題。**

ㄨㄛˇ ㄑㄩㄝ` ㄉㄧㄥ` ㄇㄟ´ ㄨㄣ` ㄊㄧ´。
Wǒ quèdìng méi wèntí.

B: **我相信你。**

ㄨㄛˇ ㄒㄧㄤ ㄒㄧㄣ` ㄋㄧˇ。
Wǒ xiāngxìn nǐ.

A: 大丈夫だと確信しているよ。
B: あなたを信じているわ。

【確定】確信する。

□183

很有可能～。

可能性が高いです。

ㄏㄣˇ ㄧㄡˇ ㄎㄜˇ ㄋㄥ´～。
Hěn yǒu kěnéng ～.

A: **小天會來今天的派對嗎？**

ㄒㄧㄠˇ ㄊㄧㄢ ㄏㄨㄟ` ㄌㄞ´ ㄐㄧㄣ ㄊㄧㄢ ㄉㄜ ㄆㄞ` ㄉㄨㄟ` ㄇㄚ?
XiǎoTiān huì lái jīntiān de pàiduì ma?

B: **聽說他明天有考試，很有可能不會來。**

ㄊㄧㄥ ㄕㄨㄛ ㄊㄚ ㄇㄧㄥ´ ㄊㄧㄢ ㄧㄡˇ ㄎㄠˇ ㄕ`, ㄏㄣˇ ㄧㄡˇ ㄎㄜˇ ㄋㄥ´ ㄅㄨ´ ㄏㄨㄟ` ㄌㄞ´。
Tīngshuō tā míngtiān yǒu kǎoshì, hěn yǒu kěnéng bú huì lái.

A: 天くんは今日のパーティに来ますか？
B: 彼は明日試験があるらしいので，来られない可能性が高いです。

【派對】パーティ。【聽說】聞くところによると～だそうだ。【考試】試験。テスト。

☐184 **老實說，** 正直に言うと，

ㄌㄠˇ ㄕˊ ㄕㄨㄛ，
Lǎoshí shuō,

A: **你覺得昨晚他說的話是真的嗎？**
ㄋㄧˇ ㄐㄩㄝˊ ㄉㄜˊ ㄗㄨㄛˊ ㄨㄢˇ ㄊㄚ ㄕㄨㄛ ㄉㄜˊ ㄏㄨㄚˋ ㄕˋ ㄓㄣ ㄉㄜˊ ㄇㄚ？
Nǐ juéde zuówǎn tā shuō de huà shì zhēnde ma?

B: **老實說，我覺得他可能在騙人。**
ㄌㄠˇ ㄕˊ ㄕㄨㄛ，ㄨㄛˇ ㄐㄩㄝˊ ㄉㄜˊ ㄊㄚ ㄎㄜˇ ㄋㄥˊ ㄗㄞˋ ㄆㄧㄢˋ ㄖㄣˊ。
Lǎoshí shuō, wǒ juéde tā kěnéng zài piàn rén.

A: 昨夜，彼女が言った話は本当だと思いますか。
B: 正直に言うと，嘘かもしれません。

【騙人】人を騙す。欺く。

☐185 **有話直說吧。** ストレートに言って。

ㄧㄡˇ ㄏㄨㄚˋ ㄓˊ ㄕㄨㄛ ㄅㄚ。
Yǒu huà zhíshuō ba.

A: **有一件事，我不知道該不該告訴你。**
ㄧㄡˇ ㄧˊ ㄐㄧㄢˋ ㄕˋ，ㄨㄛˇ ㄅㄨˋ ㄓ ㄉㄠˋ ㄍㄞ ㄅㄨˋ ㄍㄞ ㄍㄠˋ ㄙㄨˋ ㄋㄧˇ。
Yǒu yí jiàn shì, wǒ bù zhīdào gāi bù gāi gàosu nǐ.

B: **什麼事？ 有話直說吧。**
ㄕㄣˊ ㄇㄜˊ ㄕˋ？ ㄧㄡˇ ㄏㄨㄚˋ ㄓˊ ㄕㄨㄛ ㄅㄚ。
Shénme shì? Yǒu huà zhíshuō ba.

A: あることについて，あなたに言うべきかな？
B: 何なの？ ストレートに言って。

【該】～べき。

☐186 **請講清楚。** はっきり言ってください。

ㄑㄧㄥˇ ㄐㄧㄤˇ ㄑㄧㄥ ㄔㄨˇ。
Qǐng jiǎng qīngchǔ.

A: **我不懂你的意思，請講清楚。**
ㄨㄛˇ ㄅㄨˋ ㄉㄨㄥˇ ㄋㄧˇ ㄉㄜˊ ㄧˋ ㄙ，ㄑㄧㄥˇ ㄐㄧㄤˇ ㄑㄧㄥ ㄔㄨˇ。
Wǒ bù dǒng nǐ de yìsi, qǐng jiǎng qīngchǔ.

B: **我的意思是，這份工作可能不太適合你。**
ㄨㄛˇ ㄉㄜˊ ㄧˋ ㄙ ㄕˋ，ㄓㄜˋ ㄈㄣˋ ㄍㄨㄥ ㄗㄨㄛˋ ㄎㄜˇ ㄋㄥˊ ㄅㄨˊ ㄊㄞˋ ㄕˋ ㄏㄜˊ ㄋㄧˇ。
Wǒ de yìsi shì, zhè fèn gōngzuò kěnéng bú tài shìhé nǐ.

A: あなたの言う意味がわからない，はっきり言ってください。
B: 私が言いたいのは，この仕事はあなたに向いていないってことです。

【適合】似合う。ふさわしい。

□187 **你不覺得～？**　　　　　　　　　　～だと思わない？
ㄋㄧˇ ㄅㄨˋ ㄐㄩㄝˊ ㄉㄜ˙ ～。
Nǐ bù juéde ～.

A: **你不覺得那個人怪怪的嗎？**
ㄋㄧˇ ㄅㄨˋ ㄐㄩㄝˊ ㄉㄜ˙ ㄋㄚˋ ㄍㄜ˙ ㄖㄣˊ ㄍㄨㄞˋ ㄍㄨㄞˋ ㄉㄜ˙ ㄇㄚ˙?
Nǐ bù juéde nàge rén guàiguài de ma?

B: **我也覺得。**
ㄨㄛˇ ㄧㄝˇ ㄐㄩㄝˊ ㄉㄜ˙。
Wǒ yě juéde.

A: あの人ちょっと変だと思わない？
B: 私もそう思う。

【怪的】奇妙な。変わった。

□188 **我說的對吧？**　　　　　　　　　だってそうでしょう？
ㄨㄛˇ ㄕㄨㄛ ㄉㄜ˙ ㄉㄨㄟˋ ㄅㄚ˙?
Wǒ shuō de duì ba?

A: **我說的對吧？**
ㄨㄛˇ ㄕㄨㄛ ㄉㄜ˙ ㄉㄨㄟˋ ㄅㄚ˙?
Wǒ shuō de duì ba?

B: **你說的對！**
ㄋㄧˇ ㄕㄨㄛ ㄉㄜ˙ ㄉㄨㄟˋ!
Nǐ shuō de duì!

A: だってそうでしょう？
B: そのとおりです！

□189 **你不覺得～比較好嗎？**　～したほうがいいと思わない？
ㄋㄧˇ ㄅㄨˋ ㄐㄩㄝˊ ㄉㄜ˙ ～ ㄅㄧˇ ㄐㄧㄠˋ ㄏㄠˇ ㄇㄚ˙?
Nǐ bù juéde ～ bǐjiào hǎo ma?

A: **你不覺得她換工作比較好嗎？**
ㄋㄧˇ ㄅㄨˋ ㄐㄩㄝˊ ㄉㄜ˙ ㄊㄚ ㄏㄨㄢˋ ㄍㄨㄥ ㄗㄨㄛˋ ㄅㄧˇ ㄐㄧㄠˋ ㄏㄠˇ ㄇㄚ˙?
Nǐ bù juéde tā huàn gōngzuò bǐjiào hǎo ma?

B: **是啊，每天都加班到晚上。太辛苦了！**
ㄕˋ ㄚ，ㄇㄟˇ ㄊㄧㄢ ㄉㄡ ㄐㄧㄚ ㄅㄢ ㄉㄠˋ ㄨㄢˇ ㄕㄤˋ。ㄊㄞˋ ㄒㄧㄣ ㄎㄨˇ ㄌㄜ˙!
Shì a, měitiān dōu jiābān dào wǎnshang. Tài xīnkǔ le!

A: 彼女は転職したほうがいいと思いませんか。
B: そうですね，毎日夜まで残業していますし。大変ですね！

【加班】残業する。【辛苦】苦労する。つらい。

☐ **190**

好主意。

いいアイデアですね。

ㄏㄠˇ ㄓㄨˋ ㄧˋ。
Hǎo zhǔyì.

A: **你也想去台灣啊？ 那我們一起去怎麼樣？**

ㄋㄧˇ ㄧㄝˇ ㄒㄧㄤˇ ㄑㄩˋ ㄊㄞˊ ㄨㄢ ㄚ？ ㄋㄚˋ ㄨㄛˇ ㄇㄣ˙ ㄧˋ ㄑㄧˇ ㄑㄩˋ ㄗㄣˇ ㄇㄜ˙ ㄧㄤˋ？
Nǐ yě xiǎng qù Táiwān a? Nà wǒmen yìqǐ qù zěnmeyàng?

B: **好主意。**

ㄏㄠˇ ㄓㄨˋ ㄧˋ。
Hǎo zhǔyì.

A: あなたも台湾に行きたいですか。じゃあ一緒に行くのはどうですか。
B: いいアイデアですね。

【主意】アイデア。

☐ **191**

好喔。

それはいいですね。

ㄏㄠˇ ㄛ。
Hǎo ō.

A: **還在下雨，我們搭計程車去好不好？**

ㄏㄞˊ ㄗㄞˋ ㄒㄧㄚˋ ㄩˇ，ㄨㄛˇ ㄇㄣ˙ ㄉㄚ ㄐㄧˋ ㄔㄥˊ ㄔㄜ ㄑㄩˋ ㄏㄠˇ ㄅㄨˋ ㄏㄠˇ？
Hái zài xiàyǔ, wǒmen dā jìchéngchē qù hǎo bù hǎo?

B: **好喔。**

ㄏㄠˇ ㄛ。
Hǎo ō.

A: 雨がまだ降っているから，タクシーに乗って行っていいですか。
B: それはいいですね。

【搭】（自動車，船，飛行機などに）乗る。【計程車】タクシー。

☐ **192**

都可以。

どっちでもいいです。

ㄉㄡ ㄎㄜˇ ㄧˇ。
Dōu kěyǐ.

A: **先吃飯還是先看電影呢？**

ㄒㄧㄢ ㄔ ㄈㄢˋ ㄏㄞˊ ㄕˋ ㄒㄧㄢ ㄎㄢˋ ㄉㄧㄢˋ ㄧㄥˇ ˙ㄋㄜ？
Xiān chīfàn hái shì xiān kàn diànyǐng ne?

B: **都可以。**

ㄉㄡ ㄎㄜˇ ㄧˇ。
Dōu kěyǐ.

A: 先に食事しますか，それとも映画を観ますか。
B: どっちでもいいです。

【還是】それとも。【看電影】映画を観る。

☐**193**

🎧 我贊成你的意見。
ㄨㄛˇ ㄗㄢˋ ㄔㄥˊ ㄋㄧˇ ㄉㄜ ㄧˋ ㄐㄧㄢˋ。
Wǒ zànchéng nǐ de yìjiàn.

あなたの意見に賛成します。

A: 我認為上課時應該禁止用手機。
ㄨㄛˇ ㄖㄣˋ ㄨㄟˊ ㄕㄤˋ ㄎㄜˋ ㄕˊ ㄧㄥ ㄍㄞ ㄐㄧㄣˋ ㄓˇ ㄩㄥˋ ㄕㄡˇ ㄐㄧ。
Wǒ rènwéi shàngkè shí yīnggāi jìnzhǐ yòng shǒujī.

B: 我贊成你的意見。
ㄨㄛˇ ㄗㄢˋ ㄔㄥˊ ㄋㄧˇ ㄉㄜ ㄧˋ ㄐㄧㄢˋ。
Wǒ zànchéng nǐ de yìjiàn.

A: 授業中に携帯電話の使用は禁止すべきだと思います。
B: あなたの意見に賛成します。

【上課】授業をする。授業に出る。【應該】～すべきである。【手機】携帯電話。

☐**194**

🎧 我也這麼覺得。
ㄨㄛˇ ㄧㄝˇ ㄓㄜˋ ㄇㄜ ㄐㄩㄝˊ ㄉㄜ。
Wǒ yě zhème juéde.

私もそう思います。

A: 真的是一分錢，一分貨。
ㄓㄣ ㄉㄜ ㄕˋ ㄧˋ ㄈㄣ ㄑㄧㄢˊ，ㄧˋ ㄈㄣ ㄏㄨㄛˋ。
Zhēnde shì yì fēn qián, yì fēn huò.

B: 我也這麼覺得。
ㄨㄛˇ ㄧㄝˇ ㄓㄜˋ ㄇㄜ ㄐㄩㄝˊ ㄉㄜ。
Wǒ yě zhème juéde.

A: 本当に安かろう悪かろうね。
B: 僕もそう思う。

【一分錢，一分貨】安かろう悪かろう。

☐**195**

🎧 不錯啊。
ㄅㄨˊ ㄘㄨㄛˋ ㄚ。
Bú cuò a.

いいんじゃないですか。

A: 我想把頭髮剪短，你覺得怎麼樣？
ㄨㄛˇ ㄒㄧㄤˇ ㄅㄚˇ ㄊㄡˊ ㄈㄚˋ ㄐㄧㄢˇ ㄉㄨㄢˇ，ㄋㄧˇ ㄐㄩㄝˊ ㄉㄜ ㄗㄣˇ ㄇㄜ ㄧㄤˋ？
Wǒ xiǎng bǎ tóufà jiǎn duǎn, nǐ juéde zěnmeyàng?

B: 不錯啊。
ㄅㄨˊ ㄘㄨㄛˋ ㄚ。
Bú cuò a.

A: 髪を短くしたいのですが、どう思いますか。
B: いいんじゃないですか。

【頭髮】髪。【剪】カットする。ハサミで切る。

□196

我完全同意。

ㄨㄛˇ ㄨㄢˊ ㄑㄩㄢˊ ㄊㄨㄥˊ ㄧˋ。
Wǒ wánquán tóngyì.

まったく同感だ。

A: **能力越大，責任越大。**
ㄋㄥˊ ㄌㄧˋ ㄩㄝˋ ㄉㄚˋ, ㄗㄜˊ ㄖㄣˋ ㄩㄝˋ ㄉㄚˋ。
Nénglì yuè dà, zérèn yuè dà.

B: **我完全同意。**
ㄨㄛˇ ㄨㄢˊ ㄑㄩㄢˊ ㄊㄨㄥˊ ㄧˋ。
Wǒ wánquán tóngyì.

A: 大いなる力には大きな責任が伴う。
B: まったく同感だ。

□197

你說的沒錯。

ㄋㄧˇ ㄕㄨㄛ ˙ㄉㄜ ㄇㄟˊ ㄘㄨㄛˋ。
Nǐ shuō de méicuò.

あなたの言うとおりだ。

A: **約的時間不是晚上 8 點，是早上 8 點。**
ㄩㄝ ˙ㄉㄜ ㄕˊ ㄐㄧㄢ ㄅㄨˊ ㄕˋ ㄨㄢˇ ㄕㄤ˙ ㄅㄚ ㄉㄧㄢˇ, ㄕˋ ㄗㄠˇ ㄕㄤˋ ㄅㄚ ㄉㄧㄢˇ。
Yuē de shíjiān bú shì wǎnshang bā diǎn, shì zǎoshàng bā diǎn.

B: **你說的沒錯，是我弄錯了。**
ㄋㄧˇ ㄕㄨㄛ ˙ㄉㄜ ㄇㄟˊ ㄘㄨㄛˋ, ㄕˋ ㄨㄛˇ ㄋㄨㄥˋ ㄘㄨㄛˋ ˙ㄉㄜ?
Nǐ shuō de méicuò, shì wǒ nòng cuò le.

A: 約束した時間は夜8時ではなく、朝8時よ。
B: 君の言うとおりだ，僕が間違えた。

【約】約束する。【弄錯】間違える。

□198

你說的話很有道理。

ㄋㄧˇ ㄕㄨㄛ ˙ㄉㄜ ㄏㄨㄚˋ ㄏㄣˇ ㄧㄡˇ ㄉㄠˋ ㄌㄧˇ。
Nǐ shuō de huà hěn yǒu dàolǐ.

筋の通った事を言う。

A: **運動後再吃炸雞的話，怎麼可能會瘦？**
ㄩㄣˋ ㄉㄨㄥˋ ㄏㄡˋ ㄗㄞˋ ㄔ ㄓㄚˋ ㄐㄧ ˙ㄉㄜ ㄏㄨㄚˋ, ㄗㄣˇ ㄇㄜ ㄎㄜˇ ㄋㄥˊ ㄏㄨㄟˋ ㄕㄡˋ?
Yùndòng hòu zài chī zhàjī de huà, zěnme kěnéng huì shòu?

B: **你說的話很有道理，可是我真的忍不住了。**
ㄋㄧˇ ㄕㄨㄛ ˙ㄉㄜ ㄏㄨㄚˋ ㄏㄣˇ ㄧㄡˇ ㄉㄠˋ ㄌㄧˇ, ㄎㄜˇ ㄕˋ ㄨㄛˇ ㄓㄣ ˙ㄉㄜ ㄖㄣˇ ㄅㄨˊ ㄓㄨˋ ˙ㄌㄜ?
Nǐ shuō de huà hěn yǒu dàolǐ, kěshì wǒ zhēnde rěn bú zhù le?

A: 運動した後にフライドチキンを食べるなんて，痩せるわけないじゃん。
B: 筋の通った事を言うね，でも本当に我慢できないんだ。

【炸雞】フライドチキン。から揚げ。【忍不住】耐えられない。我慢出来ない。

挨拶と社交

質問と応答

意思疎通

勧誘と申し出

依頼・勧告・要求

感情の表現

199 話是這樣說沒錯，可是〜。 そうかもしれませんが，〜。

ㄏㄨㄚˋ ㄕˋ ㄓㄜˋㄧㄤˋ ㄕㄨㄛ ㄇㄟˊㄘㄨㄛˋ，ㄎㄜˇ ㄕˋ〜。
Huà shì zhèyàng shuō méicuò, kěshì~.

A: 坐新幹線去好像比較快。

ㄗㄨㄛˋ ㄒㄧㄣ ㄍㄢˋ ㄒㄧㄢˋ ㄑㄩˋ ㄏㄠˇㄒㄧㄤˋ ㄅㄧˇㄐㄧㄠˋ ㄎㄨㄞˋ。
Zuò xīngànxiàn qù hǎoxiàng bǐjiào kuài.

B: 話是這樣說沒錯，可是車票太貴了。

ㄏㄨㄚˋ ㄕˋ ㄓㄜˋㄧㄤˋ ㄕㄨㄛ ㄇㄟˊㄘㄨㄛˋ，ㄎㄜˇ ㄕˋ ㄔㄜ ㄆㄧㄠˋ ㄊㄞˋ ㄍㄨㄟˋ ㄌㄜ。
Huà shì zhèyàng shuō méicuò, kěshì chēpiào tài guì le.

A: 新幹線に乗って行ったほうが早いみたいです。
B: そうかもしれませんが，チケットが高すぎます。

【票】チケット。

200 是這樣沒錯，但是〜。 そうだけど，〜。

ㄕˋ ㄓㄜˋㄧㄤˋ ㄇㄟˊㄘㄨㄛˋ，ㄉㄢˋ ㄕˋ〜。
Shì zhèyàng méicuò, dànshì~.

A: 我們公司應該要發展海外業務。

ㄨㄛˇㄇㄣ ㄍㄨㄥ ㄙ ㄧㄥ ㄍㄞ ㄧㄠˋ ㄈㄚ ㄓㄢˇ ㄏㄞˇ ㄨㄞˋ ㄧㄝˋ ㄨˋ。
Wǒmen gōngsī yīnggāi yào fāzhǎn hǎiwài yèwù.

B: 是這樣沒錯，但是要好好地計畫。

ㄕˋ ㄓㄜˋㄧㄤˋ ㄇㄟˊㄘㄨㄛˋ，ㄉㄢˋ ㄕˋ ㄧㄠˋ ㄏㄠˇㄏㄠˇ ㄉㄜ ㄐㄧˋ ㄏㄨㄚˋ。
Shì zhèyàng méicuò, dànshì yào hǎohǎo de jìhuà.

A: うちの会社は海外進出すべきだ。
B: そうだけど，ちゃんと計画しないとね。

【應該】〜すべきである。【好好地】きちんと。

201 也許是那樣，不過〜。 そうかもしれませんが，〜。

ㄧㄝˇ ㄒㄩˇ ㄕˋ ㄋㄚˋ ㄧㄤˋ，ㄅㄨˊ ㄍㄨㄛˋ〜。
Yě xǔ shì nàyàng, búguò~.

A: 這次的考試好難，有很多不是課本裡的。

ㄓㄜˋㄘˋ ㄉㄜ ㄎㄠˇ ㄕˋ ㄏㄠˇ ㄋㄢˊ，ㄧㄡˇ ㄏㄣˇ ㄉㄨㄛ ㄅㄨˊ ㄕˋ ㄎㄜˋ ㄅㄣˇ ㄌㄧˇ ㄉㄜ。
Zhècì de kǎoshì hǎo nán, yǒu hěn duō bú shì kèběn lǐ de.

B: 也許是那樣，不過你真的有準備嗎？

ㄧㄝˇ ㄒㄩˇ ㄕˋ ㄋㄚˋ ㄧㄤˋ，ㄅㄨˊ ㄍㄨㄛˋ ㄋㄧˇ ㄓㄣ ㄉㄜ ㄧㄡˇ ㄓㄨㄣˇㄅㄟˋ ㄇㄚ？
Yě xǔ shì nàyàng, búguò nǐ zhēnde yǒu zhǔnbèi ma?

A: 今回のテストはとても難しかった，教科書にない内容が多くて。
B: そうかもしれないけど，本当に（試験の）準備してた？

【課本】教科書。

□ 202

我不同意。
同意しません。

ㄨㄛˇ ㄅㄨˋ ㄊㄨㄥˊ ㄧˋ。
Wǒ bù tóngyì.

A: **同性婚姻對我國來說，還太早了。**
ㄊㄨㄥˊ ㄒㄧㄥˋ ㄏㄨㄣ ㄧㄣ ㄉㄨㄟˋ ㄨㄛˇ ㄍㄨㄛˊ ㄌㄞˊ ㄕㄨㄛ，ㄏㄞˊ ㄊㄞˋ ㄗㄠˇ ㄌㄜ。
Tóngxìng hūnyīn duì wǒ guó lái shuō, hái tài zǎo le.

B: **我不同意，每個人生來都是平等的。**
ㄨㄛˇ ㄅㄨˋ ㄊㄨㄥˊ ㄧˋ，ㄇㄟˇ ㄍㄜ ㄖㄣˊ ㄕㄥ ㄌㄞˊ ㄉㄡ ㄕˋ ㄆㄧㄥˊ ㄉㄥˇ ㄉㄜ。
Wǒ bù tóngyì, měi ge rén shēnglái dōu shì píngděng de.

A: 同性婚姻は我が国にとってはまだ早いです。
B: 私は同意しません，すべての人は生まれながらに平等だからです。

【同性婚姻】同性婚。2019年に，台湾ではアジアで初めて同性婚が合法化された。

□ 203

我不贊成。
賛成しません。

ㄨㄛˇ ㄅㄨˊ ㄗㄢˋ ㄔㄥˊ。
Wǒ bú zànchéng.

A: **下次的企劃也許增加預算比較好。**
ㄒㄧㄚˋ ㄘˋ ㄉㄜ ㄑㄧˇ ㄏㄨㄚˋ ㄧㄝˇ ㄒㄩˇ ㄗㄥ ㄐㄧㄚ ㄩˋ ㄙㄨㄢˋ ㄅㄧˇ ㄐㄧㄠˋ ㄏㄠˇ。
Xiàcì de qǐhuà yěxǔ zēngjiā yùsuàn bǐjiào hǎo.

B: **我不贊成，企劃會不會成功跟預算沒有直接的關係。**
ㄨㄛˇ ㄅㄨˊ ㄗㄢˋ ㄔㄥˊ，ㄑㄧˇ ㄏㄨㄚˋ ㄏㄨㄟˋ ㄅㄨˊ ㄏㄨㄟˋ ㄔㄥˊ ㄍㄨㄥ ㄍㄣ ㄩˋ ㄙㄨㄢˋ ㄇㄟˊ ㄧㄡˇ ㄓˊ ㄐㄧㄝ ㄉㄜ ㄍㄨㄢ ㄒㄧˋ。
Wǒ bú zànchéng, qǐhuà huì bú huì chénggōng gēn yùsuàn méiyǒu zhíjiē de guānxì.

A: 次回の企画は予算を増やしたほうがいいかもしれません。
B: 賛成しません，企画の成功に予算との直接的な関連性はありません。

【企劃】企画。【也許】もしかすると。【預算】予算。

□ 204

我反對。
私は反対だ。

ㄨㄛˇ ㄈㄢˇ ㄉㄨㄟˋ。
Wǒ fǎnduì.

A: **不管你怎麼說，反正我反對。**
ㄅㄨˋ ㄍㄨㄢˇ ㄋㄧˇ ㄗㄣˇ ㄇㄜ ㄕㄨㄛ，ㄈㄢˇ ㄓㄥˋ ㄨㄛˇ ㄈㄢˇ ㄉㄨㄟˋ。
Bùguǎn nǐ zěnme shuō, fǎnzhèng wǒ fǎnduì.

B: **你再好好考慮一下。**
ㄋㄧˇ ㄗㄞˋ ㄏㄠˇ ㄏㄠˇ ㄎㄠˇ ㄌㄩˋ ㄧˊ ㄒㄧㄚˋ。
Nǐ zài hǎohǎo kǎolǜ yíxià.

A: あなたがどう言おうと，どのみち私は反対よ。
B: もう一度よく考えてみて。

【不管～，反正…】～しようが，どのみち…。

□205　我並不這麼認為。　　　　　私にはそう思えないけど。

ㄨㄛˇ ㄅㄧㄥˋ ㄅㄨˊ ㄓㄜˋ ㄇㄜ ㄖㄣˋ ㄨㄟˊ。
Wǒ bìng bú zhème rènwéi.

A: 小吳真的是很大方的男人。
ㄒㄧㄠˇ ㄨˊ ㄓㄣ ㄉㄜ ㄕˋ ㄏㄣˇ ㄉㄚˋ ㄈㄤ ㄉㄜ ㄋㄢˊ ㄖㄣˊ。
XiǎoWú zhēnde shì hěn dà fāng de nánrén.

B: 我並不這麼認為。
ㄨㄛˇ ㄅㄧㄥˋ ㄅㄨˊ ㄓㄜˋ ㄇㄜ ㄖㄣˋ ㄨㄟˊ。
Wǒ bìng bú zhème rènwéi.

A: 吳くんは本当に気前がいい男ね。
B: 僕にはそうは思えないけど。

【大方】気前がいい。太っ腹だ。【並＋〈否定形〉】決して，それほど（～でない）。否定形を強調する。

□206　我一點也不這樣覺得。　　　まったくそう思わないです。

ㄨㄛˇ ㄧˋ ㄉㄧㄢˇ ㄧㄝˇ ㄅㄨˋ ㄓㄜˋ ㄧㄤˋ ㄐㄩㄝˊ ㄉㄜ。
Wǒ yìdiǎn yě bù zhèyàng juéde.

A: 那個歌手唱得好難聽。
ㄋㄚˋ ㄍㄜ ㄍㄜ ㄕㄡˇ ㄔㄤˋ ㄉㄜ ㄏㄠˇ ㄋㄢˊ ㄊㄧㄥ。
Nà ge gē shǒu chàngde hǎo nán tīng.

B: 我一點也不這樣覺得。
ㄨㄛˇ ㄧˋ ㄉㄧㄢˇ ㄧㄝˇ ㄅㄨˋ ㄓㄜˋ ㄧㄤˋ ㄐㄩㄝˊ ㄉㄜ。
Wǒ yìdiǎn yě bù zhèyàng juéde.

A: あの歌手は歌うのが下手です。
B: まったくそう思わないです。

【難聽】耳障りだ。【一點也不～】ちっとも～ない。

□207　無法接受。　　　　　　　認めません。

ㄨˊ ㄈㄚˇ ㄐㄧㄝ ㄕㄡˋ。
Wú fǎ jiē shòu.

A: 關於這件事，我無法接受。
ㄍㄨㄢ ㄩˊ ㄓㄜˋ ㄐㄧㄢˋ ㄕˋ，ㄨㄛˇ ㄨˊ ㄈㄚˇ ㄐㄧㄝ ㄕㄡˋ。
Guānyú zhè jiàn shì, wǒ wúfǎ jiēshòu.

B: 那麼可以說一下你的想法嗎？
ㄋㄚˋ ㄇㄜ ㄎㄜˇ ㄧˇ ㄕㄨㄛ ㄧˊ ㄒㄧㄚˋ ㄋㄧˇ ㄉㄜ ㄒㄧㄤˇ ㄈㄚˇ ㄇㄚ？
Nàme kěyǐ shuō yíxià nǐ de xiǎngfǎ ma?

A: この件について，私は認めません。
B: では，あなたの考えを聞かせていただけないでしょうか。

【關於】～について。

□ 208

你錯了。

あなたは間違っています。

ㄋㄧˇ ㄘㄨㄛˋ ˙ㄌㄜ。

Nǐ cuò le.

A: 聽說喝紅酒對身體很好。

ㄊㄧㄥ ㄕㄨㄛ ㄏㄜ ㄏㄨㄥˊ ㄐㄧㄡˇ ㄉㄨㄟˋ ㄕㄣ ㄊㄧˇ ㄏㄣˇ ㄏㄠˇ。

Tīngshuō hē hóng jiǔ duì shēntǐ hěn hǎo.

B: 你錯了。只要有酒精，對身體都不好。

ㄋㄧˇ ㄘㄨㄛˋ ˙ㄌㄜ。ㄓˇ ㄧㄠˋ ㄧㄡˇ ㄐㄧㄡˇ ㄐㄧㄥ，ㄉㄨㄟˋ ㄕㄣ ㄊㄧˇ ㄉㄡ ㄅㄨˋ ㄏㄠˇ。

Nǐ cuò le. Zhǐ yào yǒu jiǔ jīng, duì shēntǐ dōu bù hǎo.

A: 赤ワインを飲むのは体にいいと聞きました。
B: あなたは間違っています。アルコールである限り，体に悪いですよ。

【聽說】聞くところによると〜だそうだ。【紅酒】ワイン。【酒精】アルコール。

□ 209

不是的。

違います。

ㄅㄨˊ ㄕˋ ˙ㄉㄜ。

Bú shì de.

A: 我以為他媽媽是台灣人。

ㄨㄛˇ ㄧˇ ㄨㄟˊ ㄊㄚ ㄇㄚ ˙ㄇㄚ ㄕˋ ㄊㄞˊ ㄨㄢ ㄖㄣˊ。

Wǒ yǐwéi tā māma shì Táiwānrén.

B: 不是的。他媽媽是日本人。

ㄅㄨˊ ㄕˋ ˙ㄉㄜ。ㄊㄚ ㄇㄚ ˙ㄇㄚ ㄕˋ ㄖˋ ㄅㄣˇ ㄖㄣˊ。

Bú shì de. Tā māma shì Rìběnrén.

A: 彼のお母さんを台湾人だと思っていました。
B: 違います。彼のお母さんは日本人です。

□ 210

你不可以〜！

〜してはいけません！

ㄋㄧˇ ㄅㄨˋ ㄎㄜˇ ㄧˇ 〜！

Nǐ bù kěyǐ 〜!

A: 你不可以在捷運裡飲食！

ㄋㄧˇ ㄅㄨˋ ㄎㄜˇ ㄧˇ ㄗㄞˋ ㄐㄧㄝˋ ㄩㄣˋ ㄌㄧˇ ㄧㄣˇ ㄕˊ！

Nǐ bù kěyǐ zài jiéyùn lǐ yǐnshí!

B: 對不起。我下次不會了。

ㄉㄨㄟˋ ㄅㄨˋ ㄑㄧˇ。ㄨㄛˇ ㄒㄧㄚˋ ㄘˋ ㄅㄨˊ ㄏㄨㄟˋ ˙ㄌㄜ。

Duìbuqǐ. Wǒ xiàcì bú huì le.

A: MRTの中で飲食してはいけません！
B: ごめんなさい。もう二度としません。

【捷運】台湾の都市高速鉄道（MRT）。

211 你的想法太天真了。

あなたの考えが甘かった。

ㄋㄧˇ ˙ㄉㄜ ㄒㄧㄤˇ ㄈㄚˇ ㄊㄞˋ ㄊㄧㄢ ㄓㄣ ˙ㄌㄜ。
Nǐ de xiǎngfǎ tài tiānzhēn le.

A: **是不是常加班，薪水就會比較多？**

ㄕˋ ㄅㄨˊ ㄕˋ ㄔㄤˊ ㄐㄧㄚ ㄅㄢ，ㄒㄧㄣ ㄕㄨㄟˇ ㄐㄧㄡˋ ㄏㄨㄟˋ ㄅㄧˇ ㄐㄧㄠˋ ㄉㄨㄛ?
Shì bú shì cháng jiābān, xīnshuǐ jiù huì bǐjiào duō?

B: **你的想法太天真了，很多黑心公司是沒有加班費的。**

ㄋㄧˇ ˙ㄉㄜ ㄒㄧㄤˇ ㄈㄚˇ ㄊㄞˋ ㄊㄧㄢ ㄓㄣ ˙ㄌㄜ，ㄏㄣˇ ㄉㄨㄛ ㄏㄟ ㄒㄧㄣ ㄍㄨㄥ ㄙ ㄕˋ ㄇㄟˊ ㄧㄡˇ ㄐㄧㄚ ㄅㄢ ㄈㄟˋ ˙ㄉㄜ。
Nǐ de xiǎngfǎ tài tiānzhēn le, hěn duō hēixīn gōngsī shì méiyǒu jiābān fèi de.

A: たくさん残業すれば，給料が増えるでしょう？
B: 考えが甘かったですね，多くのブラック企業では残業代なんて出ません。

【想法】考え方。【天真】(物の考え方が) 甘い。無邪気だ。【黑心公司】ブラック企業。【加班費】残業代。

212 怎麼可能。

有り得ない。

ㄗㄣˇ ˙ㄇㄜ ㄎㄜˇ ㄋㄥˊ。
Zěnme kěnéng.

A: **我明天開始減肥！**

ㄨㄛˇ ㄇㄧㄥˊ ㄊㄧㄢ ㄎㄞ ㄕˇ ㄐㄧㄢˇ ㄈㄟˊ!
Wǒ míngtiān kāishǐ jiǎn féi!

B: **怎麼可能。我已經聽過好幾次了。**

ㄗㄣˇ ˙ㄇㄜ ㄎㄜˇ ㄋㄥˊ。ㄨㄛˇ ㄧˇ ㄐㄧㄥ ㄊㄧㄥ ㄍㄨㄛˋ ㄏㄠˇ ㄐㄧˇ ㄘˋ ˙ㄌㄜ。
Zěnme kěnéng. Wǒ yǐjīng tīng guò hǎo jǐ cì le.

A: 明日からダイエットするわ！
B: 有り得ない。何回も聞いたよ。

【減肥】ダイエットする。

213 沒那麼簡單。

そんな簡単なことじゃないです。

ㄇㄟˊ ㄋㄚˋ ˙ㄇㄜ ㄐㄧㄢˇ ㄉㄢ。
Méi nàme jiǎndān.

A: **為什麼不引進 AI 系統呢？**

ㄨㄟˋ ㄕㄣˊ ˙ㄇㄜ ㄅㄨˋ ㄧㄣˇ ㄐㄧㄣˋ AI ㄒㄧˋ ㄊㄨㄥˇ ˙ㄋㄜ?
Wèi shénme bù yǐnjìn AI xìtǒng ne?

B: **沒那麼簡單。得考慮到成本的問題。**

ㄇㄟˊ ㄋㄚˋ ˙ㄇㄜ ㄐㄧㄢˇ ㄉㄢ。ㄉㄟˇ ㄎㄠˇ ㄌㄩˋ ㄉㄠˋ ㄔㄥˊ ㄅㄣˇ ˙ㄉㄜ ㄨㄣˋ ㄊㄧˊ。
Méi nàme jiǎndān. Děi kǎolù dào chéngběn de wèntí.

A: どうして AI システムを導入しないんですか。
B: そんな簡単なことじゃないです。コストの問題を考えないとなりません。

【系統】システム。【成本】コスト。原価。

□214 **我做不到。**

私には無理です

ㄨㄛˇ ㄗㄨㄛˊ ㄅㄨˊ ㄉㄠˋ。
Wǒ zuòbúdào.

A: **你下個禮拜三以前，可以把這份資料翻成英文給我嗎？**

ㄋㄧˇ ㄒㄧㄚˋ ˙ㄍㄜ ㄌㄧˇ ㄅㄞˋ ㄙㄢ ㄧˇ ㄑㄧㄢˊ，ㄎㄜˇ ㄧˇ ㄅㄚˇ ㄓㄜˋ ㄈㄣˋ ㄗ ㄌㄧㄠˋ ㄈㄢ ㄔㄥˊ ㄧㄥ ㄨㄣˊ ㄍㄟˇ ㄨㄛˇ ˙ㄇㄚ？
Nǐ xià ge lǐbàisān yǐqián, kěyǐ bǎ zhè fèn zīliào fānchéng yīngwén gěi wǒ ma?

B: **不好意思。只有一個禮拜，我做不到。**

ㄅㄨˋ ㄏㄠˇ ㄧ ˙ㄙ。ㄓˇ ㄧㄡˇ ㄧˊ ˙ㄍㄜ ㄌㄧˇ ㄅㄞˋ，ㄨㄛˇ ㄗㄨㄛˊ ㄅㄨˊ ㄉㄠˋ。
Bù hǎoyìsi. Zhǐyǒu yì ge lǐbài, wǒ zuòbúdào.

A: 来週水曜日までに，この資料を英語に翻訳してもらえますか。
B: すみません。一週間しかないので，私には無理です。

【把～翻成…】～を…に訳す。【只有】～しかない。

□215 **不行。**

ダメだ。

ㄅㄨˋ ㄒㄧㄥˊ。
Bùxíng.

A: **上次借的錢下個月還你，可以嗎？**

ㄕㄤˋ ㄘˋ ㄐㄧㄝˋ ˙ㄉㄜ ㄑㄧㄢˊ ㄒㄧㄚˋ ˙ㄍㄜ ㄩㄝˋ ㄏㄨㄢˊ ㄋㄧˇ，ㄎㄜˇ ㄧˇ ˙ㄇㄚ？
Shàngcì jiè de qián xiàgeyuè huán nǐ, kěyǐ ma?

B: **不行，說好這個月還我的。**

ㄅㄨˋ ㄒㄧㄥˊ，ㄕㄨㄛ ㄏㄠˇ ㄓㄜˋ ˙ㄍㄜ ㄩㄝˋ ㄏㄞˊ ㄨㄛˇ ˙ㄉㄜ！
Bùxíng, shuō hǎo zhège yuè hái wǒ de!

A: 前回借りたお金を来月返してもいいですか。
B: ダメです，今月中に返す約束をしましたよね。

【還】返す。

□216 **那不可能。**

それは無理です。

ㄋㄚˋ ㄅㄨˋ ㄎㄜˇ ㄋㄥˊ。
Nà bù kěnéng.

A: **如果貸款沒利息就好了。**

ㄖㄨˊ ㄍㄨㄛˇ ㄉㄞˋ ㄎㄨㄢˇ ㄇㄟˊ ㄌㄧˋ ㄒㄧˊ ㄐㄧㄡˋ ㄏㄠˇ ˙ㄌㄜ。
Rúguǒ dàikuǎn méi lìxí jiù hǎo le.

B: **那不可能。**

ㄋㄚˋ ㄅㄨˋ ㄎㄜˇ ㄋㄥˊ。
Nà bù kěnéng.

A: もしローンを組むなら無利子だといいな。
B: それは無理です。

【貸款】ローンを組む。金を貸し付ける。【利息】利子。

挨拶と社交

質問と応答

意思疎通

勧誘と申し出

依頼・勧告・要求

感情の表現

☐217 **你確定嗎？**　　　　　　　　　　それって確かですか。

ㄋㄧˇ ㄑㄩㄝˋ ㄉㄧㄥˋ ˙ㄇㄚ？
Nǐ quèdìng ma?

A: **有颱風要來，明天停課吧。**
ㄧㄡˇ ㄊㄞˊㄈㄥ ㄧㄠˋ ㄌㄞˊ，ㄇㄧㄥˊㄊㄧㄢ ㄊㄧㄥˊㄎㄜˋ ˙ㄅㄚ。
Yǒu táifēng yào lái, míngtiān tíngkè ba.

B: **你確定嗎？ 還是打電話問一問學校比較好吧。**
ㄋㄧˇ ㄑㄩㄝˋ ㄉㄧㄥˋ ˙ㄇㄚ？ ㄏㄞˊ ㄕˋ ㄉㄚˇ ㄉㄧㄢˋㄏㄨㄚˋ ㄨㄣˋ ㄧˋ ㄨㄣˋ ㄒㄩㄝˊㄒㄧㄠˋ ㄅㄧˇㄐㄧㄠˋ ㄏㄠˇ ˙ㄅㄚ。
Nǐ quèdìng ma? Hái shì dǎ diànhuà wèn yí wèn xuéxiào bǐjiào hǎo ba.

A: 台風がくるので，明日は学校が休みでしょう。
B: それって確かですか。やっぱり電話して学校に聞いたほうがいいです。

【颱風】台風。【停課】休講にする。

☐218 **為什麼你那麼有把握？**　　　なぜそう言い切れますか。

ㄨㄟˋ ㄕㄣˊㄇㄜ ㄋㄧˇ ㄋㄚˋㄇㄜ ㄧㄡˇ ㄅㄚˇ ㄨㄛˋ？
Wèi shénme nǐ nàme yǒu bǎwò?

A: **投資這家公司絕對沒問題！**
ㄊㄡˊㄗ ㄓㄜˋ ㄐㄧㄚ ㄍㄨㄥ ㄙ ㄐㄩㄝˊㄉㄨㄟˋ ㄇㄟˊ ㄨㄣˋ ㄊㄧˊ！
Tóuzī zhè jiā gōngsī juéduì méi wèntí!

B: **為什麼你那麼有把握？**
ㄨㄟˋ ㄕㄣˊㄇㄜ ㄋㄧˇ ㄋㄚˋㄇㄜ ㄧㄡˇ ㄅㄚˇ ㄨㄛˋ？
Wèi shénme nǐ nàme yǒu bǎwò?

A: この会社に投資するのは絶対大丈夫です。
B: なぜそう言い切れますか。

【投資】投資する。【把握】（状況を）把握する。

☐219 **還不能這麼肯定。**　　　　　そうは言い切れませんよ。

ㄏㄞˊ ㄅㄨˋ ㄋㄥˊ ㄓㄜˋ ˙ㄇㄜ ㄎㄣˇ ㄉㄧㄥˋ。
Hái bù néng zhème kěndìng.

A: **這場比賽台灣一定會贏！**
ㄓㄜˋ ㄔㄤˇ ㄅㄧˇㄙㄞˋ ㄊㄞˊㄨㄢ ㄧˊㄉㄧㄥˋ ㄏㄨㄟˋ ㄧㄥˊ！
Zhè chǎng bǐsài Táiwān yídìng huì yíng!

B: **比賽才進行到一半，還不能這麼肯定。**
ㄅㄧˇㄙㄞˋ ㄘㄞˊ ㄐㄧㄣˋㄒㄧㄥˊ ㄉㄠˋ ㄧˊ ㄅㄢˋ，ㄏㄞˊ ㄅㄨˋ ㄋㄥˊ ㄓㄜˋ ˙ㄇㄜ ㄎㄣˇ ㄉㄧㄥˋ。
Bǐsài cái jìnxíng dào yíbàn, hái bù néng zhème kěndìng.

A: この試合は台湾がきっと勝つだろう！
B: 試合途中で，そうは言い切れないよ。

【比賽】試合。【贏】勝つ。

☐ **220**

你真的這樣覺得嗎？　　　本当にそう思っているの？

ㄋㄧˇ ㄓㄣ ˙ㄉㄜ ㄓㄜˋ ㄧㄤˋ ㄐㄩㄝˊ ˙ㄉㄜ ˙ㄇㄚ?
Nǐ zhēnde zhèyàng juéde ma?

A: **你放心吧，一切會沒事的。**
ㄋㄧˇ ㄈㄤˋ ㄒㄧㄣ ˙ㄅㄚ, ㄧˊ ㄑㄧㄝ ㄏㄨㄟˋ ㄇㄟˊ ㄕˋ ˙ㄉㄜ。
Nǐ fàngxīn ba, yíqiē huì méi shì de.

B: **你真的這樣覺得嗎？**
ㄋㄧˇ ㄓㄣ ˙ㄉㄜ ㄓㄜˋ ㄧㄤˋ ㄐㄩㄝˊ ˙ㄉㄜ ˙ㄇㄚ?
Nǐ zhēnde zhèyàng juéde ma?

A: 安心して，すべてうまくいくよ！
B: 本当にそう思ってるの？

☐ **221**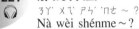

那為什麼～？　　　ではどうして～？

ㄋㄚˋ ㄨㄟˋ ㄕㄣˊ ˙ㄇㄜ ～ ?
Nà wèi shénme ～?

A: **嬰兒會哭，是因為肚子餓。**
ㄧㄥ ㄦ ㄏㄨㄟˋ ㄎㄨ, ㄕˋ ㄧㄣ ㄨㄟˋ ㄉㄨˋ ˙ㄗ ㄜˋ。
Yīng'ér huì kū, shì yīnwèi dùzi è.

B: **是嗎？ 那為什麼喝過牛奶後，也會哭？**
ㄕˋ ˙ㄇㄚ? ㄋㄚˋ ㄨㄟˋ ㄕㄣˊ ˙ㄇㄜ ㄏㄜ ㄍㄨㄛˋ ㄋㄧㄡˊ ㄋㄞˇ ㄏㄡˋ, ㄧㄝˇ ㄏㄨㄟˋ ㄎㄨ?
Shì ma? Nà wèi shénme hē guò niúnǎi hòu, yě huì kū?

A: 赤ちゃんが泣くのは，お腹が空いたからよ。
B: そう？ じゃあどうしてミルクを飲んだ後でも泣くの？

【嬰兒】赤ちゃん。【肚子餓】お腹が空く。【牛奶】牛乳。ミルク。

☐ **222**

你有什麼根據？　　　根拠は何ですか。

ㄋㄧˇ ㄧㄡˇ ㄕㄣˊ ˙ㄇㄜ ㄍㄣ ㄐㄩˋ?
Nǐ yǒu shénme gēnjù?

A: **那個新人一定個性不好。**
ㄋㄚˋ ˙ㄍㄜ ㄒㄧㄣ ㄖㄣˊ ㄧˊ ㄉㄧㄥˋ ㄍㄜˋ ㄒㄧㄥˋ ㄅㄨˋ ㄏㄠˇ。
Nà ge xīnrén yídìng gèxìng bù hǎo.

B: **你有什麼根據？**
ㄋㄧˇ ㄧㄡˇ ㄕㄣˊ ˙ㄇㄜ ㄍㄣ ㄐㄩˋ?
Nǐ yǒu shénme gēnjù?

A: あの新人はきっと性格が悪いです。
B: 根拠は何ですか。

【個性】性格。個性。【根據】根拠。

□223

請隨意。
くーム ムメて ーˋ。
Qǐng suíyì.

ご自由にどうぞ。

A: 這個可以吃嗎？
ㄓㄜˋ ㄍㄜ ㄎㄜˇ ーˇ ㄔ ㄇㄚ？
Zhège kěyǐ chī ma?

B: 請隨意。
くーム ムメて ーˋ。
Qǐng suíyì.

A: これを食べてもいいですか。
B: ご自由にどうぞ。

□224

你自己決定吧。
ㄋーˇ ㄗˋ ㄐーˇ ㄐㄩㄝˊ ㄉーㄥˋ ㄅㄚ。
Nǐ zìjǐ juédìng ba.

自分で決めて。

A: 有好多種類，你覺得哪個好？
ーㄡˇ ㄏㄠˇ ㄉㄨㄛ ㄓㄨㄥˇ ㄌㄟˋ，ㄋーˇ ㄐㄩㄝˊ ㄉㄜ ㄋㄚˇ ㄍㄜ ㄏㄠˇ？
Yǒu hǎo duō zhǒnglèi, nǐ juéde nǎge hǎo?

B: 你自己決定吧。
ㄋーˇ ㄗˋ ㄐーˇ ㄐㄩㄝˊ ㄉーㄥˋ ㄅㄚ。
Nǐ zìjǐ juédìng ba.

A: たくさんの種類があるけど，どれがいいと思うの？
B: 自分で決めて。

□225

都可以，隨便你。
ㄉㄡ ㄎㄜˇ ーˇ，ㄙㄨㄟˊ ㄅーㄢˋ ㄋーˇ。
Dōu kěyǐ, suíbiàn nǐ.

どっちでも，好きにしたら。

A: 明天想看哪部電影？
ㄇーㄥˊ ㄊーㄢ ㄒーㄤˇ ㄎㄢˋ ㄋㄚˇ ㄅㄨˋ ㄉーㄢˋ ーㄥˇ？
Míngtiān xiǎng kàn nǎ bù diànyǐng?

B: 都可以，隨便你。
ㄉㄡ ㄎㄜˇ ーˇ，ㄙㄨㄟˊ ㄅーㄢˋ ㄋーˇ。
Dōu kěyǐ, suíbiàn nǐ.

A: 明日はどの映画を観たいの？
B: どっちでもいいよ，好きにして。

□226 **請不要誤會。** 誤解しないでください。

ㄑㄧㄥˇ ㄅㄨˊ ㄧㄠˋ ㄨˋ ㄏㄨㄟˋ。
Qǐng bú yào wùhuì.

A: **為什麼你沒跟我聯絡？**
ㄨㄟˋ ㄕㄣˊ ㄇㄜ˙ ㄋㄧˇ ㄇㄟˊ ㄍㄣ ㄨㄛˇ ㄌㄧㄢˊㄋㄨㄛˋ？
Wèi shénme nǐ méi gēn wǒ liánluò?

B: **因為我忘記你的電話號碼了，請不要誤會。**
ㄧㄣ ㄨㄟˋ ㄨㄛˇ ㄨㄤˋ ㄐㄧˋ ㄋㄧˇ ˙ㄉㄜ ㄉㄧㄢˋ ㄏㄨㄚˋ ㄏㄠˋ ㄇㄚˇ ˙ㄌㄜ, ㄑㄧㄥˇ ㄅㄨˊ ㄧㄠˋ ㄨˋ ㄏㄨㄟˋ。
Yīnwèi wǒ wàngjì nǐ de diànhuà hàomǎ le, qǐng bú yào wùhuì.

A: どうして連絡してくれなかったんですか。
B: あなたの電話番号を忘れたもので，誤解しないでください。

【聯絡】連絡する。【電話號碼】電話番号。【誤會】誤解。

□227 **我沒說過那種話。** そんなことは言っていません。

ㄨㄛˇ ㄇㄟˊ ㄕㄨㄛ ㄍㄨㄛˋ ㄋㄚˋ ㄓㄨㄥˇ ㄏㄨㄚˋ。
Wǒ méi shuō guò nà zhǒng huà.

A: **你是不是跟大家說我很小氣？**
ㄋㄧˇ ㄕˋ ㄅㄨˊ ㄕˋ ㄍㄣ ㄉㄚˋㄐㄧㄚ ㄕㄨㄛ ㄨㄛˇ ㄏㄣˇ ㄒㄧㄠˇ ㄑㄧˋ？
Nǐ shì bú shì gēn dàjiā shuō wǒ hěn xiǎoqì?

B: **我沒說過那種話。**
ㄨㄛˇ ㄇㄟˊ ㄕㄨㄛ ㄍㄨㄛˋ ㄋㄚˋ ㄓㄨㄥˇ ㄏㄨㄚˋ。
Wǒ méi shuō guò nà zhǒng huà.

A: みんなに私がケチだと言いましたよね。
B: そんなことは言っていません。

【小氣】ケチだ。せこい。【〈動詞〉+過】～したことがある（経験）。

□228 **我不是那個意思。** そういう意味じゃない。

ㄨㄛˇ ㄅㄨˊ ㄕˋ ㄋㄚˋ ㄍㄜ˙ ㄧˋㄙ。
Wǒ bú shì nàge yìsi.

A: **都是我的錯囉？**
ㄉㄡ ㄕˋ ㄨㄛˇ ˙ㄉㄜ ㄘㄨㄛˋ ㄌㄨㄛ？
Dōu shì wǒ de cuò luō?

B: **我不是那個意思。**
ㄨㄛˇ ㄅㄨˊ ㄕˋ ㄋㄚˋ ㄍㄜ˙ ㄧˋㄙ。
Wǒ bú shì nàge yìsi.

A: 僕のせいってこと？
B: そういう意味じゃないわ。

【錯】落ち度。間違い。

挨拶と社交

質問と応答

意思疎通

勧誘と申し出

依頼・勧告・要求

感情の表現

☐ 229

比如說呢？

ㄅㄧˇ ㄖㄨˊ ㄕㄨㄛ ˙ㄋㄜ？
Bǐrú shuō ne?

たとえば？

A: **這個字有很多意思。**
ㄓㄜˋ˙ㄍㄜ ㄗˋ ㄧㄡˇ ㄏㄣˇ ㄉㄨㄛ ㄧˋㄙ。
Zhège zì yǒu hěn duō yìsi.

B: **比如說呢？**
ㄅㄧˇ ㄖㄨˊ ㄕㄨㄛ ˙ㄋㄜ？
Bǐrú shuō ne?

A: この漢字にはたくさんの意味があります。
B: たとえば？

【意思】意味。

☐ 230

像是～等等。

ㄒㄧㄤˋ ㄕˋ ～ ㄉㄥˇ ㄉㄥˇ。
Xiàng shì ～ děngděng.

～など。

A: **日本話也有口音嗎？**
ㄖˋ ㄅㄣˇ ㄏㄨㄚˋ ㄧㄝˇ ㄧㄡˇ ㄎㄡˇㄧㄣ ˙ㄇㄚ？
Rìběnhuà yě yǒu kǒuyīn ma?

B: **有啊。像是關西腔，東北腔等等。**
ㄧㄡˇ ˙ㄚ。ㄒㄧㄤˋ ㄕˋ ㄍㄨㄢ ㄒㄧ ㄑㄧㄤ，ㄉㄨㄥ ㄅㄟˇ ㄑㄧㄤ ㄉㄥˇ ㄉㄥˇ。
Yǒu a. Xiàng shì Guānxīqiāng, Dōngběiqiāng děngděng.

A: 日本語にも訛りがあるの？
B: あるよ。関西弁や東北弁など。

【口音，腔】訛 (なま) り。

☐ 231

請舉例。

ㄑㄧㄥˇ ㄐㄩˇ ㄌㄧˋ。
Qǐng jǔlì.

例を挙げってください。

A: **這次的活動有幾個要改進地方。**
ㄓㄜˋ ㄘˋ ˙ㄉㄜ ㄏㄨㄛˊ ㄉㄨㄥˋ ㄧㄡˇ ㄐㄧˇ ˙ㄍㄜ ㄧㄠˋ ㄍㄞˇ ㄐㄧㄣˋ ㄉㄧˋ ㄈㄤ。
Zhècì de huódòng yǒu jǐ ge yào gǎijìn dìfāng.

B: **請舉例。**
ㄑㄧㄥˇ ㄐㄩˇ ㄌㄧˋ。
Qǐng jǔlì.

A: 今回のイベントは改善する箇所がいくつかあります。
B: 例を挙げてください。

【改進】改善する。【舉例】例を挙げる。

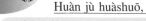

□232 換句話說，

言い換えれば,

ㄏㄨㄢˋ ㄐㄩˋ ㄏㄨㄚˋ ㄕㄨㄛ，
Huàn jù huàshuō,

A: 每天複習才不會忘記。

ㄇㄟˇ ㄊㄧㄢ ㄈㄨˋ ㄒㄧˊ ㄘㄞˊ ㄅㄨˋ ㄏㄨㄟˋ ㄨㄤˋ ㄐㄧˋ。
Měitiān fùxí cái bù huì wàngjì.

B: 換句話說，就是不可以偷懶。

ㄏㄨㄢˋ ㄐㄩˋ ㄏㄨㄚˋ ㄕㄨㄛ，ㄐㄧㄡˋ ㄕˋ ㄅㄨˋ ㄎㄜˇ ㄧˇ ㄊㄡ ㄌㄢˇ。
Huàn jù huàshuō, jiù shì bù kěyǐ tōulǎn.

A: 毎日復習すれば忘れません。
B: 言い換えれば，サボってはいけないということですね。

【偷懶】サボる。怠ける。

□233 也就是說，

つまり,

ㄧㄝˇ ㄐㄧㄡˋ ㄕˋ ㄕㄨㄛ，
Yě jiù shì shuō,

A: 我覺得我們暫時不要見面比較好。

ㄨㄛˇ ㄐㄩㄝˊ ˙ㄉㄜ ㄨㄛˇ ˙ㄇㄣ ㄓㄢˋ ㄕˊ ㄅㄨˊ ㄧㄠˋ ㄐㄧㄢˋ ㄇㄧㄢˋ ㄅㄧˇ ㄐㄧㄠˋ ㄏㄠˇ。
Wǒ juéde wǒmen zànshí bú yào jiànmiàn bǐjiào hǎo.

B: 也就是說，你想分手。

ㄧㄝˇ ㄐㄧㄡˋ ㄕˋ ㄕㄨㄛ，ㄋㄧˇ ㄒㄧㄤˇ ㄈㄣ ㄕㄡˇ。
Yě jiù shì shuō, nǐ xiǎng fēnshǒu.

A: 僕たちしばらく会わないほうがいいと思う。
B: つまり，別れたいってことね。

【暫時】しばらく。【分手】（恋人と）別れる。

□234 所謂的～就是…的意思。

～というのは…という意味です。

ㄙㄨㄛˇ ㄨㄟˋ ˙ㄉㄜ ～ ㄐㄧㄡˋ ㄕˋ … ˙ㄉㄜ ㄧˋ ㄙ。
Suǒwèi de～jiù shì … de yìsi.

A: 買單是什麼意思？

ㄇㄞˇ ㄉㄢ ㄕˋ ㄕㄣˊ ˙ㄇㄜ ㄧˋ ㄙ？
Mǎidān shì shénme yìsi?

B: 所謂的買單就是付錢的意思。

ㄙㄨㄛˇ ㄨㄟˋ ˙ㄉㄜ ㄇㄞˇ ㄉㄢ ㄐㄧㄡˋ ㄕˋ ㄈㄨˋ ㄑㄧㄢˊ ˙ㄉㄜ ㄧˋ ㄙ。
Suǒwèi de mǎidān jiù shì fùqián de yìsi.

A:「買單」とはどういう意味ですか。
B:「買單」というのは「お会計」という意味です。

【買單】お会計。お勘定。【付錢】支払う。

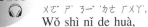

□ 235

我是你的話，

私があなただったら，

ㄨㄛˇ ㄕˋ ㄋㄧˇ ˙ㄉㄜ ㄏㄨㄚˋ，
Wǒ shì nǐ de huà,

A: **該怎麼辦才好？**
《ㄞ ㄗㄣˇ ˙ㄇㄜ ㄅㄢˋ ㄘㄞˊ ㄏㄠˇ？
Gāi zěnme bàn cái hǎo?

B: **我是你的話，不會放棄。**
ㄨㄛˇ ㄕˋ ㄋㄧˇ ˙ㄉㄜ ㄏㄨㄚˋ，ㄅㄨˊ ㄏㄨㄟˋ ㄈㄤˋ ㄑㄧˋ。
Wǒ shì nǐ de huà, bú huì fàngqì.

A: どうしたらいいのかな？
B: 僕が君だったら，諦めないね。

【放棄】諦める。

□ 236

如果是我，

私なら，

ㄖㄨˊ 《ㄨㄛˇ ㄕˋ ㄨㄛˇ，
Rúguǒ shì wǒ,

A: **如果是你會怎麼做？**
ㄖㄨˊ 《ㄨㄛˇ ㄕˋ ㄋㄧˇ ㄏㄨㄟˋ ㄗㄣˇ ˙ㄇㄜ ㄗㄨㄛˋ？
Rúguǒ shì nǐ huì zěnme zuò?

B: **如果是我，我會聽大家的意見。**
ㄖㄨˊ 《ㄨㄛˇ ㄕˋ ㄨㄛˇ，ㄨㄛˇ ㄏㄨㄟˋ ㄊㄧㄥ ㄉㄚˋ ㄐㄧㄚ ˙ㄉㄜ ㄧˋ ㄐㄧㄢˋ。
Rúguǒ shì wǒ, wǒ huì tīng dàjiā de yìjiàn.

A: あなたならどうしますか。
B: 私なら，皆の意見を聞きます。

□ 237

站在你的立場來看，

あなたの立場から見たら，

ㄓㄢˋ ㄗㄞˋ ㄋㄧˇ ˙ㄉㄜ ㄌㄧˋ ㄔㄤˇ ㄌㄞˊ ㄎㄢˋ，
Zhàn zài nǐ de lìchǎng láikàn,

A: **你不覺得對我不公平嗎？**
ㄋㄧˇ ㄅㄨˋ ㄐㄩㄝˊ ˙ㄉㄜ ㄉㄨㄟˋ ㄨㄛˇ ㄅㄨˋ 《ㄨㄥ ㄆㄧㄥˊ ˙ㄇㄚ？
Nǐ bù juéde duì wǒ bù gōngpíng ma?

B: **站在你的立場來看，的確不公平。**
ㄓㄢˋ ㄗㄞˋ ㄋㄧˇ ˙ㄉㄜ ㄌㄧˋ ㄔㄤˇ ㄌㄞˊ ㄎㄢˋ，ㄉㄧˊ ㄑㄩㄝˋ ㄅㄨˋ 《ㄨㄥ ㄆㄧㄥˊ。
Zhàn zài nǐ de lìchǎng láikàn, díquè bù gōngpíng.

A: 私にとって不公平だと思いませんか。
B: あなたの立場から見たら，確かに不公平ですね。

【的確】確かに。

□ 238 **坦白說，** 率直に言うと，

ㄊㄢˇ ㄅㄞˊ ㄕㄨㄛ,
Tǎnbái shuō.

A: **你要跟他們一起去旅行嗎？**
ㄋㄧˇ ㄧㄠˋ ㄍㄣ ㄊㄚ ㄇㄣ ㄧˊ ㄑㄧˇ ㄑㄩˋ ㄌㄩˇ ㄒㄧㄥˊ ˙ㄇㄚ?
Nǐ yào gēn tāmen yìqǐ qù lǚxíng ma?

B: **坦白說，我不想。**
ㄊㄢˇ ㄅㄞˊ ㄕㄨㄛ, ㄨㄛˇ ㄅㄨˋ ㄒㄧㄤˇ.
Tǎnbái shuō, wǒ bù xiǎng.

A: 彼らと一緒に旅行に行きたいですか。
B: 率直に言うと，行きたくないです。

□ 239 **其實** 実は

ㄑㄧˊ ㄕˊ
Qíshí

A: **你有女朋友嗎？**
ㄋㄧˇ ㄧㄡˇ ㄋㄩˇ ㄆㄥˊ ㄧㄡˇ ˙ㄇㄚ?
Nǐ yǒu nǚpéngyǒu ma?

B: **其實我結婚了。**
ㄑㄧˊ ㄕˊ ㄨㄛˇ ㄐㄧㄝˊ ㄏㄨㄣ ˙ㄌㄜ.
Qíshí wǒ jiéhūn le.

A: 彼女はいますか。
B: 実は私は結婚しています。

【女朋友】ガールフレンド。彼女。

□ 240 **不要拐彎抹角。** 遠回しに言わないでください。

ㄅㄨˊ ㄧㄠˋ ㄍㄨㄞˇ ㄨㄢ ㄇㄛˋ ㄐㄧㄠˇ.
Bú yào guǎi wān mò jiǎo.

A: **我真的很想去，可是…**
ㄨㄛˇ ㄓㄣ ˙ㄉㄜ ㄏㄣˇ ㄒㄧㄤˇ ㄑㄩˋ, ㄎㄜˇ ㄕˋ …
Wǒ zhēnde hěn xiǎng qù, kěshì …

B: **不想去就算了，不要拐彎抹角。**
ㄅㄨˋ ㄒㄧㄤˇ ㄑㄩˋ ㄐㄧㄡˋ ㄙㄨㄢˋ ˙ㄌㄜ, ㄅㄨˊ ㄧㄠˋ ㄍㄨㄞˇ ㄨㄢ ㄇㄛˋ ㄐㄧㄠˇ.
Bù xiǎng qùjiù suàn le, bú yào guǎi wān mò jiǎo.

A: 本当は行きたいのですが…
B: 行きたくないなら別にいいんで，遠回しに言わないでください。

【拐彎抹角】遠回しに言う。

241

這樣就可以了嗎？

こうすればいいですか。

ㄓㄜˋ ㄧㄤˋ ㄐㄧㄡˋ ㄎㄜˇ ㄧˇ ㄌㄜ˙ ㄇㄚ？
Zhèyàng jiù kěyǐ le ma?

A: **這樣就可以了嗎？**
ㄓㄜˋ ㄧㄤˋ ㄐㄧㄡˋ ㄎㄜˇ ㄧˇ ㄌㄜ˙ ㄇㄚ？
Zhèyàng jiù kěyǐ le ma?

B: **是的，那樣就可以了。**
ㄕˋ ㄌㄜ˙，ㄋㄚˋ ㄧㄤˋ ㄐㄧㄡˋ ㄎㄜˇ ㄧˇ ㄌㄜ˙。
Shì de, nàyàng jiù kěyǐ le.

A: こうすればいいですか。
B: そうです，それでいいですよ。

242

我想確認一下，

確認したいのですが，

ㄨㄛˇ ㄒㄧㄤˇ ㄑㄩㄝˋ ㄖㄣˋ ㄧˊ ㄒㄧㄚˋ，
Wǒ xiǎng quèrèn yíxià,

A: **我想確認一下，明天是幾點集合？**
ㄨㄛˇ ㄒㄧㄤˇ ㄑㄩㄝˋ ㄖㄣˋ ㄧˊ ㄒㄧㄚˋ，ㄇㄧㄥˊ ㄊㄧㄢ ㄕˋ ㄐㄧˇ ㄉㄧㄢˇ ㄐㄧˊ ㄏㄜˊ？
Wǒ xiǎng quèrèn yíxià, míngtiān shì jǐ diǎn jíhé?

B: **明天是早上七點集合。**
ㄇㄧㄥˊ ㄊㄧㄢ ㄕˋ ㄗㄠˇ ㄕㄤˋ ㄑㄧ ㄉㄧㄢˇ ㄐㄧˊ ㄏㄜˊ。
Míngtiān shì zǎoshàng qī diǎn jíhé.

A: 確認したいのですが，明日は何時に集合しますか。
B: 明日は朝 7 時に集合です。

243

已經沒問題了吧？

もう大丈夫ですよね。

ㄧˇ ㄐㄧㄥ ㄇㄟˊ ㄨㄣˋ ㄊㄧˊ ㄌㄜ˙ ㄅㄚ？
Yǐjīng méi wèntí le ba?

A: **已經沒問題了吧？**
ㄧˇ ㄐㄧㄥ ㄇㄟˊ ㄨㄣˋ ㄊㄧˊ ㄌㄜ˙ ㄅㄚ？
Yǐjīng méi wèntí le ba?

B: **沒問題了。**
ㄇㄟˊ ㄨㄣˋ ㄊㄧˊ ㄌㄜ˙。
Méi wèntí le.

A: もう大丈夫ですよね。
B: 大丈夫です。

【已經】もう。すでに。

□244　能不能讓我再確認一下？　もう一度確認させていただけませんか。

ㄋㄥˊ ㄅㄨˋ ㄋㄥˊ ㄖㄤˋ ㄨㄛˇ ㄗㄞˋ ㄑㄩㄝˋ ㄖㄣˋ ㄧ ㄒㄧㄚˋ？
Néng bu néng ràng wǒ zài quèrèn yíxià?

A: **這份資料，能不能讓我再確認一下？**
ㄓㄜˋ ㄈㄣˋ ㄗ ㄌㄧㄠˋ，ㄋㄥˊ ㄅㄨˋ ㄋㄥˊ ㄖㄤˋ ㄨㄛˇ ㄗㄞˋ ㄑㄩㄝˋ ㄖㄣˋ ㄧ ㄒㄧㄚˋ？
Zhè fèn zīliào, néng bu néng ràng wǒ zài quèrèn yíxià?

B: **當然可以。**
ㄉㄤ ㄖㄢˊ ㄎㄜˇ ㄧˇ。
Dāngrán kěyǐ.

A: もう一度確認させていただけませんか。
B: もちろんいいですよ。

【當然】もちろん。当然。

□245　請問還有其他事嗎？　　　　　ほかにご用はありますか。

ㄑㄧㄥˇ ㄨㄣˋ ㄏㄞˊ ㄧㄡˇ ㄑㄧˊ ㄊㄚ ㄕˋ ˙ㄇㄚ？
Qǐngwèn hái yǒu qítā shì ma?

A: **請問還有其他事嗎？**
ㄑㄧㄥˇ ㄨㄣˋ ㄏㄞˊ ㄧㄡˇ ㄑㄧˊ ㄊㄚ ㄕˋ ˙ㄇㄚ？
Qǐngwèn hái yǒu qítā shì ma?

B: **沒事了。**
ㄇㄟˊ ㄕˋ ˙ㄌㄜ。
Méi shì le.

A: ほかにご用はございますか。
B: もう大丈夫です。

【其他~】ほかの~。

□246　總之，是不是～？　　　　　つまり～ということ？

ㄗㄨㄥˇ ㄓ，ㄕˋ ㄅㄨˊ ㄕˋ～？
Zǒngzhī, shì bú shì ~?

A: **總之，是不是得重寫？**
ㄗㄨㄥˇ ㄓ，ㄕˋ ㄅㄨˊ ㄕˋ ㄉㄟˇ ㄔㄨㄥˊ ㄒㄧㄝˇ？
Zǒngzhī, shì bú shì děi chóngxiě?

B: **沒錯。**
ㄇㄟˊ ㄘㄨㄛˋ。
Méicuò.

A: 要するに，書き直さなければならないってこと？
B: そのとおりだ。

【重寫】書き直す。

挨拶と社交

質問と応答

意思疎通

勧誘と申し出

依頼・勧告・要求

感情の表現

□247

看起來好像～。
～のように見える。

ㄎㄢˋ ㄑㄧˇ ㄌㄞˊ ㄏㄠˇ ㄒㄧㄤˋ～。
Kànqǐlái hǎoxiàng～.

A: 這是我做的菜，你吃吃看。
ㄓㄜˋ ㄕˋ ㄨㄛˇ ㄗㄨㄛˋ ㄉㄜ ㄘㄞˋ，ㄋㄧˇ ㄔ ㄔ ㄎㄢˋ。
Zhè shì wǒ zuò de cài, nǐ chīchī kàn.

B: 看起來好像很辣。
ㄎㄢˋ ㄑㄧˇ ㄌㄞˊ ㄏㄠˇ ㄒㄧㄤˋ ㄏㄣˇ ㄌㄚˋ。
Kànqǐlái hǎoxiàng hěn là.

A: これは私が作った料理です。食べてみてください。
B: 辛そうに見えますね。

【菜】料理。【辣】辛い。

□248

好像～。
～みたいだ。

ㄏㄠˇ ㄒㄧㄤˋ～。
Hǎo xiàng～.

A: 你怎麼了？
ㄋㄧˇ ㄗㄣˇ ㄇㄜ ㄌㄜ？
Nǐ zěnme le?

B: 我好像感冒了。
ㄨㄛˇ ㄏㄠˇ ㄒㄧㄤˋ ㄍㄢˇ ㄇㄠˋ ㄌㄜ。
Wǒ hǎoxiàng gǎnmào le.

A: どうしたの？
B: 風邪をひいたみたい。

【感冒】風邪を引く。

□249

簡直像～一樣。
まるで～のようだ。

ㄐㄧㄢˇ ㄓˊ ㄒㄧㄤˋ～ ㄧˊ ㄧㄤˋ。
Jiǎnzhí xiàng～yíyàng.

A: 這個地方真的太棒了。
ㄓㄜˋ ㄍㄜˋ ㄉㄧˋ ㄈㄤ ㄓㄣ ㄉㄜ ㄊㄞˋ ㄅㄤˋ ㄌㄜ。
Zhège dìfāng zhēnde tài bàng le.

B: 對啊，簡直像天堂一樣。
ㄉㄨㄟˋ ㄚ，ㄐㄧㄢˇ ㄓˊ ㄒㄧㄤˋ ㄊㄧㄢ ㄊㄤˊ ㄧˊ ㄧㄤˋ。
Duì a, jiǎnzhí xiàng tiāntáng yíyàng.

A: この場所はステキですね。
B: そうですね，まるで天国のようです。

【太棒了】最高だ。すばらしい。【天堂】天国。

□ 250 **我的說明好像不太好。** 私の説明がうまくないようです。

ㄨㄛˇ ˙ㄉㄜ ㄕㄨㄛ ㄇㄧㄥˊ ㄏㄠˇ ㄒㄧㄤˋ ㄅㄨˊ ㄊㄞˋ ㄏㄠˇ。
Wǒ de shuōmíng hǎoxiàng bú tài hǎo.

A: **你說的我不太懂。**
ㄋㄧˇ ㄕㄨㄛ ˙ㄉㄜ ㄨㄛˇ ㄅㄨˊ ㄊㄞˋ ㄉㄨㄥˇ。
Nǐ shuō de wǒ bú tài dǒng.

B: **對不起，我的說明好像不太好。**
ㄉㄨㄟˋ ㄅㄨˋ ㄑㄧˇ，ㄨㄛˇ ˙ㄉㄜ ㄕㄨㄛ ㄇㄧㄥˊ ㄏㄠˇ ㄒㄧㄤˋ ㄅㄨˊ ㄊㄞˋ ㄏㄠˇ。
Duìbuqǐ, wǒ de shuōmíng hǎoxiàng bú tài hǎo.

A: あなたが言っていることはあまりよくわからないです。
B: ごめんなさい，私の説明がうまくないようです。

□ 251 **要怎麼說你才會懂。** どう言えばわかってもらえますかね。
ㄧㄠˋ ㄗㄣˇ ˙ㄇㄜ ㄕㄨㄛ ㄋㄧˇ ㄘㄞˊ ㄏㄨㄟˋ ㄉㄨㄥˇ。
Yào zěnme shuō nǐ cái huì dǒng.

A: **我還是不懂。**
ㄨㄛˇ ㄏㄞˊ ㄕˋ ㄅㄨˋ ㄉㄨㄥˇ。
Wǒ hái shì bù dǒng.

B: **真的很難解釋。要怎麼說你才會懂。**
ㄓㄣ ˙ㄉㄜ ㄏㄣˇ ㄋㄢˊ ㄐㄧㄝˇ ㄕˋ。ㄧㄠˋ ㄗㄣˇ ˙ㄇㄜ ㄕㄨㄛ ㄋㄧˇ ㄘㄞˊ ㄏㄨㄟˋ ㄉㄨㄥˇ。
Zhēnde hěn nán jiěshì. Yào zěnme shuō nǐ cái huì dǒng.

A: やっぱりわからないです。
B: 本当に説明しにくいな～。どう言えばわかってもらえますかね。

【解釋】説明する。解釈する。【懂】理解する。わかる。

□ 252 **我已經搞不清楚了。** もうわからなくなっちゃった。

ㄨㄛˇ ㄧˇ ㄐㄧㄥ ㄍㄠˇ ㄅㄨˋ ㄑㄧㄥ ㄔㄨˇ ˙ㄌㄜ。
Wǒ yǐjīng gǎo bù qīngchǔ le.

A: **我想跟你結婚，但是沒辦法結婚。**
ㄨㄛˇ ㄒㄧㄤˇ ㄍㄣ ㄋㄧˇ ㄐㄧㄝˊ ㄏㄨㄣ，ㄉㄢˋ ㄕˋ ㄇㄟˊ ㄅㄢˋ ㄈㄚˇ ㄐㄧㄝˊ ㄏㄨㄣ。
Wǒ xiǎng gēn nǐ jiéhūn, dànshì méi bànfǎ jiéhūn.

B: **你在說什麼？我已經搞不清楚了。**
ㄋㄧˇ ㄗㄞˋ ㄕㄨㄛ ㄕㄣˊ ˙ㄇㄜ? ㄨㄛˇ ㄧˇ ㄐㄧㄥ ㄍㄠˇ ㄅㄨˋ ㄑㄧㄥ ㄔㄨˇ ˙ㄌㄜ。
Nǐ zài shuō shénme? Wǒ yǐjīng gǎo bù qīngchǔ le.

A: あなたと結婚したいけど，結婚できない。
B: 何を言っているの？ もうわからなくなっちゃったよ。

【辦法】方法。【清楚】明瞭である。明確である。

□253 我是認真的。

本気だ。

ㄨㄛˇ ㄕˋ ㄖㄣˋ ㄓㄣ ˙ㄉㄜ。
Wǒ shì rèn zhēnde.

A: 你真的一個月都不喝酒嗎？

ㄋㄧˇ ㄓㄣ ˙ㄉㄜ ㄧˊ ˙ㄍㄜ ㄩㄝˋ ㄉㄡ ㄅㄨˋ ㄏㄜ ㄐㄧㄡˇ ˙ㄇㄚ?
Nǐ zhēnde yì ge yuè dōu bù hējiǔ ma?

B: 嗯，我是認真的。一定要瘦下來。

ㄣˋ，ㄨㄛˇ ㄕˋ ㄖㄣˋ ㄓㄣ ˙ㄉㄜ。ㄧˊ ㄉㄧㄥˋ ㄧㄠˋ ㄕㄡˋ ㄒㄧㄚˋ ㄌㄞˊ。
Èn, wǒ shì rèn zhēnde. Yídìng yào shòu xiàlái.

A: 本当に１か月間お酒を飲まないの？
B: うん，僕は本気だよ。必ず痩せる。

【瘦下來】痩せる。

□254 我們在說正經事。

いま真剣な話をしています。

ㄨㄛˇ ˙ㄇㄣ ㄗㄞˋ ㄕㄨㄛ ㄓㄥˋ ㄐㄧㄥ ㄕˋ。
Wǒmen zài shuō zhèngjīng shì.

A: 你們在說什麼？

ㄋㄧˇ ˙ㄇㄣ ㄗㄞˋ ㄕㄨㄛ ㄕㄣˊ ˙ㄇㄜ?
Nǐmen zài shuō shénme?

B: 我們在說正經事。

ㄨㄛˇ ˙ㄇㄣ ㄗㄞˋ ㄕㄨㄛ ㄓㄥˋ ㄐㄧㄥ ㄕˋ。
Wǒmen zài shuō zhèngjīng shì.

A: 何を話していますか。
B: いま真剣な話をしています。

【正經事】真剣な話。

□255 別開玩笑了。

ふざけないで。

ㄅㄧㄝˊ ㄎㄞ ㄨㄢˊ ㄒㄧㄠˋ ˙ㄌㄜ。
Bié kāi wánxiào le.

A: 我以為你借他 100 萬。

ㄨㄛˇ ㄧˇ ㄨㄟˊ ㄋㄧˇ ㄐㄧㄝˋ ㄊㄚ ㄧˊ ㄅㄞˇ ㄨㄢˋ。
Wǒ yǐwéi nǐ jiè tā yìbǎi wàn.

B: 別開玩笑了。我怎麼可能做那種事。

ㄅㄧㄝˊ ㄎㄞ ㄨㄢˊ ㄒㄧㄠˋ ˙ㄌㄜ。ㄨㄛˇ ㄗㄣˇ ˙ㄇㄜ ㄎㄜˇ ㄋㄥˊ ㄗㄨㄛˋ ㄋㄚˋ ㄓㄨㄥˇ ㄕˋ。
Bié kāi wánxiào le. Wǒ zěnme kěnéng zuò nà zhǒng shì.

A: あなたは彼に 100 万貸すのかと思った。
B: ふざけないで。私がどうしてそんなことできるっていうの？

【開玩笑】冗談を言う。

□256
我是說真的！
本当のことを言っているの！

ㄨㄛˇ ㄕˋ ㄕㄨㄛ ㄓㄣ ˙ㄉㄜ!
Wǒ shì shuō zhēnde!

A: **我不相信你中樂透了。**
ㄨㄛˇ ㄅㄨˋ ㄒㄧㄤ ㄒㄧㄣˋ ㄋㄧˇ ㄓㄨㄥˋ ㄌㄜˋ ㄊㄡˋ ˙ㄌㄜ。
Wǒ bù xiāngxìn nǐ zhōnglètòu le.

B: **我是說真的！**
ㄨㄛˇ ㄕˋ ㄕㄨㄛ ㄓㄣ ˙ㄉㄜ!
Wǒ shì shuō zhēnde!

A: 君が宝くじに当たるなんて信じられない。
B: 本当のことを言っているの！

【樂透】宝くじ。

□257
我不是在開玩笑。
冗談を言っているのではありません。

ㄨㄛˇ ㄅㄨˊ ㄕˋ ㄗㄞˋ ㄎㄞ ㄨㄢˊ ㄒㄧㄠˋ。
Wǒ bú shì zài kāi wánxiào.

A: **你不是真的辭職了吧？**
ㄋㄧˇ ㄅㄨˊ ㄕˋ ㄓㄣ ˙ㄉㄜ ㄘˊ ㄓˊ ˙ㄌㄜ ˙ㄅㄚ?
Nǐ bú shì zhēnde cízhí le ba?

B: **我不是在開玩笑。我昨天已經辭職了。**
ㄨㄛˇ ㄅㄨˊ ㄕˋ ㄗㄞˋ ㄎㄞ ㄨㄢˊ ㄒㄧㄠˋ。ㄨㄛˇ ㄗㄨㄛˊ ㄊㄧㄢ ㄧˇ ㄐㄧㄥ ㄘˊ ㄓˊ ˙ㄌㄜ。
Wǒ bú shì zài kāi wánxiào. Wǒ zuótiān yǐjīng cízhí le.

A: 本当に仕事を辞めたのですか。
B: 冗談を言っているのではありません。昨日もう辞めました。

【已經】もう。すでに。

□258
請你嚴肅一點。
少し真剣になってください。

ㄑㄧㄥˇ ㄋㄧˇ ㄧㄢˊ ㄙㄨˋ ㄧˋ ㄉㄧㄢˇ。
Qǐng nǐ yánsù yìdiǎn.

A: **現在在開會，請你嚴肅一點。**
ㄒㄧㄢˋ ㄗㄞˋ ㄗㄞˋ ㄎㄞ ㄏㄨㄟˋ，ㄑㄧㄥˇ ㄋㄧˇ ㄧㄢˊ ㄙㄨˋ ㄧˋ ㄉㄧㄢˇ。
Xiànzài zài kāihuì, qǐng nǐ yánsù yìdiǎn.

B: **不好意思。**
ㄅㄨˋ ㄏㄠˇ ㄧˋ ㄙ。
Bù hǎoyìsi.

A: いま会議中なので，少し真剣になってください。
B: すみません。

【開會】会議。ミーティング。【嚴肅】まじめである。厳正である。

□**259**

🎧

我們分手吧。

私たち別れましょう。

ㄨㄛˇ ˙ㄇㄣ ㄈㄣ ㄕㄡˇ ˙ㄅㄚ。
Wǒmen fēnshǒu ba.

A: **這樣下去只是浪費時間，我們分手吧。**

ㄓㄜˋ ㄧㄤˋ ㄒㄧㄚˋ ㄑㄩˋ ㄓˇ ㄕˋ ㄌㄤˋ ㄈㄟˋ ㄕˊ ㄐㄧㄢ，ㄨㄛˇ ˙ㄇㄣ ㄈㄣ ㄕㄡˇ ˙ㄅㄚ。
Zhèyàng xiàqù zhǐshì làngfèi shíjiān, wǒmen fēnshǒu ba.

B: **我們冷靜後再談談吧。**

ㄨㄛˇ ˙ㄇㄣ ㄌㄥˇ ㄐㄧㄥˋ ㄏㄡˋ ㄗㄞˋ ㄊㄢˊ ㄊㄢˊ ˙ㄅㄚ。
Wǒmen lěngjìng hòu zài tántán ba.

A: このままじゃ時間の無駄だから，私たち別れましょう。
B: 落ち着いて話し合おうよ。

【分手】(恋人と) 別れる。

□**260**

🎧

算了，已經沒話說了。もういい，これ以上話すことはない。

ㄙㄨㄢˋ ˙ㄌㄜ，ㄧˇ ㄐㄧㄥ ㄇㄟˊ ㄏㄨㄚˋ ㄕㄨㄛ ˙ㄌㄜ。
Suàn le, yǐjīng méi huàshuō le.

A: **我到底做錯了什麼？**

ㄨㄛˇ ㄉㄠˋ ㄉㄧˇ ㄗㄨㄛˋ ㄘㄨㄛˋ ˙ㄌㄜ ㄕㄣˊ ˙ㄇㄜ?
Wǒ dàodǐ zuò cuò le shénme?

B: **算了，已經沒話說了。**

ㄙㄨㄢˋ ˙ㄌㄜ，ㄧˇ ㄐㄧㄥ ㄇㄟˊ ㄏㄨㄚˋ ㄕㄨㄛ ˙ㄌㄜ。
Suàn le, yǐjīng méi huàshuō le.

A: 僕はいったい何を間違ったの？
B: もういい，これ以上話すことはないわ。

【到底】いったい。

□**261**

🎧

我不要再跟你見面了。　あなたとはもう二度と会わない。

ㄨㄛˇ ㄅㄨˊ ㄧㄠˋ ㄗㄞˋ ㄍㄣ ㄋㄧˇ ㄐㄧㄢˋ ㄇㄧㄢˋ ˙ㄌㄜ。
Wǒ bú yào zài gēn nǐ jiànmiàn le.

A: **我不要再跟你見面了。**

ㄨㄛˇ ㄅㄨˊ ㄧㄠˋ ㄗㄞˋ ㄍㄣ ㄋㄧˇ ㄐㄧㄢˋ ㄇㄧㄢˋ ˙ㄌㄜ。
Wǒ bú yào zài gēn nǐ jiànmiàn le.

B: **我也是！**

ㄨㄛˇ ㄧㄝˇ ㄕˋ!
Wǒ yě shì!

A: あなたとはもう二度と会わない。
B: 僕もだ！

3-28. 強調する①

挨拶と社交

質問と応答

意思疎通

勧誘と申し出

依頼・勧告・要求

感情の表現

□262 **我再說一次。** もう一度言います。

ㄨㄛˇ ㄗㄞˋ ㄕㄨㄛ ㄧˊ ㄘˋ。
Wǒ zài shuō yícì.

A: **因為很重要，我再說一次。**
ㄧㄣ ㄨㄟˋ ㄏㄣˇ ㄓㄨㄥˋ ㄧㄠˋ, ㄨㄛˇ ㄗㄞˋ ㄕㄨㄛ ㄧˊ ㄘˋ。
Yīnwèi hěn zhòngyào, wǒ zài shuō yícì.

B: **好的，請說。**
ㄏㄠˇ ˙ㄉㄜ, ㄑㄧㄥˇ ㄕㄨㄛ。
Hǎo de, qǐng shuō.

A: とても重要なことなので，もう一度言います。
B: はい，おっしゃってください。

□263 **都聽清楚了嗎？** よく聞いてた？

ㄉㄡ ㄊㄧㄥ ㄑㄧㄥ ㄔㄨˇ ˙ㄌㄜ ˙ㄇㄚ?
Dōu tīng qīngchǔ le ma?

A: **剛剛說的話都聽清楚了嗎？**
ㄍㄤ ㄍㄤ ㄕㄨㄛ ˙ㄉㄜ ㄏㄨㄚˋ ㄉㄡ ㄊㄧㄥ ㄑㄧㄥ ㄔㄨˇ ˙ㄌㄜ ˙ㄇㄚ?
Gānggāng shuō de huà dōu tīng qīngchǔ le ma?

B: **可以再說一次嗎？**
ㄎㄜˇ ㄧˇ ㄗㄞˋ ㄕㄨㄛ ㄧˊ ㄘˋ ˙ㄇㄚ?
Kěyǐ zài shuō yícì ma?

A: さっき言ったことをよく聞いていましたか。
B: もう一回言っていただけますか。

【剛剛】さっき。先ほど。

□264 **因為～，所以…。** ～だからこそ，…だ。

ㄧㄣ ㄨㄟˋ ～, ㄙㄨㄛˇ ㄧˇ …。
Yīnwèi ~ suǒyǐ ….

A: **為什麼總是說一樣的事？**
ㄨㄟˋ ㄕㄣˊ ˙ㄇㄜ ㄗㄨㄥˇ ㄕˋ ㄕㄨㄛ ㄧˊ ㄧㄤˋ ˙ㄉㄜ ㄕˋ?
Wèi shénme zǒng shì shuō yíyàng de shì?

B: **因為擔心，所以才會重複說一樣的事。**
ㄧㄣ ㄨㄟˋ ㄉㄢ ㄒㄧㄣ, ㄙㄨㄛˇ ㄧˇ ㄘㄞˊ ㄏㄨㄟˋ ㄔㄨㄥˊ ㄈㄨˋ ㄕㄨㄛ ㄧˊ ㄧㄤˋ ˙ㄉㄜ ㄕˋ。
Yīnwèi dānxīn, suǒyǐ cái huì chóngfù shuō yíyàng de shì.

A: なんでいつも同じことばかり言うんだ？！
B: 心配だからこそ，同じことを繰り返し言ってるのよ。

【擔心】心配する。気にかける。【重複】繰り返す。

107

□**265**

你要讓我說幾次？

何回言わせるつもり？

ㄋㄧˇ ㄧㄠˋ ㄖㄤˋ ㄨㄛˇ ㄕㄨㄛ ㄐㄧˇ ㄘˋ？
Nǐ yào ràng wǒ shuō jǐ cì?

A: **爸，我今天晚上可以住朋友家嗎？**

ㄅㄚˋ，ㄨㄛˇ ㄐㄧㄣ ㄊㄧㄢ ㄨㄢˇ ㄕㄤˋ ㄎㄜˇ ㄧˇ ㄓㄨˋ ㄆㄥˊ ㄧㄡˇ ㄐㄧㄚ ㄇㄚ？
Bà, wǒ jīntiān wǎn shàng kěyǐ zhù péngyǒu jiā ma?

B: **你要讓我說幾次，不可以就是不可以。**

ㄋㄧˇ ㄧㄠˋ ㄖㄤˋ ㄨㄛˇ ㄕㄨㄛ ㄐㄧˇ ㄘˋ，ㄅㄨˋ ㄎㄜˇ ㄧˇ ㄐㄧㄡˋ ㄕˋ ㄅㄨˋ ㄎㄜˇ ㄧˇ。
Nǐ yào ràng wǒ shuō jǐ cì, bù kěyǐ jiù shì bù kěyǐ.

A: パパ、今晩は友達の家に泊まってもいい？
B: 何回言わせるつもりだ、ダメなものはダメだ。

【爸】パパ (呼びかけ)。

□**266**

重點是

ポイントは

ㄓㄨㄥˋ ㄉㄧㄢˇ ㄕˋ
Zhòngdiǎn shì

A: **我覺得這個主意不錯，但是重點是部長會不會同意？**

ㄨㄛˇ ㄐㄩㄝˊ ㄉㄜ ㄓㄜˋ ㄍㄜ ㄓㄨˇ ㄧˋ ㄅㄨˊ ㄘㄨㄛˋ，ㄉㄢˋ ㄕˋ ㄓㄨㄥˋ ㄉㄧㄢˇ ㄕˋ ㄅㄨˋ ㄓㄤˇ ㄏㄨㄟˋ ㄅㄨˊ ㄏㄨㄟˋ ㄊㄨㄥˊ ㄧˋ？
Wǒ juéde zhège zhǔyì búcuò, dànshì zhòngdiǎn shì bùzhǎng huì bú huì tóngyì?

B: **我去說服部長看看。**

ㄨㄛˇ ㄑㄩˋ ㄕㄨㄟˋ ㄈㄨˊ ㄅㄨˋ ㄓㄤˇ ㄎㄢˋ ㄎㄢ。
Wǒ qù shuìfú bùzhǎng kànkan.

A: いいアイデアだと思いますが、ポイントは部長が同意するかどうか…
B: 私が部長を説得してみます。

【說服】説得する。台湾華語の発音は、ㄕㄨㄛ ㄈㄨˊ[shuōfú]ではなくㄕㄨㄟˋ ㄈㄨˊ[shuìfú]。

□**267**

不相信就算了。

信じなくてもいいよ。

ㄅㄨˋ ㄒㄧㄤ ㄒㄧㄣˋ ㄐㄧㄡˋ ㄙㄨㄢˋ ㄌㄜ。
Bù xiāngxìn jiù suàn le.

A: **你總是騙我，這一次我不相信了。**

ㄋㄧˇ ㄗㄨㄥˇ ㄕˋ ㄆㄧㄢˋ ㄨㄛˇ，ㄓㄜˋ ㄧˊ ㄘˋ ㄨㄛˇ ㄅㄨˋ ㄒㄧㄤ ㄒㄧㄣˋ ㄌㄜ。
Nǐ zǒng shì piàn wǒ, zhè yícì wǒ bù xiāngxìn le.

B: **不相信就算了。**

ㄅㄨˋ ㄒㄧㄤ ㄒㄧㄣˋ ㄐㄧㄡˋ ㄙㄨㄢˋ ㄌㄜ。
Bù xiāngxìn jiù suàn le.

A: あなたはいつも私を騙すから、今回は信じない！
B: 信じなくてもいいよ。

【總是】いつも。

勧誘と申し出

☐ **268**

🎧

那開始吧！

ㄋㄚˋ ㄎㄞ ㄕˇ ˙ㄅㄚ！
Nà kāishǐ ba!

では，始めましょう！

A: **那開始吧！**
ㄋㄚˋ ㄎㄞ ㄕˇ ˙ㄅㄚ！
Nà kāishǐ ba!

B: **等一下，我還沒準備好。**
ㄉㄥˇ ㄧˊ ㄒㄧㄚˋ，ㄨㄛˇ ㄏㄞˊ ㄇㄟˊ ㄓㄨㄣˇ ㄅㄟˋ ㄏㄠˇ。
Děng yíxià, wǒ hái méi zhǔnbèi hǎo.

A: では始めましょう！
B: ちょっと待って，まだ準備ができていません。

【還沒＋〈動詞〉】まだ～していない。

☐ **269**

🎧

休息一下吧。

ㄒㄧㄡ ㄒㄧˊ ㄧˊ ㄒㄧㄚˋ ˙ㄅㄚ。
Xiūxí yíxià ba.

少し休みましょう。

A: **休息一下吧。**
ㄒㄧㄡ ㄒㄧˊ ㄧˊ ㄒㄧㄚˋ ˙ㄅㄚ。
Xiūxí yíxià ba.

B: **好。**
ㄏㄠˇ。
Hǎo.

A: 少し休みましょう。
B: ええ。

☐ **270**

🎧

就先到這裡吧。

ㄐㄧㄡˋ ㄒㄧㄢ ㄉㄠˋ ㄓㄜˋ ㄌㄧˇ ˙ㄅㄚ。
Jìu xiān dào zhèlǐ ba.

ここまでにしましょう。

A: **就先到這裡吧。**
ㄐㄧㄡˋ ㄒㄧㄢ ㄉㄠˋ ㄓㄜˋ ㄌㄧˇ ˙ㄅㄚ。
Jìu xiān dào zhèlǐ ba.

B: **好的，辛苦了。**
ㄏㄠˇ ˙ㄉㄜ，ㄒㄧㄣ ㄎㄨˇ ˙ㄌㄜ。
Hǎo de, xīnkǔ le.

A: ここまでにしましょう。
B: はい，お疲れ様でした。

□271

要不要～呢？

～しませんか。

ー幺ˋ ㄅㄨˊ ー幺ˋ ～ ˙ㄋㄜ?
Yào bú yào ～ ne?

A: **要不要跟我一起去買東西呢？**

ー幺ˋ ㄅㄨˊ ー幺ˋ ㄍㄣ ㄨㄛˇ ー ㄑーˇ ㄑㄩˋ ㄇㄞˇ ㄉㄨㄥ ˙Tー ˙ㄋㄜ?
Yào bú yào gēn wǒ yìqǐ qù mǎi dōngxi ne?

B: **我有事，下次吧。**

ㄨㄛˇ ーㄡˇ ㄕˋ, Tーㄚˋ ㄘˋ ˙ㄅㄚ.
Wǒ yǒu shì, xiàcì ba.

A: 一緒に買い物に行きませんか。
B: 用事があるので，また次回に。

【買東西】買い物をする。

□272

～，怎麼樣？

～はどうですか。

～, ㄗㄣˇ ˙ㄇㄜ ーㄤˋ ?
～, zěnmeyàng?

A: **今晚去唱 KTV，怎麼樣？**

ㄐーㄣ ㄨㄢˇ ㄑㄩˋ ㄔㄤˋ KTV, ㄗㄣˇ ˙ㄇㄜ ーㄤˋ?
Jīnwǎn qù chàng KTV, zěnmeyàng?

B: **好啊，也約小王吧！**

ㄏㄠˇ ㄚ, ーㄝˇ ㄩㄝ Tー幺ˇ ㄨㄤˊ ˙ㄅㄚ!
Hǎo a, yě yuē xiǎoWáng ba!

A: 今晩カラオケに行くのはどうですか。
B: いいですよ，王くんも誘いましょう！

【KTV】カラオケ。

□273

一起～吧！

一緒に～しましょう！

ー ㄑーˇ ～ ˙ㄅㄚ !
Yìqǐ ～ ba!

A: **下班後，一起去喝一杯吧！**

Tーㄚˋ ㄅㄢ ㄏㄡˋ, ー ㄑーˇ ㄑㄩˋ ㄏㄜ ー ㄅㄟ ˙ㄅㄚ!
Xiàbān hòu, yìqǐ qù hē yì bēi ba!

B: **不好意思，我今天開車。**

ㄅㄨˋ ㄏㄠˇ ー ˙ㄙ, ㄨㄛˇ ㄐーㄣ ㄊーㄢ ㄎㄞ ㄔㄜ.
Bù hǎoyìsi, wǒ jīntiān kāichē.

A: 仕事の後，一緒に一杯飲みに行きましょう！
B: すみません，今日は車なので。

【開車】車を運転する。

□ 274 明天有事嗎？

明日用事がありますか。

ㄇㄧㄥˊ ㄊㄧㄢ ㄧㄡˇ ㄕˋ ˙ㄇㄚ？
Míngtiān yǒu shì ma?

A: **並木小姐，明天有事嗎？**

ㄅㄧㄥˋ ㄇㄨˋ ㄒㄧㄠˇ ㄐㄧㄝˇ，ㄇㄧㄥˊ ㄊㄧㄢ ㄧㄡˇ ㄕˋ ˙ㄇㄚ？
Bìngmù xiǎojiě, míngtiān yǒu shì ma?

B: **我明天沒事。**

ㄨㄛˇ ㄇㄧㄥˊ ㄊㄧㄢ ㄇㄟˊ ㄕˋ。
Wǒ míngtiān méi shì.

A: 並木さん，明日用事ある？
B: 明日は用事はないよ。

□ 275 什麼時候有空？

いつ空いていますか。

ㄕㄣˊ ˙ㄇㄜ ㄕˊ ㄏㄡˋ ㄧㄡˇ ㄎㄨㄥ？
Shénme shíhòu yǒukōng?

A: **你最近好像很忙，什麼時候有空？**

ㄋㄧˇ ㄗㄨㄟˋ ㄐㄧㄣˋ ㄏㄠˇ ㄒㄧㄤˋ ㄏㄣˇ ㄇㄤˊ，ㄕㄣˊ ˙ㄇㄜ ㄕˊ ㄏㄡˋ ㄧㄡˇ ㄎㄨㄥ？
Nǐ zuìjìn hǎoxiàng hěn máng, shénme shíhòu yǒukōng?

B: **對啊。下個月的話，就有空了。**

ㄉㄨㄟˋ ˙ㄚ。ㄒㄧㄚˋ ˙ㄍㄜ ㄩㄝˋ ˙ㄉㄜ ㄏㄨㄚˋ，ㄐㄧㄡˋ ㄧㄡˇ ㄎㄨㄥ ˙ㄌㄜ。
Duì a. Xiàgeyuè de huà, jiù yǒukōng le.

A: 忙しそうですね，いつごろ空いていますか。
B: そうですね。来月だったら，空いています。

【有空】時間がある。暇だ。

□ 276 周末你有什麼安排？

週末は何か予定がありますか。

ㄓㄡ ㄇㄛˋ ㄋㄧˇ ㄧㄡˇ ㄕㄣˊ ˙ㄇㄜ ㄢ ㄆㄞˊ？
Zhōumò nǐ yǒu shénme ānpái?

A: **周末你有什麼安排？**

ㄓㄡ ㄇㄛˋ ㄋㄧˇ ㄧㄡˇ ㄕㄣˊ ˙ㄇㄜ ㄢ ㄆㄞˊ？
Zhōumò nǐ yǒu shénme ānpái?

B: **我要跟朋友去爬山。**

ㄨㄛˇ ㄧㄠˋ ㄍㄣ ㄆㄥˊ ㄧㄡˇ ㄑㄩˋ ㄆㄚˊ ㄕㄢ。
Wǒ yào gēn péngyǒu qù páshān.

A: 週末は何か予定がありますか。
B: 友達と山登りに行きます。

【爬山】山登りする。

□277 **我幫你吧。** お手伝いします。

ㄨㄛˇ ㄅㄤ ㄋㄧˇ ˙ㄅㄚ。
Wǒ bāng nǐ ba.

A: **我幫你吧。**
ㄨㄛˇ ㄅㄤ ㄋㄧˇ ˙ㄅㄚ。
Wǒ bāng nǐ ba.

B: **謝謝。**
ㄒㄧㄝˋ ˙ㄒㄧㄝ。
Xièxie.

> A: お手伝いします。
> B: ありがとう。

□278 **需要幫忙嗎？** 手伝いしましょうか。

ㄒㄩ ㄧㄠˋ ㄅㄤ ㄇㄤˊ ˙ㄇㄚ?
Xūyào bāngmáng ma?

A: **沒問題嗎？需要幫忙嗎？**
ㄇㄟˊ ㄨㄣˋ ㄊㄧˊ ˙ㄇㄚ? ㄒㄩ ㄧㄠˋ ㄅㄤ ㄇㄤˊ ˙ㄇㄚ?
Méi wèntí ma? Xūyào bāngmáng ma?

B: **可以幫我看一下資料嗎？**
ㄎㄜˇ ㄧˇ ㄅㄤ ㄨㄛˇ ㄎㄢˋ ㄧˊㄒㄧㄚˋ ㄗ ㄌㄧㄠˋ ˙ㄇㄚ?
Kěyǐ bāng wǒ kàn yíxià zīliào ma?

> A: 大丈夫ですか。お手伝いしましょうか。
> B: この資料をちょっと見てもらえますか。

□279 **我很願意幫你。** 喜んでお手伝いします。

ㄨㄛˇ ㄏㄣˇ ㄩㄢˋ ㄧˋ ㄅㄤ ㄋㄧˇ。
Wǒ hěn yuànyì bāng nǐ.

A: **我很願意幫你。**
ㄨㄛˇ ㄏㄣˇ ㄩㄢˋ ㄧˋ ㄅㄤ ㄋㄧˇ。
Wǒ hěn yuànyì bāng nǐ.

B: **真的嗎？謝謝你。**
ㄓㄣ ˙ㄉㄜ ˙ㄇㄚ? ㄒㄧㄝˋ ˙ㄒㄧㄝ ㄋㄧˇ。
Zhēnde ma? Xièxie nǐ.

> A: 喜んでお手伝いします。
> B: 本当ですか。ありがとうございます。

挨拶と社交

質問と応答

意思疎通

勧誘と申し出

依頼・勧告・要求

感情の表現

□280 我該怎麼幫呢？

どうすればいいですか。

ㄨㄛˇ ㄍㄞ ㄗㄣˇ ㄇㄜ ㄅㄤ ˙ㄋㄜ?
Wǒ gāi zěnme bāng ne?

A: 我該怎麼幫呢？
ㄨㄛˇ ㄍㄞ ㄗㄣˇ ㄇㄜ ㄅㄤ ˙ㄋㄜ?
Wǒ gāi zěnme bāng ne?

B: 你能幫我打電話給他嗎？
ㄋㄧˇ ㄋㄥˊ ㄅㄤ ㄨㄛˇ ㄉㄚˇ ㄉㄧㄢˋ ㄏㄨㄚˋ ㄍㄟˇ ㄊㄚ ˙ㄇㄚ?
Nǐ néng bāng wǒ dǎ diànhuà gěi tā ma?

A: どうすればいいですか。
B: 彼に電話してくれますか。

【該～】～すべきだ。

□281 我要做些什麼呢？

何をしましょうか。

ㄨㄛˇ ㄧㄠˋ ㄗㄨㄛˋ ㄒㄧㄝ ㄕㄣˊ ㄇㄜ ˙ㄋㄜ?
Wǒ yào zuò xiē shénme ne?

A: 我要做些什麼呢？
ㄨㄛˇ ㄧㄠˋ ㄗㄨㄛˋ ㄒㄧㄝ ㄕㄣˊ ㄇㄜ ˙ㄋㄜ?
Wǒ yào zuò xiē shénme ne?

B: 請把這個發給大家。
ㄑㄧㄥˇ ㄅㄚˇ ㄓㄜˋ ˙ㄍㄜ ㄈㄚ ㄍㄟˇ ㄉㄚˋ ㄐㄧㄚ.
Qǐng bǎ zhège fāgěi dàjiā.

A: 何をしましょうか。
B: これをみんなに配ってください。

【發】配る。

□282 有需要幫忙的地方？

何かお手伝いできることはありますか。

ㄧㄡˇ ㄒㄩ ㄧㄠˋ ㄅㄤ ㄇㄤˊ ˙ㄉㄜ ㄉㄧˋ ㄈㄤ ˙ㄇㄚ?
Yǒu xūyào bāngmáng de dìfāng ma?

A: 有需要幫忙的地方嗎？
ㄧㄡˇ ㄒㄩ ㄧㄠˋ ㄅㄤ ㄇㄤˊ ˙ㄉㄜ ㄉㄧˋ ㄈㄤ ˙ㄇㄚ?
Yǒu xūyào bāngmáng de dìfāng ma?

B: 可以幫我把洋蔥切一下嗎？
ㄎㄜˇ ㄧˇ ㄅㄤ ㄨㄛˇ ㄅㄚˇ ㄧㄤˊ ㄘㄨㄥ ㄑㄧㄝ ㄧˊ ㄒㄧㄚˋ ˙ㄇㄚ?
Kěyǐ bāng wǒ bǎ yángcōng qiē yíxià ma?

A: 何かお手伝いできることはありますか。
B: 玉ねぎを切ってくれますか。

【洋蔥】玉ねぎ。【切】切る。

□ 283

有幫得上忙的地方，請告訴我。 私にできることがあれば言ってください。

ㄧㄡˇ ㄅㄤ˙ㄉㄜ ㄕㄤˋ ㄇㄤˊ ˙ㄉㄜ ㄉㄧˋ ㄈㄤ，ㄑㄧㄥˇ ㄍㄠˋ ˙ㄙㄨ ㄨㄛˇ。
Yǒu bāngde shàng máng de dìfāng, qǐng gàosu wǒ.

A: **有幫得上忙的地方，請告訴我。**
ㄧㄡˇ ㄅㄤ˙ㄉㄜ ㄕㄤˋ ㄇㄤˊ ˙ㄉㄜ ㄉㄧˋ ㄈㄤ，ㄑㄧㄥˇ ㄍㄠˋ ˙ㄙㄨ ㄨㄛˇ。
Yǒu bāngde shàng máng de dìfāng, qǐng gàosu wǒ.

B: **好的，謝謝。**
ㄏㄠˇ ˙ㄉㄜ，ㄒㄧㄝˋ ˙ㄒㄧㄝ。
Hǎo de, xièxie.

A: 私にできることがあれば言ってください。
B: まあ、ありがとうございます。

【告訴】知らせる。言う。

□ 284

不要客氣，有事就問我。 遠慮なく何でも聞いてください。

ㄅㄨˊ ㄧㄠˋ ㄎㄜˋ ㄑㄧˋ，ㄧㄡˇ ㄕˋ ㄐㄧㄡˋ ㄨㄣˋ ㄨㄛˇ。
Bú yào kèqi, yǒu shì jiù wèn wǒ.

A: **不要客氣，有事就問我。**
ㄅㄨˊ ㄧㄠˋ ㄎㄜˋ ㄑㄧˋ，ㄧㄡˇ ㄕˋ ㄐㄧㄡˋ ㄨㄣˋ ㄨㄛˇ。
Bú yào kèqì, yǒu shì jiù wèn wǒ.

B: **謝謝你。**
ㄒㄧㄝˋ ˙ㄒㄧㄝ ㄋㄧˇ。
Xièxie nǐ.

A: 遠慮なく何でも聞いてください。
B: ありがとうございます。

□ 285

有事的話，隨時來找我。 何かあればいつでも言ってね。

ㄧㄡˇ ㄕˋ ˙ㄉㄜ ㄏㄨㄚˋ，ㄙㄨㄟˊ ㄕˊ ㄌㄞˊ ㄓㄠˇ ㄨㄛˇ。
Yǒu shì de huà, suíshí lái zhǎo wǒ.

A: **有事的話，隨時來找我。**
ㄧㄡˇ ㄕˋ ˙ㄉㄜ ㄏㄨㄚˋ，ㄙㄨㄟˊ ㄕˊ ㄌㄞˊ ㄓㄠˇ ㄨㄛˇ。
Yǒu shì de huà, suíshí lái zhǎo wǒ.

B: **我知道了。謝謝你的好意。**
ㄨㄛˇ ㄓ ㄉㄠˋ ˙ㄌㄜ。ㄒㄧㄝˋ ˙ㄒㄧㄝ ㄋㄧˇ ˙ㄉㄜ ㄏㄠˇ ㄧˋ。
Wǒ zhīdào le. Xièxie nǐ de hǎoyì.

A: 何かあったら、いつでも言ってね。
B: わかりました。ご親切にありがとうございます。

【隨時】いつでも。

☐286

請交給我吧。
私に任せてください。

くーˇム ㄐ一ㄠ 《ㄟ ㄨㄛˇ ˙ㄅㄚ。
Qǐng jiāogěi wǒ ba.

A: **你會修電腦嗎？**
ㄋㄧˇ ㄏㄨㄟˋ ㄒㄧㄡ ㄉㄧㄢˋㄋㄠˇ ˙ㄇㄚ?
Nǐ huì xiū diànnǎo ma?

B: **請交給我吧。**
くーˇム ㄐ一ㄠ 《ㄟ ㄨㄛˇ ˙ㄅㄚ。
Qǐng jiāogěi wǒ ba.

A: あなたはパソコンの修理ができますか。
B: 私に任せてください。

【修】修理する。【電腦】パソコン。

☐287

我來吧。
私がやる。

ㄨㄛˇ ㄌㄞˊ ˙ㄅㄚ。
Wǒ lái ba.

A: **今天誰洗碗？**
ㄐㄧㄣ ㄊㄧㄢ ㄕㄟˊ ㄒㄧˇ ㄨㄢˇ?
Jīntiān shéi xǐwǎn?

B: **我來吧。**
ㄨㄛˇ ㄌㄞˊ ˙ㄅㄚ。
Wǒ lái ba.

A: 今日は誰が食器洗いをするの？
B: 僕がやるよ。

【洗碗】食器洗いをする。

☐288

請讓我～吧。
私に～させてください。

くーˇム ㄖㄤˋ ㄨㄛˇ～˙ㄅㄚ。
Qǐng ràng wǒ～ba.

A: **誰可以幫我翻譯。**
ㄕㄟˊ ㄎㄜˇㄧˇ ㄅㄤ ㄨㄛˇ ㄈㄢ ㄧˋ。
Shéi kěyǐ bāng wǒ fānyì.

B: **我可以，請讓我翻譯吧。**
ㄨㄛˇ ㄎㄜˇㄧˇ，くーˇム ㄖㄤˋ ㄨㄛˇ ㄈㄢ ㄧˋ ˙ㄅㄚ。
Wǒ kěyǐ, qǐng ràng wǒ fānyì ba.

A: 誰か翻訳してもらえますか。
B: できます，翻訳させてください。

【翻譯】翻訳する。

□289 **這是我的榮幸。**　　　　　　　　　　光栄です。

ㄓㄜˋ ㄕˋ ㄨㄛˇ ˙ㄉㄜ ㄖㄨㄥˊ ㄒㄧㄥˋ。
Zhè shì wǒ de róngxìng.

A: **下個月有我的生日派對，你來嗎？**
ㄒㄧㄚˋ ㄍㄜˋ ㄩㄝˋ ㄧㄡˇ ㄨㄛˇ ˙ㄉㄜ ㄕㄥ ㄖˋ ㄆㄞˋ ㄉㄨㄟˋ，ㄋㄧˇ ㄌㄞˊ ㄇㄚ？
Xiàgeyuè yǒu wǒ de shēngrì pàiduì, nǐ lái ma?

B: **當然！　這是我的榮幸。**
ㄉㄤ ㄖㄢˊ！ ㄓㄜˋ ㄕˋ ㄨㄛˇ ˙ㄉㄜ ㄖㄨㄥˊ ㄒㄧㄥˋ。
Dāngrán! Zhè shì wǒ de róngxìng.

A: 来月私の誕生日パーティーがありますが，来ますか。
B: もちろん！　光栄です。

【生日派對】誕生日パーティ。【當然】当然。もちろん。

□290 **我很樂意。**　　　　　　　　　　　　喜んで。

ㄨㄛˇ ㄏㄣˇ ㄌㄜˋ ㄧˋ。
Wǒ hěn lèyì.

A: **有義工的工作，你想參加嗎？**
ㄧㄡˇ ㄧˋ ㄍㄨㄥ ˙ㄉㄜ ㄍㄨㄥ ㄗㄨㄛˋ，ㄋㄧˇ ㄒㄧㄤˇ ㄘㄢ ㄐㄧㄚ ㄇㄚ？
Yǒu yì gōng de gōngzuò, nǐ xiǎng cānjiā ma?

B: **我很樂意。**
ㄨㄛˇ ㄏㄣˇ ㄌㄜˋ ㄧˋ。
Wǒ hěn lèyì.

A: ボランティアの仕事があるのですが，参加したいですか。
B: 喜んで。

【義工】ボランティア。【樂意】喜んで～する。

□291 **一定，一定。**　　　　　　　　　　　ぜひ，ぜひ。

ㄧˊ ㄉㄧㄥˋ，ㄧˊ ㄉㄧㄥˋ。
Yídìng, yídìng.

A: **下次再來玩喔。**
ㄒㄧㄚˋ ㄘˋ ㄗㄞˋ ㄌㄞˊ ㄨㄢˊ ㄛ。
Xiàcì zài lái wán ō.

B: **一定，一定。**
ㄧˊ ㄉㄧㄥˋ，ㄧˊ ㄉㄧㄥˋ。
Yídìng, yídìng.

A: 今度また遊びにきてね。
B: ぜひ，ぜひ。

【一定】ぜひ。必ず。きっと。

挨拶と社交

質問と応答

意思疎通

勧誘と申し出

依頼・勧告・要求

感情の表現

□**292**

🎧

好啊。

いいですよ。

ㄏㄠˇ ˙ㄚ。

Hǎo a.

A: **我明天想去東京鐵塔，你能陪我嗎？**

ㄨㄛˇ ㄇㄧㄥˊ ㄊㄧㄢ ㄒㄧㄤˇ ㄑㄩˋ ㄉㄨㄥ ㄐㄧㄥ ㄊㄧㄝˇ ㄊㄚˇ，ㄋㄧˇ ㄋㄥˊ ㄆㄟˊ ㄨㄛˇ ㄇㄚ？

Wǒ míngtiān xiǎng qù Dōngjīng tiětǎ, nǐ néng péi wǒ ma?

B: **好啊。**

ㄏㄠˇ ˙ㄚ。

Hǎo a.

A: 明日は東京タワーに行きたいんだけど，付き合ってくれる？
B: いいよ。

【東京鐵塔】東京タワー。

□**293**

🎧

那就這樣吧！

そうしましょう。

ㄋㄚˋ ㄐㄧㄡˋ ㄓㄜˋ ㄧㄤˋ ˙ㄅㄚ！

Nà jiù zhèyàng ba!

A: **一起買的話比較便宜，你覺得怎麼樣。**

ㄧˋ ㄑㄧˇ ㄇㄞˇ ˙ㄉㄜ ㄏㄨㄚˋ ㄅㄧˇ ㄐㄧㄠˋ ㄆㄧㄢˊ ㄧˊ，ㄋㄧˇ ㄐㄩㄝˊ ˙ㄉㄜ ㄗㄣˇ ˙ㄇㄜ ㄧㄤˋ。

Yìqǐ mǎi de huà bǐjiào piányí, nǐ juéde zěnmeyàng.

B: **好，那就這樣吧！**

ㄏㄠˇ，ㄋㄚˋ ㄐㄧㄡˋ ㄓㄜˋ ㄧㄤˋ ˙ㄅㄚ！

Hǎo, nà jiù zhèyàng ba!

A: 一緒に買ったほうが安いけど，どう思う？
B: いいね，じゃあそうしましょう！

【便宜】安い。

□**294**

🎧

太好了！

やった！

ㄊㄞˋ ㄏㄠˇ ˙ㄌㄜ！

Tài hǎo le!

A: **有兩張免費的演唱會門票，要不要一起去看？**

ㄧㄡˇ ㄌㄧㄤˇ ㄓㄤ ㄇㄧㄢˇ ㄈㄟˋ ˙ㄉㄜ ㄧㄢˇ ㄔㄤˋ ㄏㄨㄟˋ ㄇㄣˊ ㄆㄧㄠˋ，ㄧㄠˋ ㄅㄨˊ ㄧㄠˋ ㄧˋ ㄑㄧˇ ㄑㄩˋ ㄎㄢˋ？

Yǒu liǎng zhāng miǎnfèi de yǎnchànghuì ménpiào, yào bú yào yìqǐ qù kàn?

B: **太好了！ 我要去！**

ㄊㄞˋ ㄏㄠˇ ˙ㄌㄜ！ ㄨㄛˇ ㄧㄠˋ ㄑㄩˋ！

Tài hǎo le! Wǒ yào qù!

A: 無料のコンサートチケットがあるんだけど，一緒に観に行かない？
B: やった！行く！

【免費】無料。【演唱會】コンサート。

挨拶と社交

□ **295**

如果不麻煩的話，就拜託你了。面倒でなければお願いします。

ㄖㄨˊ ㄍㄨㄛˇ ㄅㄨˋ ㄇㄚˊ ㄈㄢˊ ˙ㄉㄜ ㄏㄨㄚˋ，ㄐㄧㄡˋ ㄅㄞˋ ㄊㄨㄛ ㄋㄧˇ ˙ㄌㄜ。

Rúguǒ bù máfan de huà, jiù bàituō nǐ le.

A: 我要去買飲料，你的份也幫你買吧？

ㄨㄛˇ ㄧㄠˋ ㄑㄩˋ ㄇㄞˇ ㄧㄣˇ ㄌㄧㄠˋ，ㄋㄧˇ ˙ㄉㄜ ㄈㄣˋ ㄧㄝˇ ㄅㄤ ㄋㄧˇ ㄇㄞˇ ˙ㄅㄚ？

Wǒ yào qù mǎi yǐnliào, nǐ de fèn yě bāng nǐ mǎi ba?

B: 如果不麻煩的話，就拜託你了。

ㄖㄨˊ ㄍㄨㄛˇ ㄅㄨˋ ㄇㄚˊ ㄈㄢˊ ˙ㄉㄜ ㄏㄨㄚˋ，ㄐㄧㄡˋ ㄅㄞˋ ㄊㄨㄛ ㄋㄧˇ ˙ㄌㄜ。

Rúguǒ bù máfan de huà, jiù bàituō nǐ le.

A: 飲み物を買いに行くけど，あなたの分も買ってきましょうか。
B: 面倒でなければお願いします。

【麻煩】煩わしい。面倒だ。【拜託】お願いする。

質問と応答

□ **296**

謝謝你的好意。 どうもご親切に。

ㄒㄧㄝˋ ㄒㄧㄝ ㄋㄧˇ ˙ㄉㄜ ㄏㄠˇ ㄧˋ。

Xièxie nǐ de hǎoyì.

A: 我幫你拿吧？

ㄨㄛˇ ㄅㄤ ㄋㄧˇ ㄋㄚˊ ˙ㄅㄚ？

Wǒ bāng nǐ ná ba?

B: 謝謝你的好意。

ㄒㄧㄝˋ ㄒㄧㄝ ㄋㄧˇ ˙ㄉㄜ ㄏㄠˇ ㄧˋ。

Xièxie nǐ de hǎoyì.

A: お持ちしましょうか。
B: どうもご親切に。

意思疎通

勧誘と申し出

□ **297**

麻煩你了。 お手数おかけします。

ㄇㄚˊ ㄈㄢˊ ㄋㄧˇ ˙ㄌㄜ。

Máfan nǐ le.

A: 我明天用快遞寄給你。

ㄨㄛˇ ㄇㄧㄥˊ ㄊㄧㄢ ㄩㄥˋ ㄎㄨㄞˋ ㄉㄧˋ ㄐㄧˋ ㄍㄟˇ ㄋㄧˇ。

Wǒ míngtiān yòng kuàidì jì gěi nǐ.

B: 麻煩你了。

ㄇㄚˊ ㄈㄢˊ ㄋㄧˇ ˙ㄌㄜ。

Máfan nǐ le.

A: 明日，速達で送りますよ。
B: お手数おかけします。

依頼・勧告・要求

感情の表現

【快遞】速達。

☐ **298**

🎧 **沒關係，我自己來就好了。** 大丈夫，自分でやります。

ㄇㄟˊ ㄍㄨㄢ ㄒㄧˋ，ㄨㄛˇ ㄗˋ ㄐㄧˇ ㄌㄞˊ ㄐㄧㄡˋ ㄏㄠˇ ㄌㄜ。
Méi guānxì, wǒ zìjǐ lái jiù hǎo le.

A: **我幫你吧。**
ㄨㄛˇ ㄅㄤ ㄋㄧˇ ㄅㄚ。
Wǒ bāng nǐ ba.

B: **沒關係，我自己來就好了。**
ㄇㄟˊ ㄍㄨㄢ ㄒㄧˋ，ㄨㄛˇ ㄗˋ ㄐㄧˇ ㄌㄞˊ ㄐㄧㄡˋ ㄏㄠˇ ㄌㄜ。
Méi guānxì, wǒ zìjǐ lái jiù hǎo le.

A: 手伝いましょうか。
B: 大丈夫，自分でやります。

☐ **299**

🎧 **不用了，謝謝你的好意。** けっこうです，ご好意ありがとうございます。

ㄅㄨˊ ㄩㄥˋ ㄌㄜ，ㄒㄧㄝˋ ㄒㄧㄝ ㄋㄧˇ ㄉㄜ ㄏㄠˇ ㄧˋ。
Bú yòng le, xièxie nǐ de hǎoyì.

A: **我送你回家吧？**
ㄨㄛˇ ㄙㄨㄥˋ ㄋㄧˇ ㄏㄨㄟˊ ㄐㄧㄚ ㄅㄚ？
Wǒ sòng nǐ huíjiā ba?

B: **不用了，謝謝你的好意。**
ㄅㄨˊ ㄩㄥˋ ㄌㄜ，ㄒㄧㄝˋ ㄒㄧㄝ ㄋㄧˇ ㄉㄜ ㄏㄠˇ ㄧˋ。
Bú yòng le, xièxie nǐ de hǎoyì.

A: 家まで送りましょうか。
B: けっこうです，ご好意ありがとうございます。

☐ **300**

🎧 **很感謝您這麼說，但是～。** そう言っていただきありがたいのですが，～。

ㄏㄣˇ ㄍㄢˇ ㄒㄧㄝˋ ㄋㄧˇ ㄓㄜˋ ㄇㄜ ㄕㄨㄛ，ㄉㄢˋ ㄕˋ～。
Hěn gǎnxiè nǐ zhème shuō, dànshì ~ .

A: **要不要我借給你錢？**
ㄧㄠˋ ㄅㄨˊ ㄧㄠˋ ㄨㄛˇ ㄐㄧㄝˋ ㄍㄟˇ ㄋㄧˇ ㄑㄧㄢˊ？
Yào bú yào wǒ jiè gěi nǐ qián?

B: **很感謝你這麼說，但是我自己會想辦法。**
ㄏㄣˇ ㄍㄢˇ ㄒㄧㄝˋ ㄋㄧˇ ㄓㄜˋ ㄇㄜ ㄕㄨㄛ，ㄉㄢˋ ㄕˋ ㄨㄛˇ ㄗˋ ㄐㄧˇ ㄏㄨㄟˋ ㄒㄧㄤˇ ㄅㄢˋ ㄈㄚˇ。
Hěn gǎnxiè nǐ zhème shuō, dànshì wǒ zìjǐ huì xiǎng bànfǎ.

A: お金を貸しましょうか。
B: そう言っていただいてありがたいのですが，自分で何とかします。

【辦法】方法。

301 沒關係。
かまいません。

ㄇㄟˊ ㄍㄨㄢ ㄒㄧˋ。
Méi guānxì.

A: **紅色的賣完了，只有黑色的。**
ㄏㄨㄥˊ ㄙㄜˋ ˙ㄉㄜ ㄇㄞˋ ㄨㄢˊ ˙ㄌㄜ, ㄓˇ ㄧㄡˇ ㄏㄟ ㄙㄜˋ ˙ㄉㄜ。
Hóngsè de mài wán le, zhǐyǒu hēisè de.

B: **沒關係。**
ㄇㄟˊ ㄍㄨㄢ ㄒㄧˋ。
Méi guānxì.

A: 赤色は売り切れてしまい，黒色しかないのですが。
B: かまいません。

【賣完】売り切れる。【只有】〜しかない。

302 沒問題。
大丈夫です。

ㄇㄟˊ ㄨㄣˋ ㄊㄧˊ。
Méi wèntí.

A: **不好意思，已經客滿了。下午怎麼樣？**
ㄅㄨˋ ㄏㄠˇ ㄧˋ ㄙ, ㄧˇ ㄐㄧㄥ ㄎㄜˋ ㄇㄢˇ ˙ㄌㄜ。ㄒㄧㄚˋ ㄨˇ ㄗㄣˇ ˙ㄇㄜ ㄧㄤˋ?
Bù hǎoyìsi, yǐjīng kè mǎn le. Xiàwǔ zěnmeyàng?

B: **沒問題。**
ㄇㄟˊ ㄨㄣˋ ㄊㄧˊ。
Méi wèntí.

A: すみません，すでに満席です。午後はいかがですか。
B: 大丈夫です。

【客滿】満席だ。【下午】午後。

303 都可以。
どちらでもいいです。

ㄉㄡ ㄎㄜˇ ㄧˇ。
Dōu kěyǐ.

A: **這家餐廳看起來很貴，我們去其他的吧！**
ㄓㄜˋ ㄐㄧㄚ ㄘㄢ ㄊㄧㄥ ㄎㄢˋ ㄑㄧˇ ㄌㄞˊ ㄏㄣˇ ㄍㄨㄟˋ, ㄨㄛˇ ˙ㄇㄣ ㄑㄩˋ ㄑㄧˊ ㄊㄚ ˙ㄉㄜ ˙ㄅㄚ!
Zhè jiā cāntīng kànqǐlái hěn guì, wǒmen qù qítā de ba!

B: **都可以。**
ㄉㄡ ㄎㄜˇ ㄧˇ。
Dōu kěyǐ.

A: このレストランは高そうなので，ほかの店に行きましょう！
B: どちらでもいいです。

【餐廳】レストラン。【其他的〜】ほかの〜。

□ 304

下次吧。 また今度ね。

ㄒㄧㄚˋ ㄘˋ ㄅㄚ˙。
Xiàcì ba.

A: **等一下去吃飯吧。**
ㄉㄥˇ ㄧˊ ㄒㄧㄚˋ ㄑㄩˋ ㄔ ㄈㄢˋ ㄅㄚ˙。
Děng yíxià qù chīfàn ba.

B: **我已經吃過了，下次吧。**
ㄨㄛˇ ㄧˇ ㄐㄧㄥ ㄔ ㄍㄨㄛˋ ㄌㄜ˙, ㄒㄧㄚˋ ㄘˋ ㄅㄚ˙。
Wǒ yǐjīng chī guò le, xiàcì ba.

A: この後ご飯を食べに行きましょう。
B: もう食べたから、また今度ね。

【〈動詞〉＋過了】～し終わる（動作の完了）。

□ 305

改天吧。 また今度ね。

ㄍㄞˇ ㄊㄧㄢ ㄅㄚ˙。
Gǎitiān ba.

A: **要不要去喝一杯？**
ㄧㄠˋ ㄅㄨˊ ㄧㄠˋ ㄑㄩˋ ㄏㄜ ㄧˋ ㄅㄟ?
Yào bú yào qù hē yì bēi?

B: **我不太舒服，改天吧。**
ㄨㄛˇ ㄅㄨˊ ㄊㄞˋ ㄕㄨ ㄈㄨˊ, ㄍㄞˇ ㄊㄧㄢ ㄅㄚ˙。
Wǒ bú tài shūfú, gǎitiān ba.

A: 飲みに行きませんか。
B: ちょっと体調が悪いので、また今度ね。

【不太～】あまり～ない。【舒服】体調がよい。快適である。【改天】日を改める。

□ 306

下次再約我吧。 また今度誘ってください。

ㄒㄧㄚˋ ㄘˋ ㄗㄞˋ ㄩㄝ ㄨㄛˇ ㄅㄚ˙。
Xiàcì zài yuē wǒ ba.

A: **太晚了，下次再約我吧。**
ㄊㄞˋ ㄨㄢˇ ㄌㄜ˙, ㄒㄧㄚˋ ㄘˋ ㄗㄞˋ ㄩㄝ ㄨㄛˇ ㄅㄚ˙。
Tài wǎn le, xiàcì zài yuē wǒ ba.

B: **好！**
ㄏㄠˇ!
Hǎo!

A: もう遅いから、また今度誘ってください。
B: いいよ！

【約】誘う。

□307

我有安排了。

予定が入っています。

ㄨㄛˇ ㄧㄡˇ ㄢ ㄆㄞˊ ˙ㄌㄜ。
Wǒ yǒu ānpái le.

A: **這個周末你能來我家嗎？**
ㄓㄜˋ ˙ㄍㄜ ㄓㄡ ㄇㄛˋ ㄋㄧˇ ㄋㄥˊ ㄌㄞˊ ㄨㄛˇ ㄐㄧㄚ ˙ㄇㄚ？
Zhège zhōumò nǐ néng lái wǒ jiā ma?

B: **不好意思，我有安排了。**
ㄅㄨˋ ㄏㄠˇ ㄧˋ ˙ㄙ，ㄨㄛˇ ㄧㄡˇ ㄢ ㄆㄞˊ ˙ㄌㄜ。
Bù hǎoyìsi, wǒ yǒu ānpái le.

A: 今週末は私の家に来られますか。
B: すみません，予定が入っています。

□308

我有約了。

先約があります。

ㄨㄛˇ ㄧㄡˇ ㄩㄝ ˙ㄌㄜ。
Wǒ yǒu yuē le.

A: **後天晚上去吃烤肉，怎麼樣？**
ㄏㄡˋ ㄊㄧㄢ ㄨㄢˇ ˙ㄕㄤ ㄑㄩˋ ㄔ ㄎㄠˇ ㄖㄡˋ，ㄗㄣˇ ˙ㄇㄜ ㄧㄤˋ？
Hòutiān wǎnshang qù chī kǎoròu, zěnmeyàng?

B: **那天我有約了。**
ㄋㄚˋ ㄊㄧㄢ ㄨㄛˇ ㄧㄡˇ ㄩㄝ ˙ㄌㄜ。
Nàtiān wǒ yǒu yuē le.

A: 明後日の夜に焼肉を食べに行くのはどうですか。
B: その日は先約があるのですが。

【後天】明後日。【烤肉】焼肉。BBQ。

□309

我有點事。

用事があって。

ㄨㄛˇ ㄧㄡˇ ㄉㄧㄢˇ ㄕˋ。
Wǒ yǒu diǎn shì.

A: **下個禮拜三，要不要一起去健身房。**
ㄒㄧㄚˋ ˙ㄍㄜ ㄌㄧˇ ㄅㄞˋ ㄙㄢ，ㄧㄠˋ ㄅㄨˊ ㄧㄠˋ ㄧˋ ㄑㄧˇ ㄑㄩˋ ㄐㄧㄢˋ ㄕㄣ ㄈㄤˊ。
Xià ge lǐbàisān, yào bú yào yìqǐ qù jiànshēnfáng.

B: **很抱歉，那天我有點事。**
ㄏㄣˇ ㄅㄠˋ ㄑㄧㄢˋ，ㄋㄚˋ ㄊㄧㄢ ㄨㄛˇ ㄧㄡˇ ㄉㄧㄢˇ ㄕˋ。
Hěn bàoqiàn, nàtiān wǒ yǒu diǎn shì.

A: 来週の水曜日に一緒にジムに行かないの？
B: ごめん，その日はちょっと用事があって。

【健身房】トレーニングジム。【抱歉】申し訳なく思う。

挨拶と社交

質問と応答

意思疎通

勧誘と申し出

依頼・勧告・要求

感情の表現

□310
🎧

我有急事。

急用ができました。

ㄨㄛˇ ㄧㄡˇ ㄐㄧˊ ㄕˋ。
Wǒ yǒu jíshì.

A: **我有急事。我不能過去了。**

ㄨㄛˇ ㄧㄡˇ ㄐㄧˊ ㄕˋ。ㄨㄛˇ ㄅㄨˋ ㄋㄥˊ ㄍㄨㄛˋ ㄑㄩˋ ㄌㄜ。
Wǒ yǒu jíshì. Wǒ bù néng guòqù le.

B: **那下次吧。**

ㄋㄚˋ ㄒㄧㄚˋ ㄘˋ ㄅㄚ。
Nà xiàcì ba.

A: 急用ができまして。行けなくなりました。
B: ではまた今度。

【急事】急用。

□311
🎧

家裡有一點事。

家でちょっと用事があって。

ㄐㄧㄚ ㄌㄧ ㄧㄡˇ ㄧˋ ㄉㄧㄢˇ ㄕˋ。
Jiāli yǒu yìdiǎn shì.

A: **家裡有一點事，先走了。**

ㄐㄧㄚ ㄌㄧ ㄧㄡˇ ㄧˋ ㄉㄧㄢˇ ㄕˋ，ㄒㄧㄢ ㄗㄡˇ ㄌㄜ。
Jiāli yǒu yìdiǎn shì, xiān zǒu le.

B: **知道了。你路上小心。**

ㄓ ㄉㄠˋ ㄌㄜ。ㄋㄧˇ ㄌㄨˋ ㄕㄤˋ ㄒㄧㄠˇ ㄒㄧㄣ。
Zhīdào le. Nǐ lùshàng xiǎoxīn.

A: 家でちょっと用事がありまして、お先に失礼します。
B: わかりました。道中気をつけてください。

【小心】気をつける。

□312
🎧

我有很多事。

用事がたくさんあって。

ㄨㄛˇ ㄧㄡˇ ㄏㄣˇ ㄉㄨㄛ ㄕˋ。
Wǒ yǒu hěn duō shì.

A: **我有很多事，改天說吧。**

ㄨㄛˇ ㄧㄡˇ ㄏㄣˇ ㄉㄨㄛ ㄕˋ，ㄍㄞˇ ㄊㄧㄢ ㄕㄨㄛ ㄅㄚ。
Wǒ yǒu hěn duō shì, gǎitiān shuō ba.

B: **好的，我知道了。**

ㄏㄠˇ ㄉㄜ，ㄨㄛˇ ㄓ ㄉㄠˋ ㄌㄜ。
Hǎo de, wǒ zhīdào le.

A: いまは用事がたくさんあって、後日に話しましょう。
B: はい、わかりました。

【改天】日を改める。

□313 **我最近很忙。** 最近は忙しいです。

ㄨㄛˇ ㄗㄨㄟˋ ㄐㄧㄣˋ ㄏㄣˇ ㄇㄤˊ。
Wǒ zuìjìn hěn máng.

A: **什麼時候可以去你家玩。**
ㄕㄣˊ ㄇㄜ ㄕˊ ㄏㄡˋ ㄎㄜˇ ㄧˇ ㄑㄩˋ ㄋㄧˇ ㄐㄧㄚ ㄨㄢˊ。
Shénme shíhòu kěyǐ qù nǐ jiā wán.

B: **不好意思，我最近很忙。**
ㄅㄨˋ ㄏㄠˇ ㄧˋ ㄙ，ㄨㄛˇ ㄗㄨㄟˋ ㄐㄧㄣˋ ㄏㄣˇ ㄇㄤˊ。
Bù hǎoyìsi, wǒ zuìjìn hěn máng.

A: いつごろ家に遊びに行ってもいいですか。
B: すみません，最近忙しくて。

【什麼時候】いつ。

□314 **行程滿了。** スケジュールは埋まっています。

ㄒㄧㄥˊ ㄔㄥˊ ㄇㄢˇ ㄌㄜ。
Xíngchéng mǎn le.

A: **明天你方便嗎？**
ㄇㄧㄥˊ ㄊㄧㄢ ㄋㄧˇ ㄈㄤ ㄅㄧㄢˋ ㄇㄚ？
Míngtiān nǐ fāngbiàn ma?

B: **抱歉，我明天行程滿了。**
ㄅㄠˋ ㄑㄧㄢˋ，ㄨㄛˇ ㄇㄧㄥˊ ㄊㄧㄢ ㄒㄧㄥˊ ㄔㄥˊ ㄇㄢˇ ㄌㄜ。
Bàoqiàn, wǒ míngtiān xíngchéng mǎn le.

A: 明日の都合はいかがですか。
B: ごめんなさい，明日のスケジュールは埋まっています。

【行程】スケジュール。【滿】いっぱいだ。

□315 **我現在忙不過來。** いま手が回らない。

ㄨㄛˇ ㄒㄧㄢˋ ㄗㄞˋ ㄇㄤˊ ㄅㄨˋ ㄍㄨㄛˋ ㄌㄞˊ。
Wǒ xiànzài máng búguòlái.

A: **你可以幫我一下嗎？**
ㄋㄧˇ ㄎㄜˇ ㄧˇ ㄅㄤ ㄨㄛˇ ㄧˊ ㄒㄧㄚˋ ㄇㄚ？
Nǐ kěyǐ bāng wǒ yíxià ma?

B: **我現在忙不過來。**
ㄨㄛˇ ㄒㄧㄢˋ ㄗㄞˋ ㄇㄤˊ ㄅㄨˋ ㄍㄨㄛˋ ㄌㄞˊ。
Wǒ xiànzài máng búguòlái.

A: ちょっと手伝ってもらえますか。
B: いま手が回らないです。

□316 我不太舒服。 体調が悪い。

ㄨㄛˇ ㄅㄨˊ ㄊㄞˋ ㄕㄨ ㄈㄨˊ。
Wǒ bú tài shūfú.

A: 今天去外面吃飯，怎麼樣？
ㄐㄧㄣ ㄊㄧㄢ ㄑㄩˋ ㄨㄞˋ ㄇㄧㄢˋ ㄔ ㄈㄢˋ，ㄗㄣˇ ㄇㄜ ㄧㄤˋ？
Jīntiān qù wàimiàn chīfàn, zěnmeyàng?

B: 我不太舒服，你自己去吧。
ㄨㄛˇ ㄅㄨˊ ㄊㄞˋ ㄈㄨˊ，ㄋㄧˇ ㄗˋ ㄐㄧˇ ㄑㄩˋ ㄅㄚ。
Wǒ bú tài shūfú, nǐ zìjǐ qù ba.

A: 今日外食に行くのはどう？
B: 体調が悪いから、ひとりで行って。

【外面吃飯】外食。

□317 身體狀況不好。 体の具合が悪い。

ㄕㄣ ㄊㄧˇ ㄓㄨㄤˋ ㄎㄨㄤˋ ㄅㄨˋ ㄏㄠˇ。
Shēntǐ zhuàngkuàng bù hǎo.

A: 還有酒，你再多喝一點。
ㄏㄞˊ ㄧㄡˇ ㄐㄧㄡˇ，ㄋㄧˇ ㄗㄞˋ ㄉㄨㄛ ㄏㄜ ㄧˋ ㄉㄧㄢˇ。
Hái yǒu jiǔ, nǐ zài duō hē yìdiǎn.

B: 最近身體狀況不好，不喝了。
ㄗㄨㄟˋ ㄐㄧㄣˋ ㄕㄣ ㄊㄧˇ ㄓㄨㄤˋ ㄎㄨㄤˋ ㄅㄨˋ ㄏㄠˇ，ㄅㄨˋ ㄏㄜ ˙ㄌㄜ。
Zuìjìn shēntǐ zhuàngkuàng bù hǎo, bù hē le.

A: まだお酒あるよ、もう少し飲んで。
B: 最近体の具合が悪いから、もう飲まない。

□318 要去醫院。 病院に行きます。

ㄧㄠˋ ㄑㄩˋ ㄧ ㄩㄢˋ。
Yào qù yīyuàn.

A: 明天去海邊玩吧！
ㄇㄧㄥˊ ㄊㄧㄢ ㄑㄩˋ ㄏㄞˇ ㄅㄧㄢ ㄨㄢˊ ˙ㄅㄚ！
Míngtiān qù hǎibiān wán ba!

B: 我明天要去醫院。
ㄨㄛˇ ㄇㄧㄥˊ ㄊㄧㄢ ㄧㄠˋ ㄑㄩˋ ㄧ ㄩㄢˋ。
Wǒ míngtiān yào qù yīyuàn.

A: 明日は海辺に遊びに行こうよ！
B: 明日は病院に行くの。

【海邊】海辺。【醫院】病院。

□ 319 **我對～不太有興趣。**　　　～にはあまり興味がないです。

ㄨㄛˇ ㄉㄨㄟˋ～ ㄅㄨˊ ㄊㄞˋ ㄧㄡˇ ㄒㄧㄥˋ ㄑㄩˋ。

Wǒ duì ～ bú tài yǒu xìngqù.

A: **下個禮拜有電腦展，要不要去。**

ㄒㄧㄚˋ ㄍㄜ ㄌㄧˇ ㄅㄞˋ ㄧㄡˇ ㄉㄧㄢˋ ㄋㄠˇ ㄓㄢˇ，ㄧㄠˋ ㄅㄨˊ ㄧㄠˋ ㄑㄩˋ。

Xià ge lǐbài yǒu diànnǎo zhǎn, yào bú yào qù.

B: **我對電腦不太有興趣。**

ㄨㄛˇ ㄉㄨㄟˋ ㄉㄧㄢˋ ㄋㄠˇ ㄅㄨˊ ㄊㄞˋ ㄧㄡˇ ㄒㄧㄥˋ ㄑㄩˋ。

Wǒ duì diànnǎo bú tài yǒu xìngqù.

A: 来週パソコンの展示会があるのですが，行きませんか。
B: パソコンにはあまり興味がありません。

【下個禮拜】来週。【電腦】パソコン。【～展】～展示会。

□ 320 **現在沒那個心情。**　　　その気になりません。

ㄒㄧㄢˋ ㄗㄞˋ ㄇㄟˊ ㄋㄚˋ ㄍㄜ ㄒㄧㄣ ㄑㄧㄥˊ。

Xiànzài méi nàge xīnqíng.

A: **明天有大拍賣，我們一起去吧。**

ㄇㄧㄥˊ ㄊㄧㄢ ㄧㄡˇ ㄉㄚˋ ㄆㄞ ㄇㄞˋ，ㄨㄛˇ ㄇㄣ ㄧˋ ㄑㄧˇ ㄑㄩˋ ㄅㄚˋ。

Míngtiān yǒu dàpāimài, wǒmen yìqǐ qù ba.

B: **不好意思，現在沒那個心情。**

ㄅㄨˋ ㄏㄠˇ ㄧˋ ㄙ，ㄒㄧㄢˋ ㄗㄞˋ ㄇㄟˊ ㄋㄚˋ ㄍㄜ ㄒㄧㄣ ㄑㄧㄥˊ。

Bù hǎoyìsi, xiànzài méi nàge xīnqíng.

A: 明日はバーゲンがあるよ，一緒に行こうね。
B: ごめんなさい，いまはその気にならないわ。

【大拍賣】バーゲン。

□ 321 **雖然有點掃興，但是～。**　がっかりさせると思いますが，～。

ㄙㄨㄟ ㄖㄢˊ ㄧㄡˇ ㄉㄧㄢˇ ㄙㄠˇ ㄒㄧㄥˋ，ㄉㄢˋ ㄕˋ～。

Suīrán yǒu diǎn sǎoxìng, dànshì ～.

A: **晚上來我家看恐怖片吧。**

ㄨㄢˇ ㄕㄤ ㄌㄞˊ ㄨㄛˇ ㄐㄧㄚ ㄎㄢˋ ㄎㄨㄥˇ ㄅㄨˋ ㄆㄧㄢˋ ㄅㄚˋ。

Wǎnshang lái wǒ jiā kàn kǒngbùpiàn ba.

B: **雖然有點掃興，但是我不喜歡恐怖片。**

ㄙㄨㄟ ㄖㄢˊ ㄧㄡˇ ㄉㄧㄢˇ ㄙㄠˇ ㄒㄧㄥˋ，ㄉㄢˋ ㄕˋ ㄨㄛˇ ㄅㄨˋ ㄒㄧˇ ㄏㄨㄢ ㄎㄨㄥˇ ㄅㄨˋ ㄆㄧㄢˋ。

Suīrán yǒu diǎn sǎoxìng, dànshì wǒ bù xǐhuān kǒngbùpiàn.

A: 夜，僕の家にホラー映画を観に来てください。
B: がっかりさせると思いますが，ホラー映画が好きではありません。

【恐怖片】ホラー映画。【雖然】～だが。

□322

我想一個人靜一下。

ㄨㄛˇ ㄒㄧㄤˇ ㄧˋ ㄍㄜ ㄖㄣˊ ㄐㄧㄥˋ ㄧˊ ㄒㄧㄚˋ

Wǒ xiǎng yì ge rén jìng yíxià.

ひとりでいたいのです。

A: **今天要我陪你嗎？**

ㄐㄧㄣ ㄊㄧㄢ ㄧㄠˋ ㄨㄛˇ ㄆㄟˊ ㄋㄧˇ ㄇㄚ？

Jīntiān yào wǒ péi nǐ ma?

B: **沒關係，我想一個人靜一下。**

ㄇㄟˊ ㄍㄨㄢ ㄒㄧˋ，ㄨㄛˇ ㄒㄧㄤˇ ㄧˋ ㄍㄜ ㄖㄣˊ ㄐㄧㄥˋ ㄧˊ ㄒㄧㄚˋ

Méi guānxì, wǒ xiǎng yì ge rén jìng yíxià.

A: 今日はそばにいてあげようか？
B: 大丈夫，ひとりでいたいの。

□323

我哪裡都不想去。

ㄨㄛˇ ㄋㄚˇ ㄌㄧˇ ㄉㄡ ㄅㄨˋ ㄒㄧㄤˇ ㄑㄩˋ

Wǒ nǎlǐ dōu bù xiǎng qù.

どこにも行きたくない。

A: **你要跟我們去賞花嗎？**

ㄋㄧˇ ㄧㄠˋ ㄍㄣ ㄨㄛˇ ㄇㄣˊ ㄑㄩˋ ㄕㄤˇ ㄏㄨㄚ ㄇㄚ？

Nǐ yào gēn wǒmen qù shǎnghuā ma?

B: **對不起，今天我哪裡都不想去。**

ㄉㄨㄟˋ ㄅㄨˋ ㄑㄧˇ，ㄐㄧㄣ ㄊㄧㄢ ㄨㄛˇ ㄋㄚˇ ㄌㄧˇ ㄉㄡ ㄅㄨˋ ㄒㄧㄤˇ ㄑㄩˋ

Duìbuqǐ, jīntiān wǒ nǎlǐ dōu bù xiǎng qù.

A: 私たちとお花見に行く？
B: ごめん，今日はどこにも行きたくない。

【賞花】お花見する。

□324

我不想出門。

ㄨㄛˇ ㄅㄨˋ ㄒㄧㄤˇ ㄔㄨ ㄇㄣˊ

Wǒ bù xiǎng chūmén.

出掛けたくないです。

A: **天氣很好，出去散步吧！**

ㄊㄧㄢ ㄑㄧˋ ㄏㄣˇ ㄏㄠˇ，ㄔㄨ ㄑㄩˋ ㄙㄢˋ ㄅㄨˋ ㄅㄚ！

Tiānqì hěn hǎo, chūqù sànbù ba!

B: **我不想出門。**

ㄨㄛˇ ㄅㄨˋ ㄒㄧㄤˇ ㄔㄨ ㄇㄣˊ

Wǒ bù xiǎng chūmén.

A: いい天気ですね，散歩に出かけましょう！
B: 出掛けたくないです。

【出門】出掛ける。外出する。

□ 325

我想一想。 ちょっと考えてみます。
ㄨㄛˇ ㄒㄧㄤˇ ㄧˋ ㄒㄧㄤˇ。
Wǒ xiǎng yì xiǎng.

A: 你要不要參加東京馬拉松？
ㄋㄧˇ ㄧㄠˋ ㄅㄨˊ ㄧㄠˋ ㄘㄢ ㄐㄧㄚ ㄉㄨㄥ ㄐㄧㄥ ㄇㄚˇ ㄌㄚ ㄙㄨㄥ。
Nǐ yào bú yào cānjiā Dōngjīng mǎlāsōng.

B: 我想一想。
ㄨㄛˇ ㄒㄧㄤˇ ㄧˋ ㄒㄧㄤˇ。
Wǒ xiǎng yì xiǎng.

A: 東京マラソンに参加しませんか。
B: ちょっと考えてみます。

【馬拉松】マラソン。

□ 326

我沒辦法馬上答覆。 すぐにお答えすることができません。
ㄨㄛˇ ㄇㄟˊ ㄅㄢˋㄈㄚˇ ㄇㄚˇㄕㄤˋ ㄉㄚˊ ㄈㄨˋ。
Wǒ méi bànfǎ mǎshàng dáfù.

A: 我們公司需要像你這樣的人才，請加入我們吧。
ㄨㄛˇ ㄇㄣ ㄍㄨㄥ ㄙ ㄒㄩ ㄧㄠˋ ㄒㄧㄤˋ ㄋㄧˇ ㄓㄜˋ ㄧㄤˋ ㄉㄜ ㄖㄣˊ ㄘㄞˊ, ㄑㄧㄥˇ ㄐㄧㄚ ㄖㄨˋ ㄨㄛˇ ㄇㄣ ㄅㄚ。
Wǒmen gōngsī xūyào xiàng nǐ zhèyàng de réncái, qǐng jiārù wǒmen ba.

B: 不好意思，我沒辦法馬上答覆。
ㄅㄨˋ ㄏㄠˇㄧˋ ㄙ, ㄨㄛˇ ㄇㄟˊ ㄅㄢˋㄈㄚˇ ㄇㄚˇ ㄕㄤˋ ㄉㄚˊ ㄈㄨˋ。
Bù hǎoyìsi, wǒ méi bànfǎ mǎshàng dáfù.

A: 我が社にはあなたのような人材が必要です，うちに入ってください。
B: すみません，すぐにお答えすることができません。

【人才】人材。【答覆】答える。回答する。返答する。

□ 327

讓我考慮一下，好嗎？ ちょっと考えさせてもらっていいですか。
ㄖㄤˋ ㄨㄛˇ ㄎㄠˇㄌㄩˋ ㄧˊ ㄒㄧㄚˋ, ㄏㄠˇ ㄇㄚ?
Ràng wǒ kǎolǜ yíxià, hǎo ma?

A: 我們決定罷工了，你也參加嗎？
ㄨㄛˇ ㄇㄣ ㄐㄩㄝˊ ㄉㄧㄥˋ ㄅㄚˋ ㄍㄨㄥ ㄌㄜ, ㄋㄧˇ ㄧㄝˇ ㄘㄢ ㄐㄧㄚ ㄇㄚ?
Wǒmen juédìng bàgōng le, nǐ yě cānjiā ma?

B: 讓我考慮一下，好嗎？
ㄖㄤˋ ㄨㄛˇ ㄎㄠˇㄌㄩˋ ㄧˊ ㄒㄧㄚˋ, ㄏㄠˇ ㄇㄚ?
Ràng wǒ kǎolǜ yíxià, hǎo ma?

A: 私たちはストライキをすることにしましたが，あなたも参加しますか。
B: ちょっと考えさせてもらっていいですか。

【罷工】ストライキ。

□ 328

我試試看。　　　　　　　　　　　　やってみる。

ㄨㄛˇ ㄕˋ ㄕˋ ㄎㄢˋ。
Wǒ shìshì kàn.

A: **每天慢跑一個小時的話，會很有精神。**
ㄇㄟˇ ㄊㄧㄢ ㄇㄢˋ ㄆㄠˇ ㄧˊ 《ㄜ˙ ㄒㄧㄠˇ ㄕˊ ㄉㄜ˙ ㄏㄨㄚˋ，ㄏㄨㄟˋ ㄏㄣˇ ㄧㄡˇ ㄐㄧㄥ ㄕㄣˊ。
Měitiān mànpǎo yì ge xiǎoshí de huà, huì hěn yǒu jīngshén.

B: **我試試看。**
ㄨㄛˇ ㄕˋ ㄕˋ ㄎㄢˋ。
Wǒ shìshì kàn.

A: 毎日一時間ジョギングすれば，元気になるよ。
B: やってみるね。

【慢跑】ジョギング。【有精神】元気がある。

□ 329

我也想～看看！　　　　　　　　　　私も～してみたい！

ㄨㄛˇ ㄧㄝˇ ㄒㄧㄤˇ ～ ㄎㄢˋ ㄎㄢ˙！
Wǒ yě xiǎng ~ kànkan!

A: **我已經學了兩年的台灣華語了，現在可以跟台灣人聊天了。**
ㄨㄛˇ ㄧˇ ㄐㄧㄥ ㄒㄩㄝˊ ㄌㄜ˙ ㄌㄧㄤˇ ㄋㄧㄢˊ ㄉㄜ˙ ㄊㄞˊ ㄨㄢ ㄏㄨㄚˊ ㄩˇ ㄌㄜ˙，ㄒㄧㄢˋ ㄗㄞˋ ㄎㄜˇ ㄧˇ 《ㄣ ㄊㄞˊ ㄨㄢ ㄖㄣˊ ㄌㄧㄠˊ ㄊㄧㄢ ㄌㄜ˙。
Wǒ yǐjīng xué le liǎng nián de Táiwān huáyǔ le, xiànzài kěyǐ gēn Táiwānrén liáotiān le.

B: **真的嗎？　我也想學看看！**
ㄓㄣ ㄉㄜ˙ ㄇㄚ？ㄨㄛˇ ㄧㄝˇ ㄒㄧㄤˇ ㄒㄩㄝˊ ㄎㄢˋ ㄎㄢ˙！
Zhēnde ma? Wǒ yě xiǎng xué kànkan!

A: もう２年も台湾華語を勉強してるから，いまでは台湾人とおしゃべりできるようになったわ。
B: 本当に？ 僕も学んでみたいな！

【聊天】おしゃべりする。

□ 330

我也應該做些什麼。　　　　　　　私も何かしないと。

ㄨㄛˇ ㄧㄝˇ ㄧㄥ 《ㄞ ㄗㄨㄛˋ ㄒㄧㄝ ㄕㄣˊ ㄇㄜ˙。
Wǒ yě yīnggāi zuò xiē shénme.

A: **最近注重環保的人越來越多了。**
ㄗㄨㄟˋ ㄐㄧㄣˋ ㄓㄨˋ ㄓㄨㄥˋ ㄏㄨㄢˊ ㄅㄠˇ ㄉㄜ˙ ㄖㄣˊ ㄩㄝˋ ㄌㄞˊ ㄩㄝˋ ㄉㄨㄛ ㄌㄜ˙。
Zuìjìn zhùzhòng huánbǎo de rén yuèláiyuè duō le.

B: **對啊，我也應該做些什麼。**
ㄉㄨㄟˋ ㄚ，ㄨㄛˇ ㄧㄝˇ ㄧㄥ 《ㄞ ㄗㄨㄛˋ ㄒㄧㄝ ㄕㄣˊ ㄇㄜ˙。
Duì a, wǒ yě yīnggāi zuò xiē shénme.

A: 最近環境保護を重視する人がだんだん増えています。
B: そうですね，私も何かしないと。

【注重】重視する。【環保】環境保護。

□331 **我好累。**

疲れた。

ㄨㄛˇ ㄏㄠˇ ㄌㄟˋ。
Wǒ hǎo lèi.

A: **再來一次！**
ㄗㄞˋ ㄌㄞˊ ㄧˊ ㄘ！
Zài lái yícì!

B: **我好累，休息一下吧。**
ㄨㄛˇ ㄏㄠˇ ㄌㄟˋ，ㄒㄧㄡ ㄒㄧˊ ㄧˊ ㄒㄧㄚˋ ˙ㄅㄚ。
Wǒ hǎo lèi, xiūxí yíxià ba.

A: もう一回！
B: 疲れた，ちょっと休憩しようよ。

□332 **累壞了。**

しんどい。

ㄌㄟˋ ㄏㄨㄞˋ ˙ㄌㄜ。
Lèi huài le.

A: **喝完酒後，去唱 KTV 吧！**
ㄏㄜ ㄨㄢˊ ㄐㄧㄡˇ ㄏㄡˋ，ㄑㄩˋ ㄔㄤˋ KTV ˙ㄅㄚ！
Hē wán jiǔ hòu, qù chàng KTV ba!

B: **已經累壞了，下次吧。**
ㄧˇ ㄐㄧㄥ ㄌㄟˋ ㄏㄨㄞˋ ˙ㄌㄜ，ㄒㄧㄚˋ ㄘˋ ˙ㄅㄚ。
Yǐjīng lèi huài le, xiàcì ba.

A: お酒を飲み終わったら，カラオケに行こう！
B: もうしんどいから，また今度ね。

【〈動詞〉+完】～し終わる。【KTV】カラオケ。

□333 **全身無力。**

だるい。

ㄑㄩㄢˊ ㄕㄣ ㄨˊ ㄌㄧˋ。
Quánshēn wúlì.

A: **我們去看夜景吧！**
ㄨㄛˇ ˙ㄇㄣ ㄑㄩˋ ㄎㄢˋ ㄧㄝˋ ㄐㄧㄥˇ ˙ㄅㄚ！
Wǒmen qù kàn yèjǐng ba!

B: **全身無力，明天吧。**
ㄑㄩㄢˊ ㄕㄣ ㄨˊ ㄌㄧˋ，ㄇㄧㄥˊ ㄊㄧㄢ ˙ㄅㄚ。
Quánshēn wúlì, míngtiān ba.

A: 夜景を見に行こう！
B: だるい，明日にしよう。

挨拶と社交

質問と応答

意思疎通

勧誘と申し出

依頼・勧告・要求

感情の表現

□ 334　睡眠不足。

寝不足。

ㄕㄨㄟˋ ㄇㄧㄢˊ ㄅㄨˋ ㄗㄨˊ。
Shuìmián bùzú.

A: **想不想去兜風。**
ㄒㄧㄤˇ ㄅㄨˋ ㄒㄧㄤˇ ㄑㄩˋ ㄉㄡ ㄈㄥ。
Xiǎng bù xiǎng qù dōufēng.

B: **我睡眠不足，還是算了。**
ㄨㄛˇ ㄕㄨㄟˋ ㄇㄧㄢˊ ㄅㄨˋ ㄗㄨˊ，ㄏㄞˊ ㄕˋ ㄙㄨㄢˋ ˙ㄌㄜ。
Wǒ shuìmián bùzú, hái shì suàn le.

A: ドライブに行きたくない？
B: 寝不足だから，やっぱりやめておく。

【兜風】ドライブする。【還是】やはり。【算了】もういい。

□ 335　我好睏。

眠い。

ㄨㄛˇ ㄏㄠˇ ㄎㄨㄣˋ。
Wǒ hǎo kùn.

A: **要不要再喝一杯？**
ㄧㄠˋ ㄅㄨˊ ㄧㄠˋ ㄗㄞˋ ㄏㄜ ㄧˋ ㄅㄟ？
Yào bú yào zài hē yì bēi?

B: **不用了，我好睏。**
ㄅㄨˋ ㄩㄥˋ ˙ㄌㄜ，ㄨㄛˇ ㄏㄠˇ ㄎㄨㄣˋ。
Bù yòng le, wǒ hǎo kùn.

A: もう一杯飲む？
B: もういい，眠いわ。

□ 336　我想休息。

休もうと思います。

ㄨㄛˇ ㄒㄧㄤˇ ㄒㄧㄡ ㄒㄧˊ。
Wǒ xiǎng xiūxí.

A: **今晚去健身房嗎？**
ㄐㄧㄣ ㄨㄢˇ ㄑㄩˋ ㄐㄧㄢˋ ㄕㄣ ㄈㄤˊ ㄇㄚ？
Jīnwǎn qù jiànshēnfáng ma?

B: **今天我想休息。**
ㄐㄧㄣ ㄊㄧㄢ ㄨㄛˇ ㄒㄧㄤˇ ㄒㄧㄡ ㄒㄧˊ。
Jīntiān wǒ xiǎng xiūxí.

A: 今晚，ジムに行きますか。
B: 今日は休もうと思います。

【健身房】トレーニングジム。

挨拶と社交

質問と応答

意思疎通

勧誘と申し出

依頼・勧告・要求

感情の表現

□337 **沒錢。** お金がない。

ㄇㄟˊ ㄑㄧㄢˊ。

Méi qián.

A: **我們點牛排吧。**

ㄨㄛˇ ㄇㄣˊ ㄉㄧㄢˇ ㄋㄧㄡˊ ㄆㄞˊ ㄅㄚ。

Wǒmen diǎn niúpái ba.

B: **我想吃，可是沒錢。**

ㄨㄛˇ ㄒㄧㄤˇ ㄔ，ㄎㄜˇ ㄕˋ ㄇㄟˊ ㄑㄧㄢˊ。

Wǒ xiǎng chī, kěshì méi qián.

A: ステーキを頼もう。
B: 食べたいけど，お金がない。

【牛排】ビーフステーキ。

□338 **錢不夠。** お金が足りない。

ㄑㄧㄢˊ ㄅㄨˊ ㄍㄡ。

Qián bú gòu.

A: **這個很便宜，你要買嗎？**

ㄓㄜˋ ㄍㄜ ㄏㄣˇ ㄆㄧㄢˊ ㄧˊ，ㄋㄧˇ ㄧㄠˋ ㄇㄞˇ ㄇㄚ？

Zhège hěn piányí, nǐ yào mǎi ma?

B: **是很便宜，但是我現在錢不夠。**

ㄕˋ ㄏㄣˇ ㄆㄧㄢˊ ㄧˊ，ㄉㄢˋ ㄕˋ ㄨㄛˇ ㄒㄧㄢˋ ㄗㄞˋ ㄑㄧㄢˊ ㄅㄨˊ ㄍㄡ。

Shì hěn piányí, dànshì wǒ xiànzài qián bú gòu.

A: これはとても安いですね，買いますか。
B: 安いですけど，いまお金が足りないです。

【不夠】足りない。

□339 **沒那個閒錢。** お金の余裕がない。

ㄇㄟˊ ㄋㄚˋ ㄍㄜ ㄒㄧㄢˊ ㄑㄧㄢˊ。

Méi nàge xiánqián.

A: **原小姐和我要去迪斯尼樂園，你也去嗎？**

ㄩㄢˊ ㄒㄧㄠˇ ㄐㄧㄝˇ ㄏㄢˋ ㄨㄛˇ ㄧㄠˋ ㄑㄩˋ ㄉㄧ ㄙ ㄋㄧˊ ㄌㄜˋ ㄩㄢˊ，ㄋㄧˇ ㄧㄝˇ ㄑㄩˋ ㄇㄚ？

Yuán xiǎojiě hàn wǒ yào qù dísīnílèyuán, nǐ yě qù ma?

B: **我沒那個閒錢。**

ㄨㄛˇ ㄇㄟˊ ㄋㄚˋ ㄍㄜ ㄒㄧㄢˊ ㄑㄧㄢˊ。

Wǒ méi nàge xiánqián.

A: 原さんは私たちとディズニーランドに行くけど，あなたも行く？
B: お金の余裕がないよ。

【〜和】〜と。台湾華語の発音は，ㄏㄜˊ [hé] ではなくㄏㄢˋ [hàn]。【迪斯尼樂園】ディズニーランド。

□ 340 肚子不舒服。

お腹の調子が悪い。

ㄉㄨˋ ˙ㄗ ㄅㄨˋ ㄕㄨ ㄈㄨˊ。
Dùzi bù shūfú.

A: **吃多一點，今天是吃到飽。**

ㄔ ㄉㄨㄛ ㄧˋㄉㄧㄢˇ，ㄐㄧㄣ ㄊㄧㄢ ㄕˋ ㄔ ㄉㄠˋ ㄅㄠˇ。
Chī duō yìdiǎn, jīntiān shì chī dào bǎo.

B: **我也想吃，但是今天肚子不舒服。**

ㄨㄛˇ ㄧㄝˇ ㄒㄧㄤˇ ㄔ，ㄉㄢˋ ㄕˋ ㄐㄧㄣ ㄊㄧㄢ ㄉㄨˋ ˙ㄗ ㄅㄨˋ ㄕㄨ ㄈㄨˊ。
Wǒ yě xiǎng chī, dànshì jīntiān dùzi bù shūfú.

A: たくさん食べて，今日は食べ放題だから。
B: 私も食べたいけど，今日はお腹の調子が悪いの。

【吃到飽】食べ放題。

□ 341 胃脹氣。

胃もたれする。

ㄨㄟˋ ㄓㄤˋ ㄑㄧˋ。
Wèi zhàng qì.

A: **你不吃了嗎？**

ㄋㄧˇ ㄅㄨˋ ㄔ ˙ㄌㄜ ˙ㄇㄚ？
Nǐ bù chī le ma?

B: **我好像有點胃脹氣。**

ㄨㄛˇ ㄏㄠˇ ㄒㄧㄤˋ ㄧㄡˇ ㄉㄧㄢˇ ㄨㄟˋ ㄓㄤˋ ㄑㄧˋ。
Wǒ hǎoxiàng yǒu diǎn wèi zhàngqì.

A: もう食べないの？
B: ちょっと胃がもたれているみたい。

□ 342 拉肚子。

下痢する。

ㄌㄚ ㄉㄨˋ ˙ㄗ。
Lā dùzi.

A: **你的臉色不太好。**

ㄋㄧˇ ˙ㄉㄜ ㄌㄧㄢˇㄙㄜˋ ㄅㄨˊ ㄊㄞˋ ㄏㄠˇ。
Nǐ de liǎnsè bú tài hǎo.

B: **我從昨天開始一直拉肚子。**

ㄨㄛˇ ㄘㄨㄥˊ ㄗㄨㄛˊ ㄊㄧㄢ ㄎㄞ ㄕˇ ㄧ ㄓˊ ㄌㄚ ㄉㄨˋ ˙ㄗ。
Wǒ cóng zuótiān kāishǐ yìzhí lā dùzi.

A: 顔色が悪いね。
B: 昨日からずっと下痢をしているんだ。

【臉色】顔色。

□ 343 我好像感冒了。

風邪をひいたみたいです。

ㄨㄛˇ ㄏㄠˋ ㄒㄧㄤ ㄍㄢˇ ㄇㄠˋ ˙ㄌㄜ。
Wǒ hǎoxiàng gǎnmào le.

A: **要去游泳嗎？**
ㄧㄠˋ ㄑㄩˋ ㄧㄡˊ ㄩㄥˇ ˙ㄇㄚ？
Yào qù yóuyǒng ma?

B: **我好像感冒了。不去了。**
ㄨㄛˇ ㄏㄠˋ ㄒㄧㄤ ㄍㄢˇ ㄇㄠˋ ˙ㄌㄜ。ㄅㄨˊ ㄑㄩˋ ˙ㄌㄜ。
Wǒ hǎoxiàng gǎnmào le. Bú qù le.

A: 泳ぎに行きますか。
B: 風邪をひいたみたいです。行きません。

【游泳】水泳をする。【感冒】風邪を引く。

□ 344 我發燒了。

熱が出た。

ㄨㄛˇ ㄈㄚ ㄕㄠ ˙ㄌㄜ。
Wǒ fāshāo le.

A: **你怎麼要回家了？**
ㄋㄧˇ ㄗㄣˇ ˙ㄇㄜ ㄧㄠˋ ㄏㄨㄟˊ ㄐㄧㄚ ˙ㄌㄜ？
Nǐ zěnme yào huíjiā le?

B: **我發燒了，想休息。**
ㄨㄛˇ ㄈㄚ ㄕㄠ ˙ㄌㄜ，ㄒㄧㄤˇ ㄒㄧㄡ ㄒㄧ。
Wǒ fāshāo le, xiǎng xiūxí.

A: なんで帰るの？
B: 熱が出たから，休みたいの。

【休息】休憩する。休む。

□ 345 我喉嚨痛。

喉が痛い。

ㄨㄛˇ ㄏㄡˊ ㄌㄨㄥˊ ㄊㄨㄥˋ。
Wǒ hóulóng tòng.

A: **你的聲音有點怪。怎麼了嗎？**
ㄋㄧˇ ˙ㄌㄜ ㄕㄥ ㄧㄣ ㄧㄡˇ ㄉㄧㄢˇ ㄍㄨㄞˋ。ㄗㄣˇ ˙ㄇㄜ ˙ㄌㄜ ˙ㄇㄚ？
Nǐ de shēngyīn yǒu diǎn guài. Zěnme le ma?

B: **我喉嚨痛。**
ㄨㄛˇ ㄏㄡˊ ㄌㄨㄥˊ ㄊㄨㄥˋ。
Wǒ hóulóng tòng.

A: 君の声なんか変だよ。どうしたの？
B: 喉が痛い。

【聲音】声。音。

挨拶と社交

質問と応答

意思疎通

勧誘と申し出

依頼・勧告・要求

感情の表現

☐ **346**
🎧

我醉了。
ㄨㄛˇ ㄗㄨㄟˋ ㄌㄜ。
Wǒ zuì le.

酔ってしまった。

A: **你還好吧。**
ㄋㄧˇ ㄏㄞˊ ㄏㄠˇ ㄅㄚ。
Nǐ hái hǎo ba.

B: **不行了，我醉了。**
ㄅㄨˋ ㄏㄤˊ ㄌㄜ, ㄨㄛˇ ㄗㄨㄟˋ ㄌㄜ。
bùxíng le, wǒ zuì le.

A: まだ大丈夫?
B: もうダメ，酔っちゃった。

【不行】ダメだ。ひどい。

☐ **347**
🎧

我想吐。
ㄨㄛˇ ㄒㄧㄤˇ ㄊㄨˋ。
Wǒ xiǎng tù.

吐き気がする。

A: **我們去第二家喝吧！**
ㄨㄛˇ ㄇㄣ ㄑㄩˋ ㄉㄧˋ ㄦˋ ㄐㄧㄚ ㄏㄜ ㄅㄚ！
Wǒmen qù dì'èr jiā hē ba!

B: **我想吐，先回去了。**
ㄨㄛˇ ㄒㄧㄤˇ ㄊㄨˋ, ㄒㄧㄢ ㄏㄨㄟˊ ㄑㄩˋ ㄌㄜ。
Wǒ xiǎng tù, xiān huíqù le.

A: 二軒目に飲み行こう！
B: 吐き気がするから，先に帰るよ。

☐ **348**
🎧

有點頭暈。
ㄨㄛˇ ㄧㄡˇ ㄉㄧㄢˇ ㄊㄡˊ ㄩㄣ。
Yǒu diǎn tóu yūn.

ちょっとめまいがする。

A: **我們跳舞吧！**
ㄨㄛˇ ㄇㄣ ㄊㄧㄠˋ ㄨˇ ㄅㄚ！
Wǒmen tiàowǔ ba!

B: **對不起，我有點頭暈。**
ㄉㄨㄟˋ ㄅㄨˋ ㄑㄧˇ, ㄨㄛˇ ㄧㄡˇ ㄉㄧㄢˇ ㄊㄡˊ ㄩㄣ。
Duìbuqǐ, wǒ yǒu diǎn tóu yūn.

A: 踊りましょう！
B: ごめん，ちょっとめまいがする。

【跳舞】踊る。

挨拶と社交

□ 349 🎧 **夠了。** 十分です。

《ㄡˋ ˙ㄌㄜ。

Gòu le.

A: **再喝一杯吧！**
ㄗㄞˋ ㄏㄜ ㄧ ㄅㄟ ˙ㄅㄚ！
Zài hē yì bēi ba!

B: **夠了，我明天還要上班。**
《ㄡˋ ˙ㄌㄜ，ㄨㄛˇ ㄇㄧㄥˊ ㄊㄧㄢ ㄏㄞˊ ㄧㄠˋ ㄕㄤˋ ㄅㄢ。
Gòu le, wǒ míngtiān hái yào shàngbān.

A: もう一杯飲んでよ！
B: 十分よ，明日は仕事あるし。

【上班】出勤する。

質問と応答

□ 350 🎧 **我已經不行了。** もう限界です。

ㄨㄛˇ ㄧˇ ㄐㄧㄥ ㄅㄨˋ ㄒㄧㄥˊ ˙ㄌㄜ。

Wǒ yǐjīng bù xíng le.

A: **只剩一點了，加油！**
ㄓˇ ㄕㄥˋ ㄧ ㄉㄧㄢˇ ˙ㄌㄜ，ㄐㄧㄚ ㄧㄡˊ！
Zhǐshèng yìdiǎn le, jiā yóu!

B: **我已經不行了。**
ㄨㄛˇ ㄧˇ ㄐㄧㄥ ㄅㄨˋ ㄒㄧㄥˊ ˙ㄌㄜ。
Wǒ yǐjīng bù xíng le.

A: あと少しだけ，がんばって！
B: もう限界。

意思疎通

【加油】がんばれ。

□ 351 🎧 **不能再～了。** これ以上～するは無理です。

ㄅㄨˋ ㄋㄥˊ ㄗㄞˋ ～ ˙ㄌㄜ。

Bù néng zài ~ le.

勧誘と申し出

A: **不要客氣，盡量吃！**
ㄅㄨˋ ㄧㄠˋ ㄎㄜˋ ㄑㄧˋ，ㄐㄧㄣˋ ㄌㄧㄤˋ ㄔ！
Bú yào kèqì, jìnliàng chī!

B: **我已經飽了。不能再吃了。**
ㄨㄛˇ ㄧˇ ㄐㄧㄥ ㄅㄠˇ ˙ㄌㄜ。ㄅㄨˋ ㄋㄥˊ ㄗㄞˋ ㄔ ˙ㄌㄜ。
Wǒ yǐjīng bǎo le. Bù néng zài chī le.

依頼・勧告・要求

A: 遠慮なく，思う存分に食べなさい！
B: もうお腹かいっぱいです。これ以上食べるのは無理です。

【盡量】思う存分。【飽】お腹かいっぱいだ。

感情の表現

☐ **352**
🎧

讓我看看。
ㄖㄤˋ ㄨㄛˇ ㄎㄢˋ ˙ㄎㄢ。
Ràng wǒ kànkan.

ちょっと見せて。

A: **這個 APP，超好玩！**
ㄓㄜˋ ˙ㄍㄜ APP，ㄔㄠ ㄏㄠˇ ㄨㄢˊ！
Zhège APP, chāo hǎo wán!

B: **讓我看看。**
ㄖㄤˋ ㄨㄛˇ ㄎㄢˋ ˙ㄎㄢ。
Ràng wǒ kànkan.

A: このアプリ超おもしろい！
B: ちょっと見せて。

【APP】アプリ。

☐ **353**
🎧

好像還不錯。
ㄏㄠˇ ㄒㄧㄤˋ ㄏㄞˊ ㄅㄨˊ ㄘㄨㄛˋ。
Hǎo xiàng hái bú cuò.

よさそうだ。

A: **這個很好吃，你吃吃看。**
ㄓㄜˋ ˙ㄍㄜ ㄏㄣˇ ㄏㄠˇ ㄔ，ㄋㄧˇ ㄔ ㄔ ㄎㄢˋ。
Zhège hěn hǎo chī, nǐ chīchī kàn.

B: **好像還不錯。**
ㄏㄠˇ ㄒㄧㄤˋ ㄏㄞˊ ㄅㄨˊ ㄘㄨㄛˋ。
Hǎoxiàng hái bú cuò.

A: これおいしいよ，食べてみて。
B: よさそうね。

☐ **354**
🎧

可以讓我用用看嗎？
ㄎㄜˇ ㄧˇ ㄖㄤˋ ㄨㄛˇ ㄩㄥˋ ㄩㄥˋ ㄎㄢˋ ˙ㄇㄚ？
Kěyǐ ràng wǒ yòngyòng kàn ma?

使わせていただけますか。

A: **這是我們的新商品。**
ㄓㄜˋ ㄕˋ ㄨㄛˇ ˙ㄇㄣ ˙ㄉㄜ ㄒㄧㄣ ㄕㄤ ㄆㄧㄣˇ。
Zhè shì wǒmen de xīnshāngpǐn.

B: **可以讓我用用看嗎？**
ㄎㄜˇ ㄧˇ ㄖㄤˋ ㄨㄛˇ ㄩㄥˋ ㄩㄥˋ ㄎㄢˋ ˙ㄇㄚ。
Kěyǐ ràng wǒ yòngyòng kàn ma.

A: これはうちの新商品です。
B: 使わせていただけますか。

【用】使用する。使う。

☐ 355

那也可以。

ㄋㄚˋ ㄧㄝˇ ㄎㄜˇ ㄧˇ。
Nà yě kěyǐ.

それでもかまわない。

A: **不好意思。大的沒了，只剩小的。**
ㄅㄨˋ ㄏㄠˇ ㄧˋ ㄙ。ㄉㄚˋ ㄉㄜ ㄇㄟˊ ㄌㄜ，ㄓˇ ㄕㄥˋ ㄒㄧㄠˇ ㄉㄜ。
Bù hǎoyìsi. Dà de méi le, zhǐshèng xiǎo de.

B: **那也可以。**
ㄋㄚˋ ㄧㄝˇ ㄎㄜˇ ㄧˇ。
Nà yě kěyǐ.

A: すみません。大きいものがもうなくなりまして，小さいものしかないです。
B: それでもかまいません。

【剩】残る。

☐ 356

也只好這樣了。

ㄧㄝˇ ㄓˇ ㄏㄠˇ ㄓㄜˋ ㄧㄤˋ ㄌㄜ。
Yě zhǐ hǎo zhèyàng le.

そうするしかない。

A: **下雨了，我們搭計程車回家吧。**
ㄒㄧㄚˋ ㄩˇ ㄌㄜ，ㄨㄛˇ ㄇㄣ ㄉㄚ ㄐㄧˋ ㄔㄥˊ ㄔㄜ ㄏㄨㄟˊ ㄐㄧㄚ ㄅㄚ。
Xiàyǔ le, wǒmen dā jìchéngchē huíjiā ba.

B: **也只好這樣了。**
ㄧㄝˇ ㄓˇ ㄏㄠˇ ㄓㄜˋ ㄧㄤˋ ㄌㄜ。
Yě zhǐ hǎo zhèyàng le.

A: 雨が降っているから，タクシーで帰ろうか。
B: そうするしかない。

【搭】（自動車，船，飛行機などに）乗る。【計程車】タクシー。

☐ 357

沒辦法。

ㄇㄟˊ ㄅㄢˋ ㄈㄚˇ。
Méi bànfǎ.

仕方がないです。

A: **明天的演唱會真的取消了嗎？**
ㄇㄧㄥˊ ㄊㄧㄢ ㄉㄜ ㄧㄢˇ ㄔㄤˋ ㄏㄨㄟˋ ㄓㄣ ㄉㄜ ㄑㄩˇ ㄒㄧㄠ ㄌㄜ ㄇㄚ？
Míngtiān de yǎnchàng huì zhēnde qǔxiāo le ma?

B: **因為颱風來，沒辦法。**
ㄧㄣ ㄨㄟˋ ㄊㄞˊ ㄈㄥ ㄌㄞˊ，ㄇㄟˊ ㄅㄢˋ ㄈㄚˇ。
Yīnwèi táifēng lái, méi bànfǎ.

A: 明日のコンサートは本当に中止になったの？
B: 台風が来るので，仕方がないね。

【演唱會】コンサート。【取消】キャンセルする。取り消す。【颱風】台風。

依頼・勧告・要求

□ 358

你可以幫我一個忙嗎？

ㄋㄧˇ ㄎㄜˇ ㄧˇ ㄅㄤ ㄨㄛˇ ㄧˋ ㄍㄜ ㄇㄤˊ ㄇㄚ?
Nǐ kěyǐ bāng wǒ yì ge máng ma?

お願いできますか。

A: **你可以幫我一個忙嗎？**
ㄋㄧˇ ㄎㄜˇ ㄧˇ ㄅㄤ ㄨㄛˇ ㄧˋ ㄍㄜ ㄇㄤˊ ㄇㄚ?
Nǐ kěyǐ bāng wǒ yì ge máng ma?

B: **什麼事？**
ㄕㄣˊ ㄇㄜ ㄕ?
Shénme shì?

A: お願いできますか。
B: 何ですか。

□ 359

有件事想麻煩你。

ㄧㄡˇ ㄐㄧㄢˋ ㄕ ㄒㄧㄤˇ ㄇㄚˊ ㄈㄢˊ ㄋㄧˇ。
Yǒu jiàn shì xiǎng máfán nǐ.

お願いがありますが。

A: **有件事想麻煩你。**
ㄧㄡˇ ㄐㄧㄢˋ ㄕ ㄒㄧㄤˇ ㄇㄚˊ ㄈㄢˊ ㄋㄧˇ。
Yǒu jiàn shì xiǎng máfán nǐ.

B: **請說。**
ㄑㄧㄥˇ ㄕㄨㄛ。
Qǐng shuō.

A: お願いがありますが。
B: どうぞ言ってください。

□ 360

拜託你～。

ㄅㄞˋ ㄊㄨㄛ ㄋㄧˇ～。
Bàituō nǐ～.

お願いだから～してください。

A: **拜託你告訴他，我明天不能去了。**
ㄅㄞˋ ㄊㄨㄛ ㄋㄧˇ ㄍㄠˋ ㄙㄨ ㄊㄚ, ㄨㄛˇ ㄇㄧㄥˊ ㄊㄧㄢ ㄅㄨˋ ㄋㄥˊ ㄑㄩˋ ㄌㄜ。
Bàituō nǐ gàosu tā, wǒ míngtiān bù néng qù le.

B: **我知道了。**
ㄨㄛˇ ㄓ ㄉㄠˋ ㄌㄜ。
Wǒ zhīdào le.

A: お願いだから，明日は私が行けないことを彼に伝えてください。
B: わかりました。

【告訴＋〈人〉＋〈情報〉】〈人〉に〈情報〉を教える。

□ 361

能不能幫我～？ ～していただけますか。

ㄋㄥˊ ㄅㄨˋ ㄋㄥˊ ㄅㄤ ㄨㄛˇ～?
Néng bu néng bāng wǒ～?

A: 能不能幫我拿一下筷子？

ㄋㄥˊ ㄅㄨˋ ㄋㄥˊ ㄅㄤ ㄨㄛˇ ㄋㄚˊ ㄧˊ ㄒㄧㄚˋ ㄎㄨㄞˋ ˙ㄗ?
Néng bù néng bāng wǒ ná yíxià kuàizi?

B: 好的。

ㄏㄠˇ ˙ㄉㄜ。
Hǎo de.

A: 箸を取っていただけますか。
B: ええ。

【筷子】箸。

□ 362

如果可以幫我～的話，我會很感謝的 手伝ってもらえるならありがたい。

ㄖㄨˊ ㄍㄨㄛˇ ㄎㄜˇ ㄧˇ ㄅㄤ ㄨㄛˇ ㄉㄜ ㄏㄨㄚˋ，ㄨㄛˇ ㄏㄨㄟˋ ㄏㄣˇ ㄍㄢˇ ㄒㄧㄝˋ ˙ㄉㄜ。
Rúguǒ kěyǐ bāng wǒ de huà, wǒ huì hěn gǎnxiè de.

A: 如果可以幫我買的話，我會很感謝的。

ㄖㄨˊ ㄍㄨㄛˇ ㄎㄜˇ ㄧˇ ㄅㄤ ㄨㄛˇ ㄇㄞˇ ˙ㄉㄜ ㄏㄨㄚˋ，ㄨㄛˇ ㄏㄨㄟˋ ㄏㄣˇ ㄍㄢˇ ㄒㄧㄝˋ ˙ㄉㄜ。
Rúguǒ kěyǐ bāng wǒ mǎi de huà, wǒ huì hěn gǎnxiè de.

B: 沒問題。

ㄇㄟˊ ㄨㄣˋ ㄊㄧˊ。
Méi wèntí.

A:（買うのを）手伝っていただけるならありがたいです。
B: 大丈夫です。

【如果～的話】もし～ならば。

□ 363

可不可以麻煩你～？ ～してくださるようお願いできますか。

ㄎㄜˇ ㄅㄨˋ ㄎㄜˇ ㄧˇ ㄇㄚˊ ˙ㄈㄢ ㄋㄧˇ～?
Kě bù kěyǐ máfan nǐ～?

A: 可不可以麻煩你明天把文件帶來公司？

ㄎㄜˇ ㄅㄨˋ ㄎㄜˇ ㄧˇ ㄇㄚˊ ˙ㄈㄢ ㄋㄧˇ ㄇㄧㄥˊ ㄊㄧㄢ ㄅㄚˇ ㄨㄣˊ ㄐㄧㄢˋ ㄉㄞˋ ㄌㄞˊ ㄍㄨㄥ ㄙ?
Kě bù kěyǐ máfan nǐ míngtiān bǎ wénjiàn dàilái gōngsī?

B: 我知道了。

ㄨㄛˇ ㄓ ㄉㄠˋ ˙ㄌㄜ。
Wǒ zhīdào le.

A: 明日は書類を会社に持って来るようお願いできますか。
B: わかりました。

【文件】書類。【公司】会社。

挨拶と社交

質問と応答

意思疎通

勧誘と申し出

依頼・勧告・要求

感情の表現

 364

可不可以～？

ㄎㄜˇ ㄅㄨˋ ㄎㄜˇ ㄧˇ～?
Kě bù kěyǐ～?

～しても大丈夫ですか。

A: **可不可以在這裡抽菸？**
ㄎㄜˇ ㄅㄨˋ ㄎㄜˇ ㄧˇ ㄗㄞˋ ㄓㄜˋㄌㄧˇ ㄔㄡ ㄧㄢ?
Kě bù kěyǐ zài zhèlǐ chōuyān?

B: **很抱歉，這裡禁菸。**
ㄏㄣˇ ㄅㄠˋ ㄑㄧㄢˋ，ㄓㄜˋ ㄌㄧˇ ㄐㄧㄣˋ ㄧㄢ。
Hěn bàoqiàn, zhèlǐ jìnyān.

A: ここでタバコを吸っていいですか。
B: 申し訳ございません，ここは禁煙です。

【抽菸】タバコを吸う。【禁菸】禁煙。

 365

能不能～？

ㄋㄥˊ ㄅㄨˋ ㄋㄥˊ～?
Néng bù néng～?

～することが可能でしょうか。

A: **能不能寄放行李在這裡？**
ㄋㄥˊ ㄅㄨˋ ㄋㄥˊ ㄐㄧˋ ㄈㄤˋ ㄒㄧㄥˊ ㄌㄧˇ ㄗㄞˋ ㄓㄜˋ ㄌㄧˇ?
Néng bù néng jìfàng xínglǐ zài zhèlǐ?

B: **晚上八點前的話，沒有問題。**
ㄨㄢˇ ㄕㄤˋ ㄅㄚ ㄉㄧㄢˇ ㄑㄧㄢˊ ㄉㄜ˙ ㄏㄨㄚˋ，ㄇㄟˊ ㄧㄡˇ ㄨㄣˋ ㄊㄧˊ。
Wǎnshang bā diǎn qián de huà, méiyǒu wèntí.

A: ここで預けることができますか。
B: 夜8時までなら，問題ないです。

【行李】荷物。

366

可以～嗎？

ㄎㄜˇ ㄧˇ～˙ㄇㄚ?
Kěyǐ～ma?

～していいですか。

A: **我可以告訴他這件事嗎？**
ㄨㄛˇ ㄎㄜˇ ㄧˇ ㄍㄠˋ ㄙㄨˋ ㄊㄚ ㄓㄜˋ ㄐㄧㄢˋ ㄕˋ ˙ㄇㄚ?
Wǒ kěyǐ gàosù tā zhè jiàn shì ma?

B: **絕對不可以告訴她！**
ㄐㄩㄝˊ ㄉㄨㄟˋ ㄅㄨˋ ㄎㄜˇ ㄧˇ ㄍㄠˋ ㄙㄨˋ ㄊㄚ!
Juéduì bù kěyǐ gàosù tā!

A: 彼女にこのことを言ってもいいの？
B: 絶対彼女に言ってはいけない！

□ 367

你可以幫我一下嗎？　　ちょっと手伝っていただけますか。

ㄋㄧˇ ㄎㄜˇㄧˇ ㄅㄤ ㄨㄛˇ ㄧˊㄒㄧㄚˋ ˙ㄇㄚ?

Nǐ kěyǐ bāng wǒ yíxià ma?

A: **一個人搬不了，你可以幫我一下嗎？**

ㄧˋ ˙ㄍㄜ ㄖㄣˊ ㄅㄢ ㄅㄨ˙ㄌㄧㄠˇ, ㄋㄧˇ ㄎㄜˇㄧˇ ㄅㄤ ㄨㄛˇ ㄧˊㄒㄧㄚˋ ˙ㄇㄚ?

Yì ge rén bānbuliǎo, nǐ kěyǐ bāng wǒ yíxià ma?

B: **可以啊。**

ㄎㄜˇ ㄧˇ ˙ㄚ.

Kěyǐ a.

A: ひとりで運べないので、ちょっと手伝っていただけますか。
B: いいですよ。

【搬】運ぶ。

□ 368

我需要你的幫忙。　　　　手を貸してください。

ㄨㄛˇ ㄒㄩ ㄧㄠˋ ㄋㄧˇ ˙ㄉㄜ ㄅㄤ ㄇㄤˊ.

Wǒ xūyào nǐ de bāngmáng.

A: **這個工作太難了，我需要你的幫忙。**

ㄓㄜˋ ˙ㄍㄜ ㄍㄨㄥ ㄗㄨㄛˋ ㄊㄞˋ ㄋㄢˊ ˙ㄌㄜ, ㄨㄛˇ ㄒㄩ ㄧㄠˋ ㄋㄧˇ ˙ㄉㄜ ㄅㄤ ㄇㄤˊ.

Zhège gōngzuò tài nán le, wǒ xūyào nǐ de bāngmáng.

B: **好。我幫你。**

ㄏㄠˇ. ㄨㄛˇ ㄅㄤ ㄋㄧˇ.

Hǎo. Wǒ bāng nǐ.

A: この仕事は大変すぎるから、手を貸してください。
B: はい。お手伝いしましょう。

【太+〈形容詞〉+了】～すぎる。【需要】要る，必要。

□ 369

請～。　　　　　　　　　～してください。

ㄑㄧㄥˇ～.

Qǐng ~ ?

A: **請拷貝一下明天的簡報資料。**

ㄑㄧㄥˇ ㄎㄠˇ ㄅㄟˋ ㄧˊ ㄒㄧㄚˋ ㄇㄧㄥˊ ㄊㄧㄢ ˙ㄉㄜ ㄐㄧㄢˇ ㄅㄠˋ ㄗ ㄌㄧㄠˋ.

Qǐng kǎobèi yíxià míngtiān de jiǎnbào zīliào.

B: **好的。我知道了。**

ㄏㄠˇ ˙ㄉㄜ. ㄨㄛˇ ㄓ ㄉㄠˋ ˙ㄌㄜ.

Hǎo de. Wǒ zhīdào le.

A: 明日のプレゼン資料をコピーしてください。
B: はい。わかりました。

【拷貝】コピーする。【簡報】プレゼンテーション，プレゼン。

挨拶と社交

質問と応答

意思疎通

勧誘と申し出

依頼・勧告・要求

感情の表現

☐ **370** 🎧 **你有什麼建議嗎？**　　　何かアドバイスがありますか。

ㄋㄧˇ ㄧㄡˇ ㄕㄣˊ ㄇㄜ˙ ㄐㄧㄢˋ ㄧˋ ㄇㄚ˙?
Nǐ yǒu shénme jiànyì ma?

A: **要怎樣才能夠戒菸？ 你有什麼建議嗎？**
ㄧㄠˋ ㄗㄣˇ ㄧㄤˋ ㄘㄞˊ ㄋㄥˊ ㄍㄡˋ ㄐㄧㄝˋ ㄧㄢ? ㄋㄧˇ ㄧㄡˇ ㄕㄣˊ ㄇㄜ˙ ㄐㄧㄢˋ ㄧˋ ㄇㄚ˙?
Yào zěnyàng cái néng gòu jièyān? Nǐ yǒu shénme jiànyì ma?

B: **首先，你要把打火機丟掉。**
ㄕㄡˇ ㄒㄧㄢ, ㄋㄧˇ ㄧㄠˋ ㄅㄚˇ ㄉㄚˇ ㄏㄨㄛˇ ㄐㄧ ㄉㄧㄡ ㄉㄧㄠˋ。
Shǒuxiān, nǐ yào bǎ dǎhuǒjī diūdiào.

A: どうやったらタバコをやめられますか。何かアドバイスはありますか。
B: まず、ライターを捨てることです。

【戒菸】タバコをやめる。【首先】最初に。真っ先に。【打火機】ライター。【丟掉】捨てる。

☐ **371** 🎧 **該怎麼辦才好？**　　　どうすればいいですか。

ㄍㄞ ㄗㄣˇ ㄇㄜ˙ ㄅㄢˋ ㄘㄞˊ ㄏㄠˇ?
Gāi zěnme bàn cái hǎo?

A: **信用卡遺失了，該怎麼辦才好？**
ㄒㄧㄣˋ ㄩㄥˋ ㄎㄚˇ ㄧˊ ㄕ ㄌㄜ˙, ㄍㄞ ㄗㄣˇ ㄇㄜ˙ ㄅㄢˋ ㄘㄞˊ ㄏㄠˇ?
Xìnyòngkǎ yíshī le, gāi zěnme bàn cái hǎo?

B: **你要打電話給信用卡公司停卡。**
ㄋㄧˇ ㄧㄠˋ ㄉㄚˇ ㄉㄧㄢˋ ㄏㄨㄚˋ ㄍㄟˇ ㄒㄧㄣˋ ㄩㄥˋ ㄎㄚˇ ㄍㄨㄥ ㄙ ㄊㄧㄥˊ ㄎㄚˇ。
Nǐ yào dǎ diànhuà gěi xìnyòngkǎ gōngsī tíng kǎ.

A: クレジットカードを紛失したのですが、どうすればいいですか。
B: クレジットカード会社に電話して、カードを止めます。

【信用卡】クレジットカード。【遺失】紛失する。

☐ **372** 🎧 **如果是你的話，會怎麼做？**　あなたならどうしますか。

ㄖㄨˊ ㄍㄨㄛˇ ㄕˋ ㄋㄧˇ ㄉㄜ˙ ㄏㄨㄚˋ, ㄏㄨㄟˋ ㄗㄣˇ ㄇㄜ˙ ㄗㄨㄛˋ?
Rúguǒ shì nǐ de huà, huì zěnme zuò?

A: **我的公司有職場暴力，如果是你的話，會怎麼做？**
ㄨㄛˇ ㄉㄜ˙ ㄍㄨㄥ ㄙ ㄧㄡˇ ㄓˊ ㄔㄤˇ ㄅㄠˋ ㄌㄧˋ, ㄖㄨˊ ㄍㄨㄛˇ ㄕˋ ㄋㄧˇ ㄉㄜ˙ ㄏㄨㄚˋ, ㄏㄨㄟˋ ㄗㄣˇ ㄇㄜ˙ ㄗㄨㄛˋ?
Wǒ de gōngsī yǒu zhíchǎng bàolì, rúguǒ shì nǐ de huà, huì zěnme zuò?

B: **我會跟上司報告。**
ㄨㄛˇ ㄏㄨㄟˋ ㄍㄣ ㄕㄤˋ ㄙ ㄅㄠˋ ㄍㄠˋ。
Wǒ huì gēn shàngsī bàogào.

A: うちの会社にはパワハラがありまして、あなたならどうしますか。
B: 上司に報告します。

【職場暴力】パワハラ（パワーハラスメント）。

□ 373 可以幫我拍照嗎？　写真を撮ってもらえませんか？

ㄎㄜˇ ㄧˇ ㄅㄤ ㄨㄛˇ ㄆㄞ ㄓㄠˋ ㄇㄚ？
Kěyǐ bāng wǒ pāizhào ma?

A: **可以幫我拍照嗎？**
ㄎㄜˇ ㄧˇ ㄅㄤ ㄨㄛˇ ㄆㄞ ㄓㄠˋ ㄇㄚ？
Kěyǐ bāng wǒ pāizhào ma?

B: **可以啊。**
ㄎㄜˇ ㄧˇ ㄚ。
Kěyǐ a.

A: 写真を撮ってもらえませんか。
B: いいですよ。

【拍照】写真を撮る。

□ 374 能讓我拍一張照嗎？　写真を一枚撮らせていただけますか。

ㄋㄥˊ ㄖㄤˋ ㄨㄛˇ ㄆㄞ ㄧ ㄓㄤ ㄓㄠˋ ㄇㄚ？
Néng ràng wǒ pāi yì zhāng zhào ma?

A: **這幅畫很好看，能讓我拍一張照嗎？**
ㄓㄜˋ ㄈㄨˊ ㄏㄨㄚˋ ㄏㄣˇ ㄏㄠˇ ㄎㄢˋ，ㄋㄥˊ ㄖㄤˋ ㄨㄛˇ ㄆㄞ ㄧ ㄓㄤ ㄓㄠˋ ㄇㄚ？
Zhè fú huà hěn hǎo kàn, néng ràng wǒ pāi yì zhāng zhào ma?

B: **你盡量拍。**
ㄋㄧˇ ㄐㄧㄣˋ ㄌㄧㄤˋ ㄆㄞ。
Nǐ jìnliàng pāi.

A: この絵はとても素敵なので，写真を一枚撮らせていただけますか。
B: 思う存分撮ってください。

【畫】絵。【拍】（写真を）撮る。【盡量】思う存分。

□ 375 能不能跟您一起拍照？　一緒に写真に入っていただけますか。

ㄋㄥˊ ㄅㄨˋ ㄋㄥˊ ㄍㄣ ㄋㄧㄣˊ ㄧˋ ㄑㄧˇ ㄆㄞ ㄓㄠ。
Néng bù néng gēn nín yìqǐ pāizhào.

A: **不好意思，能不能跟您一起拍照？**
ㄅㄨˋ ㄏㄠˇ ㄧˋ ˙ㄙ，ㄋㄥˊ ㄅㄨˋ ㄋㄥˊ ㄍㄣ ㄋㄧㄣˊ ㄧˋ ㄑㄧˇ ㄆㄞ ㄓㄠ？
Bù hǎoyìsi, néng bù néng gēn nín yìqǐ pāizhào?

B: **當然沒問題。**
ㄉㄤ ㄖㄢˊ ㄇㄟˊ ㄨㄣˋ ㄊㄧˊ。
Dāngrán méi wèntí.

A: すみません，一緒に写真に入っていただけますか。
B: もちろん大丈夫です。

【拍照】（写真を）撮る。【當然】当然。もちろん。

挨拶と社交

質問と応答

意思疎通

勧誘と申し出

依頼・勧告・要求

感情の表現

☐376

可以送我到～嗎？

～まで送ってもらえますか。

ㄎㄜˇ ㄧˇ ㄙㄨㄥˋ ㄨㄛˇ ㄉㄠˋ～˙ㄇㄚ？
Kěyǐ sòng wǒ dào～ma?

A: **可以送我到車站嗎？**

ㄎㄜˇ ㄧˇ ㄙㄨㄥˋ ㄨㄛˇ ㄉㄠˋ ㄔㄜ ㄓㄢˋ ˙ㄇㄚ？
Kěyǐ sòng wǒ dào chēzhàn ma?

B: **可以。**

ㄎㄜˇ ㄧˇ。
Kěyǐ.

A: 駅まで送ってもらえますか。
B: いいですよ。

【車站】駅。

☐377

能載我到～嗎？

～まで載せていっていただけますか。

ㄋㄥˊ ㄗㄞˋ ㄨㄛˇ ㄉㄠˋ～˙ㄇㄚ？
Néng zài wǒ dào～ma?

A: **不好意思，能載我到桃園國際機場嗎？**

ㄅㄨˋ ㄏㄠˇ ㄧˋ ㄙ，ㄋㄥˊ ㄗㄞˋ ㄨㄛˇ ㄉㄠˋ ㄊㄠˊ ㄩㄢˊ ㄍㄨㄛˊ ㄐㄧˋ ㄐㄧ ㄔㄤˇ ˙ㄇㄚ？
Bù hǎoyìsi, néng zài wǒ dào Táoyuán guójì jīchǎng ma?

B: **好的，請上車。**

ㄏㄠˇ ˙ㄉㄜ，ㄑㄧㄥˇ ㄕㄤˋ ㄔㄜ。
Hǎo de, qǐng shàng chē.

A: すみません，桃園国際空港まで乗せていっていただけますか。
B: いいですよ，乗ってください。

【桃園國際機場】台湾最大の国際空港。【上車】乗車する。

☐378

能開車來接我嗎？

車で迎えに来ていただけますか。

ㄋㄥˊ ㄎㄞ ㄔㄜ ㄌㄞˊ ㄐㄧㄝ ㄨㄛˇ ˙ㄇㄚ？
Néng kāichē lái jiē wǒ ma?

A: **我到台北車站了，能開車來接我嗎？**

ㄨㄛˇ ㄉㄠˋ ㄊㄞˊ ㄅㄟˇ ㄔㄜ ㄓㄢˋ ˙ㄌㄜ，ㄋㄥˊ ㄎㄞ ㄔㄜ ㄌㄞˊ ㄐㄧㄝ ㄨㄛˇ ˙ㄇㄚ？
Wǒ dào Táiběi chēzhàn le, néng kāichē lái jiē wǒ ma?

B: **沒問題，我 20 分鐘後到。**

ㄇㄟˊ ㄨㄣˋ ㄊㄧˊ，ㄨㄛˇ ㄦˋ ㄕˊ ㄈㄣ ㄓㄨㄥ ㄏㄡˋ ㄉㄠˋ。
Méi wèntí, wǒ èrshí fēnzhōng hòu dào.

A: 台北駅に着きましたので，車で迎えに来ていただけますか。
B: いいですよ，20 分後に着きます。

【接】出迎える。

□379 可以再便宜一點嗎？

もっと安くなりますか。

ㄎㄜˇ ㄧˇ ㄗㄞˋ ㄆㄧㄢˊ ㄧˊ ㄧˋ ㄉㄧㄢˇ ㄇㄚ?
Kěyǐ zài piányí yìdiǎn ma?

A: **可以再便宜一點嗎？**
ㄎㄜˇ ㄧˇ ㄗㄞˋ ㄆㄧㄢˊ ㄧˊ ㄧˋ ㄉㄧㄢˇ ㄇㄚ?
Kěyǐ zài piányí yìdiǎn ma?

B: **這已經是最便宜的。**
ㄓㄜˋ ㄧˇ ㄐㄧㄥ ㄕˋ ㄗㄨㄟˋ ㄆㄧㄢˊ ㄧˊ ㄉㄜ˙。
Zhè yǐjīng shì zuì piányí de.

A: もっと安くなりますか。
B: これが一番安いです。

【便宜】安い。【已經】もう。すでに。

□380 能不能算我便宜一點？

少し安くしていただけますか。

ㄋㄥˊ ㄅㄨ ㄋㄥˊ ㄙㄨㄢˋ ㄨㄛˇ ㄆㄧㄢˊ ㄧˊ ㄧˋ ㄉㄧㄢˇ?
Néng bu néng suàn wǒ piányí yìdiǎn?

A: **能不能算我便宜一點？**
ㄋㄥˊ ㄅㄨˋ ㄋㄥˊ ㄙㄨㄢˋ ㄨㄛˇ ㄆㄧㄢˊ ㄧˊ ㄧˋ ㄉㄧㄢˇ?
Néng bù néng suàn wǒ piányí yìdiǎn?

B: **你再買一個的話，可以便宜 50 塊。**
ㄋㄧˇ ㄗㄞˋ ㄇㄞˇ ㄧˊ ㄍㄜ˙ ㄉㄜ˙ ㄏㄨㄚˋ, ㄎㄜˇ ㄧˇ ㄆㄧㄢˊ ㄧˊ ㄨˇ ㄕˊ ㄎㄨㄞˋ。
Nǐ zài mǎi yì ge de huà, kěyǐ piányí wǔshí kuài.

A: 少し安くしていただけますか。
B: もう一個買ってくれれば，50 元安くします。

【塊】台湾の通貨単位は元だが，口語ではこちらが多く用いられる。

□381 有打折嗎？

割引がありますか。

ㄧㄡˇ ㄉㄚˇ ㄓㄜˊ ㄇㄚ?
Yǒu dǎzhé ma?

A: **有打折嗎？**
ㄧㄡˇ ㄉㄚˇ ㄓㄜˊ ㄇㄚ?
Yǒu dǎzhé ma?

B: **現在打 9 折。**
ㄒㄧㄢˋ ㄗㄞˋ ㄉㄚˇ ㄐㄧㄡˇ ㄓㄜˊ。
Xiànzài dǎ jiǔ zhé.

A: 割引がありますか。
B: いまは 1 割引きです。

【打～折】～割引きにする（【打 8 折】2 割引きにする）。

□382 可以賠給我嗎？

弁償してもらえますか。

ㄎㄜˇ ㄧˇ ㄆㄟˊ ㄍㄟˇ ㄨㄛˇ ㄇㄚ˙?
Kěyǐ péi gěi wǒ ma?

A: **你把我的手機弄壞了，可以賠給我嗎？**

ㄋㄧˇ ㄅㄚˇ ㄨㄛˇ ㄉㄜ˙ ㄕㄡˇ ㄐㄧ ㄋㄨㄥˋ ㄏㄨㄞˋ ㄌㄜ˙, ㄎㄜˇ ㄧˇ ㄆㄟˊ ㄍㄟˇ ㄨㄛˇ ㄇㄚ˙?
Nǐ bǎ wǒ de shǒujī nòng huài le, kěyǐ péi gěi wǒ ma?

B: **對不起，我賠給你。**

ㄉㄨㄟˋ ㄅㄨ ㄑㄧˇ, ㄨㄛˇ ㄆㄟˊ ㄍㄟˇ ㄋㄧˇ.
Duìbuqǐ, wǒ péi gěi nǐ.

A: 私の携帯電話を壊したんだから，弁償してもらえますか。
B: ごめんなさい。弁償します。

【手機】携帯電話。（〔智慧型手機〕スマホ）。【賠】弁償する。賠償する。

□383 請賠給我。

弁償してください。

ㄑㄧㄥˇ ㄆㄟˊ ㄍㄟˇ ㄨㄛˇ～.
Qǐng péi gěi wǒ～.

A: **請賠給我。**

ㄑㄧㄥˇ ㄆㄟˊ ㄍㄟˇ ㄨㄛˇ.
Qǐng péi gěi wǒ.

B: **我知道了。一樣的東西就可以了吧？**

ㄨㄛˇ ㄓ ㄉㄠˋ ㄌㄜ˙. ㄧ ㄧㄤˋ ㄉㄜ˙ ㄉㄨㄥ ㄒㄧ ㄐㄧㄡˋ ㄎㄜˇ ㄧˇ ㄌㄜ˙ ㄅㄚ˙?
Wǒ zhīdào le. Yíyàng de dōngxi jiù kěyǐ le ba?

A: 弁償してください。
B: わかりました。同じものでいいですよね？

【東西】もの。品物。

□384 請賠錢！

お金で弁償して！

ㄑㄧㄥˇ ㄆㄟˊ ㄑㄧㄢˊ!
Qǐng péi qián!

A: **衣服是被你弄髒的，對吧！ 請賠錢！**

ㄧ ㄈㄨˊ ㄕˋ ㄅㄟˋ ㄋㄧˇ ㄋㄨㄥˋ ㄗㄤ ㄉㄜ˙, ㄉㄨㄟˋ ㄅㄚ˙! ㄑㄧㄥˇ ㄆㄟˊ ㄑㄧㄢˊ!
Yīfú shì bèi nǐ nòngzāng de, duì ba! Qǐng péiqián!

B: **不是我，是小志弄髒的！**

ㄅㄨˊ ㄕˋ ㄨㄛˇ, ㄕˋ ㄒㄧㄠˇ ㄓˋ ㄋㄨㄥˋ ㄗㄤ ㄉㄜ˙!
Bú shì wǒ, shì xiǎoZhì nòngzāng de!

A: 服を汚したでしょう！ お金で弁償してください！
B: 僕じゃない，志くんが汚したんです！

【弄髒】汚す。

☐ **385**

🎧

越快越好。

できるだけ早く。

ㄩㄝˋ ㄎㄨㄞˋ ㄩㄝˋ ㄏㄠˇ。
Yuè kuài yuè hǎo.

A: **這份文件，你什麼時候要？**

ㄓㄜˋ ㄈㄣˋ ㄨㄣˊ ㄐㄧㄢˋ, ㄋㄧˇ ㄕㄣˊ ㄇㄜ ㄕˊ ㄏㄡˋ ㄧㄠˋ?
Zhè fèn wénjiàn, nǐ shénme shíhòu yào?

B: **越快越好。**

ㄩㄝˋ ㄎㄨㄞˋ ㄩㄝˋ ㄏㄠˇ。
Yuè kuài yuè hǎo.

A: この書類，いつ必要ですか。
B: できるだけ早く。

【什麼時候】いつ。【越快越好】できるだけ早く。

☐ **386**

🎧

我很急。

急いでいます。

ㄨㄛˇ ㄏㄣˇ ㄐㄧˊ。
Wǒ hěn jí.

A: **今天一定得匯款嗎？**

ㄐㄧㄣ ㄊㄧㄢ ㄧˊ ㄉㄧㄥˋ ㄉㄟˇ ㄏㄨㄟˋ ㄎㄨㄢˇ ㄇㄚ?
Jīntiān yídìng děi huìkuǎn ma?

B: **是的，我很急。**

ㄕˋ ㄉㄜ, ㄨㄛˇ ㄏㄣˇ ㄐㄧˊ。
Shì de, wǒ hěn jí.

A: 今日中に振り込まなければならないの？
B: そうです，急いでいます。

【一定】ぜひ。必ず。きっと。【得＋〈動詞〉】～しなければならない。【匯款】振り込む。送金する。

☐ **387**

🎧

我現在就要。

いますぐです。

ㄨㄛˇ ㄒㄧㄢˋ ㄗㄞˋ ㄐㄧㄡˋ ㄧㄠˋ。
Wǒ xiànzài jiù yào.

A: **你什麼時候要客戶名單？**

ㄋㄧˇ ㄕㄣˊ ㄇㄜ ㄕˊ ㄏㄡˋ ㄧㄠˋ ㄎㄜˋ ㄏㄨˋ ㄇㄧㄥˊ ㄉㄢ?
Nǐ shénme shíhòu yào kèhù míngdān?

B: **我現在就要。**

ㄨㄛˇ ㄒㄧㄢˋ ㄗㄞˋ ㄐㄧㄡˋ ㄧㄠˋ。
Wǒ xiànzài jiù yào.

A: いつまでにカスタマーリストは必要ですか。
B: いますぐです。

【客戶名單】カスタマーリスト。

□ 388

不要猶豫了！

ためらわないで！

ㄅㄨˊ ㄧㄠˋ ㄧㄡˊ ㄩˋ ˙ㄌㄜ！
Bú yào yóuyù le!

A: **我也好想當義工。**
ㄨㄛˇ ㄧㄝˇ ㄏㄠˇ ㄒㄧㄤˇ ㄉㄤ ㄧˋ ㄍㄨㄥ。
Wǒ yě hǎo xiǎng dāng yìgōng.

B: **不要猶豫了，一起去報名吧！**
ㄅㄨˊ ㄧㄠˋ ㄧㄡˊ ㄩˋ ˙ㄌㄜ，ㄧˋ ㄑㄧˇ ㄑㄩˋ ㄅㄠˋ ㄇㄧㄥˊ ˙ㄅㄚ！
Bú yào yóuyù le, yìqǐ qù bàomíng ba!

A: 私もボランティアになりたいな。
B: ためらわないで、一緒に申し込もうよ！

【義工】ボランティア。【猶豫】躊躇する。ためらう。

□ 389

快點〜。

早く〜。

ㄎㄨㄞˋ ㄉㄧㄢˇ〜。
Kuài diǎn ~.

A: **快點解決那個問題。**
ㄎㄨㄞˋ ㄉㄧㄢˇ ㄐㄧㄝˊ ㄐㄩㄝˊ ㄋㄚˋ ˙ㄍㄜ ㄨㄣˋ ㄊㄧˊ。
Kuài diǎn jiějué nàge wèntí.

B: **可以再給我一點時間嗎？**
ㄎㄜˇ ㄧˇ ㄗㄞˋ ㄍㄟˇ ㄨㄛˇ ㄧˋ ㄉㄧㄢˇ ㄕˊ ㄐㄧㄢ ˙ㄇㄚ？
Kěyǐ zài gěi wǒ yìdiǎn shíjiān ma?

A: 早くその問題を解決してください。
B: もう少し時間をいただけませんか。

□ 390

趕快〜。

急いで〜。

ㄍㄢˇ ㄎㄨㄞˋ〜。
Gǎnkuài ~.

A: **要遲到了，趕快出門吧。**
ㄧㄠˋ ㄔˊ ㄉㄠˋ ˙ㄌㄜ，ㄍㄢˇ ㄎㄨㄞˋ ㄔㄨ ㄇㄣˊ ˙ㄅㄚ。
Yào chídào le, gǎnkuài chūmén ba.

B: **走吧！**
ㄗㄡˇ ˙ㄅㄚ！
Zǒu ba!

A: 遅刻するぞ、急いで出掛けよう。
B: 行こう！

【出門】出掛ける。外出する。

□391

沒有別的方法了。

ほかに方法はありません。

ㄇㄟˊ ㄧㄡˇ ㄅㄧㄝˊ ˙ㄉㄜ ㄈㄤ ㄈㄚˇ ˙ㄌㄜ.

Méi yǒu bié de fāngfǎ le.

A: **在日本搬家要花很多錢的！**

ㄗㄞˋ ㄖˋ ㄅㄣˇ ㄅㄢ ㄐㄧㄚ ㄧㄠˋ ㄏㄨㄚ ㄏㄣˇ ㄉㄨㄛ ㄑㄧㄢˊ ˙ㄉㄜ!

Zài Rìběn bānjiā yào huā hěn duō qián de!

B: **現在的房東不讓我們更新合約，沒有別的方法了。**

ㄒㄧㄢˋ ㄗㄞˋ ˙ㄉㄜ ㄈㄤ ㄉㄨㄥ ㄅㄨˊ ㄖㄤˋ ㄨㄛˇ ˙ㄇㄣ ㄍㄥ ㄒㄧㄣ ㄏㄜˊ ㄩㄝ, ㄇㄟˊ ㄧㄡˇ ㄅㄧㄝˊ ˙ㄉㄜ ㄈㄤ ㄈㄚˇ ˙ㄌㄜ.

Xiànzài de fángdōng bú ràng wǒmen gēngxīn héyuē, méiyǒu bié de fāngfǎ le.

A: 日本で引越しするには相当お金がかかりますよ！
B: いまの大家さんは契約の更新をさせてくれないので，ほかに方法はないです。

【搬家】引越しする。【房東】大家。家主。【讓＋〈人〉＋〈動詞／形容詞〉】〈人〉に～させる。【合約】契約。

□392

只能那樣了。

それしか方法はありません。

ㄓˇ ㄋㄥˊ ㄋㄚˋ ㄧㄤˋ ˙ㄌㄜ.

Zhǐnéng nàyàng le.

A: **已經客滿了，要不要併桌？**

ㄧˇ ㄐㄧㄥ ㄎㄜˋ ㄇㄢˇ ˙ㄌㄜ, ㄧㄠˋ ㄅㄨˊ ㄧㄠˋ ㄅㄧㄥˋ ㄓㄨㄛ?

Yǐjīng kè mǎn le, yào bú yào bìng zhuō?

B: **只能那樣了。**

ㄓˇ ㄋㄥˊ ㄋㄚˋ ㄧㄤˋ ˙ㄌㄜ.

Zhǐnéng nàyàng le.

A: もうすでに満席で，相席はどうですか。
B: それしか方法はありません。

【客滿】満席だ。【併桌】相席。

□393

沒有其他選擇了。

ほかに選択はありません。

ㄇㄟˊ ㄧㄡˇ ㄑㄧˊ ㄊㄚ ㄒㄩㄢˇ ㄗㄜˊ ˙ㄌㄜ.

Méi yǒu qítā xuǎnzé le.

A: **只有兩個方案嗎？**

ㄓˇ ㄧㄡˇ ㄌㄧㄤˇ ㄍㄜ ㄈㄤ ㄢˋ ˙ㄇㄚ?

Zhǐyǒu liǎng ge fāngàn ma?

B: **是的，沒有其他選擇了。**

ㄕˋ ˙ㄉㄜ, ㄇㄟˊ ㄧㄡˇ ㄑㄧˊ ㄊㄚ ㄒㄩㄢˇ ㄗㄜˊ ˙ㄌㄜ.

Shì de, méiyǒu qítā xuǎnzé le.

A: ２つのプランしかないのですか。
B: そうですね，ほかに選択肢はありません。

【方案】プラン。【其他～】ほかの～。

挨拶と社交

質問と応答

意思疎通

勧誘と申し出

依頼・勧告・要求

感情の表現

□394 **請不要這樣子。** やめてください。

ㄑㄧㄥˇ ㄅㄨˊ ㄧㄠˋ ㄓㄜˋ ㄧㄤˋ ˙ㄗ。
Qǐng bú yào zhè yàngzi.

A: **這裡是公共場所，請不要這樣子。**

ㄓㄜˋ ㄌㄧˇ ㄕˋ ㄍㄨㄥ ㄍㄨㄥˋ ㄔㄤˇ ㄙㄨㄛˇ，ㄑㄧㄥˇ ㄅㄨˊ ㄧㄠˋ ㄓㄜˋ ㄧㄤˋ ˙ㄗ。
zhèlǐ shì gōnggòng chǎngsuǒ, qǐng bú yào zhè yàngzi.

B: **對不起。**

ㄉㄨㄟˋ ㄅㄨˋ ㄑㄧˇ。
Duìbuqǐ.

A: ここは公共の場所なので，やめてください。
B: ごめんなさい。

□395 **很抱歉，請勿～。** 申し訳ございませんが，～はご遠慮ください。

ㄏㄣˇ ㄅㄠˋ ㄑㄧㄢˋ，ㄑㄧㄥˇ ㄨˋ～。
Hěn bàoqiàn, qǐng wù～.

A: **很抱歉，請勿攜帶外食。**

ㄏㄣˇ ㄅㄠˋ ㄑㄧㄢˋ，ㄑㄧㄥˇ ㄨˋ ㄒㄧ ㄉㄞˋ ㄨㄞˋ ㄕˊ。
Hěn bàoqiàn, qǐng wù xīdài wàishí.

B: **不好意思，我不知道。**

ㄅㄨˋ ㄏㄠˇ ㄧˋ ˙ㄙ，ㄨㄛˇ ㄅㄨˋ ㄓ ㄉㄠˋ。
Bù hǎoyìsi, wǒ bù zhīdào.

A: 申し訳ございませんが，飲食の持込はご遠慮ください。
B: すみません，知りませんでした。

【勿＋〈動詞〉】～してはならない。【攜帶】所持する。持ち込む。

□396 **請別～。** ～しないでください。

ㄑㄧㄥˇ ㄅㄧㄝˊ～。
Qǐng bié～.

A: **請別在捷運上飲食，會被罰錢的。**

ㄑㄧㄥˇ ㄅㄧㄝˊ ㄗㄞˋ ㄐㄧㄝˊ ㄩㄣˋ ㄕㄤˋ ㄧㄣˇ ㄕˊ，ㄏㄨㄟˋ ㄅㄟˋ ㄈㄚˊ ㄑㄧㄢˊ ˙ㄉㄜ。
Qǐng bié zài jiéyùnshang yǐnshí, huì bèi fáqián de.

B: **我會注意的。**

ㄨㄛˇ ㄏㄨㄟˋ ㄓㄨˋ ㄧˋ ˙ㄉㄜ。
Wǒ huì zhùyì de.

A: MRT では飲食をしないでください，罰金を取られますよ。
B: 気をつけます。

【捷運】台湾の都市高速鉄道（MRT）。【罰錢】罰金。

397 請小聲點。　　　　　　　　小声でお願いします。

ㄑㄧㄥˇ ㄒㄧㄠˇ ㄕㄥ ㄉㄧㄢˇ。
Qǐng xiǎoshēng diǎn.

A: **小孩在睡覺，請小聲點。**
ㄒㄧㄠˇ ㄏㄞˊ ㄗㄞˋ ㄕㄨㄟˋ ㄐㄧㄠˋ，ㄑㄧㄥˇ ㄒㄧㄠˇ ㄕㄥ ㄉㄧㄢˇ。
Xiǎohái zài shuìjiào, qǐng xiǎoshēng diǎn.

B: **不好意思，我沒注意到。**
ㄅㄨˋ ㄏㄠˇ ㄧˋ ㄙ，ㄨㄛˇ ㄇㄟˊ ㄓㄨˋ ㄧˋ ㄉㄠˋ。
Bù hǎoyìsi, wǒ méi zhùyì dào.

A: 子どもが寝ているので，小声でお願いします。
B: すみません，気がつかなかったです。

【睡覺】寝る。眠る。

398 請安靜。　　　　　　　　　　静かにしてください。

ㄑㄧㄥˇ ㄢ ㄐㄧㄥˋ。
Qǐng ānjìng.

A: **考試時，請安靜。**
ㄎㄠˇ ㄕˋ ㄕˊ，ㄑㄧㄥˇ ㄢ ㄐㄧㄥˋ。
Kǎo shì shí, qǐng ānjìng.

B: **好的！**
ㄏㄠˇ ˙ㄉㄜ！
Hǎo de!

A: 試験中は静かにしてください。
B: はい！

【考試】試験を受ける。【安靜】静か。

399 不要大聲說話。　　　　　　　大声で話さないで。

ㄅㄨˊ ㄧㄠˋ ㄉㄚˋ ㄕㄥ ㄕㄨㄛ ㄏㄨㄚˋ。
Bú yào dàshēng shuōhuà.

A: **已經半夜兩點了，不要大聲說話。**
ㄧˇ ㄐㄧㄥ ㄅㄢˋ ㄧㄝˋ ㄌㄧㄤˇ ㄉㄧㄢˇ ˙ㄌㄜ，ㄅㄨˊ ㄧㄠˋ ㄉㄚˋ ㄕㄥ ㄕㄨㄛ ㄏㄨㄚˋ。
Yǐjīng bànyè liǎng diǎn le, bú yào dàshēng shuōhuà.

B: **對不起，我們太興奮了。**
ㄉㄨㄟˋ ㄅㄨˋ ㄑㄧˇ，ㄨㄛˇ ㄇㄣ ㄊㄞˋ ㄒㄧㄥ ㄈㄣˋ ˙ㄌㄜ。
Duìbuqǐ, wǒmen tài xìngfèn le.

A: もう夜中の２時だから，大声で話さないで。
B: ごめんなさい，興奮しすぎました。

【半夜】深夜。夜中。【說話】話をする。

□400 **你要不要臉啊？**　　　　恥ずかしいと思わないの？！

ㄋㄧˇ ㄧㄠˋ ㄅㄨˊ ㄧㄠˋ ㄌㄧㄢˇ ˙ㄚ?
Nǐ yào bú yào liǎn a?

A: **昨天又睡在路上了嗎？ 你要不要臉啊？**
ㄗㄨㄛˊ ㄊㄧㄢ ㄧㄡˋ ㄕㄨㄟˋ ㄗㄞˋ ㄌㄨˋ ㄕㄤˋ ˙ㄌㄜ ˙ㄇㄚ? ㄋㄧˇ ㄧㄠˋ ㄅㄨˊ ㄧㄠˋ ㄌㄧㄢˇ ˙ㄚ?
Zuótiān yòu shuì zài lùshàng le ma? Nǐ yào bú yào liǎn a?

B: **我喝醉了。**
ㄨㄛˇ ㄏㄜ ㄗㄨㄟˋ ˙ㄌㄜ。
Wǒ hē zuì le.

A: 昨日，また道で寝たの？ 恥ずかしいと思わないの？
B: 酔っぱらったから。

【路上】道中。【喝醉】酔っぱらう。酔う。

□401 **你為什麼這樣對我？**　　なぜ私にこんなことするのですか。

ㄋㄧˇ ㄨㄟˋ ㄕㄣˊ ˙ㄇㄜ ㄓㄜˋ ㄧㄤˋ ㄉㄨㄟˋ ㄨㄛˇ?
Nǐ wèi shénme zhèyàng duì wǒ?

A: **你為什麼這樣對我？**
ㄋㄧˇ ㄨㄟˋ ㄕㄣˊ ˙ㄇㄜ ㄓㄜˋ ㄧㄤˋ ㄉㄨㄟˋ ㄨㄛˇ?
Nǐ wèi shénme zhèyàng duì wǒ?

B: **我真的不是故意的。**
ㄨㄛˇ ㄓㄣ ˙ㄉㄜ ㄅㄨˊ ㄕˋ ㄍㄨˋ ㄧˋ ˙ㄉㄜ。
Wǒ zhēnde bú shì gùyì de.

A: どうして私にこんなことをするのですか。
B: 本当にわざとじゃないです。

【故意】わざと。

□402 **你知道你在幹嘛嗎？**　　何をしているのかわかってるの？

ㄋㄧˇ ㄓ ㄉㄠˋ ㄋㄧˇ ㄗㄞˋ ㄍㄢˋ ㄇㄚˊ ˙ㄇㄚ?
Nǐ zhīdào nǐ zài gàn má ma?

A: **不要再打電話給前女友了，你知道你在幹嘛嗎？**
ㄅㄨˊ ㄧㄠˋ ㄗㄞˋ ㄉㄚˇ ㄉㄧㄢˋ ㄏㄨㄚˋ ㄍㄟˇ ㄑㄧㄢˊ ㄋㄩˇ ㄧㄡˇ ˙ㄌㄜ, ㄋㄧˇ ㄓ ㄉㄠˋ ㄋㄧˇ ㄗㄞˋ ㄍㄢˋ ㄇㄚˊ ˙ㄇㄚ?
Bú yào zài dǎ diànhuà gěi qián nǚyǒu le, nǐ zhīdào nǐ zài gàn má ma?

B: **可是我忘不了她。**
ㄎㄜˇ ㄕˋ ㄨㄛˇ ㄨㄤˋ ˙ㄅㄨ ㄌㄧㄠˇ ㄊㄚ。
Kě shì wǒ wàngbuliǎo tā.

A: もう元カノに電話しないでよ，いま何やってるかわかってるの？
B: でも彼女のことを忘れられないんだ。

【前女友】元彼女（元カノ）。

□ 403

沒常識。　　　　　　　　　　　　　　非常識。
ㄇㄟˊ ㄔㄤˊ ㄕˋ。
Méi chángshì.

A: **為什麼不可以在圖書館講電話？**
ㄨㄟˋ ㄕㄣˊ ㄇㄜ ㄅㄨˋ ㄎㄜˇ ㄧˇ ㄗㄞˋ ㄊㄨˊ ㄕㄨ ㄍㄨㄢˇ ㄐㄧㄤˇ ㄉㄧㄢˋ ㄏㄨㄚˋ？
Wèi shénme bù kěyǐ zài túshūguǎn jiǎng diànhuà?

B: **當然不可以，你真的沒常識。**
ㄉㄤ ㄖㄢˊ ㄅㄨˋ ㄎㄜˇ ㄧˇ，ㄋㄧˇ ㄓㄣ ㄉㄜ ㄇㄟˊ ㄔㄤˊ ㄕˋ。
Dāngrán bù kěyǐ, nǐ zhēnde méi chángshì.

A: なんで図書館で電話をしてはいけないんですか。
B: もちろんダメです，あなたは本当に非常識ですね。

【講電話】電話で話す。【當然】もちろん。当然。

□ 404

你是笨蛋嗎？　　　　　　　　　　あんたバカなの？
ㄋㄧˇ ㄕˋ ㄅㄣˋ ㄉㄢˋ ㄇㄚ？
Nǐ shì bèndàn ma?

A: **我忘了付錢就回家了。**
ㄨㄛˇ ㄨㄤˋ ㄌㄜ ㄈㄨˋ ㄑㄧㄢˊ ㄐㄧㄡˋ ㄏㄨㄟˊ ㄐㄧㄚ ㄌㄜ。
Wǒ wàng le fùqián jiù huíjiā le.

B: **你是笨蛋嗎？**
ㄋㄧˇ ㄕˋ ㄅㄣˋ ㄉㄢˋ ㄇㄚ？
Nǐ shì bèndàn ma?

A: お金を払うのを忘れて帰っちゃった。
B: あんたバカなの？

【付錢】お金を払う。【笨蛋】バカ。アホ。

□ 405

不要再這樣了！　　　　　　　もう二度としないで！
ㄅㄨˊ ㄧㄠˋ ㄗㄞˋ ㄓㄜˋ ㄧㄤˋ ㄌㄜ！
Bú yào zài zhèyàng le!

A: **對不起，我遲到了。**
ㄉㄨㄟˋ ㄅㄨˋ ㄑㄧˇ，ㄨㄛˇ ㄔˊ ㄉㄠˋ ㄌㄜ。
Duìbuqǐ, wǒ chídào le.

B: **不要再這樣了！**
ㄅㄨˊ ㄧㄠˋ ㄗㄞˋ ㄓㄜˋ ㄧㄤˋ ㄌㄜ！
Bú yào zài zhèyàng le!

A: ごめん，遅刻しちゃった。
B: もう二度としないで！

【遲到】遅刻する。

□406 注意你的用詞。

ㄓㄨˋ ㄧˋ ㄋㄧˇ ㄉㄜ˙ ㄩㄥˋ ㄘˊ。
Zhùyì nǐ de yòngcí.

言葉に気をつけなさい。

A: **他是白癡嗎？**
ㄊㄚ ㄕˋ ㄅㄞˊ ㄔ ˙ㄇㄚ?
Tā shì báichī ma?

B: **注意你的用詞。**
ㄓㄨˋ ㄧˋ ㄋㄧˇ ㄉㄜ˙ ㄩㄥˋ ㄘˊ。
Zhùyì nǐ de yòngcí.

A: 彼はアホか？
B: 言葉に気をつけなさい。

【白癡】バカ。アホ。【用詞】言葉遣い。

□407 不要亂說話。

ㄅㄨˊ ㄧㄠˋ ㄌㄨㄢˋ ㄕㄨㄛ ㄏㄨㄚˋ。
Bú yào luàn shuōhuà.

言葉に気をつけなさい。

A: **聽說他是靠關係進來公司的。**
ㄊㄧㄥ ㄕㄨㄛ ㄊㄚ ㄕˋ ㄎㄠˋ ㄍㄨㄢ ㄒㄧˋ ㄐㄧㄣˋ ㄌㄞˊ ㄍㄨㄥ ㄙ ㄉㄜ˙。
Tīngshuō tā shì kào guānxì jìnlái gōngsī de.

B: **不要亂說話。**
ㄅㄨˊ ㄧㄠˋ ㄌㄨㄢˋ ㄕㄨㄛ ㄏㄨㄚˋ。
Bú yào luàn shuōhuà.

A: 彼はコネで会社に入ったと聞いたよ。
B: 言葉に気をつけなさい。

【聽說】聞くところによると～だそうだ。【靠關係～】コネで～。

□408 沒禮貌！

ㄇㄟˊ ㄌㄧˇ ㄇㄠˋ。
Méi lǐmào.

失礼だな！

A: **你衣服很沒品味。**
ㄋㄧˇ ㄧ ㄈㄨˊ ㄏㄣˇ ㄇㄟˊ ㄆㄧㄣˇ ㄨㄟˋ。
Nǐ yīfú hěn méi pǐnwèi.

B: **你沒禮貌！**
ㄋㄧˇ ㄇㄟˊ ㄌㄧˇ ㄇㄠˋ!
Nǐ méi lǐmào!

A: 君が買った服はセンスがないね。
B: 失礼ね！

【沒品味】センスがない。趣味が悪い。【沒禮貌】失礼だ。礼儀正しくない。

☐409 **好好想想你自己做的事。** 自分のしたことをよく考えて。

ㄏㄠˇ ㄏㄠˇ ㄒㄧㄤˇ ㄒㄧㄤˇ ㄋㄧˇ ㄗˋ ㄐㄧˇ ㄗㄨㄛˋ ˙ㄉㄜ ㄕˋ。

Hǎohǎo xiǎngxiǎng nǐ zìjǐ zuò de shì.

A: **你為什麼在生氣?**

ㄋㄧˇ ㄨㄟˋ ㄕㄣˊ ˙ㄇㄜ ㄗㄞˋ ㄕㄥ ㄑㄧˋ?

Nǐ wèi shénme zài shēngqì?

B: **好好想想你自己做的事。**

ㄏㄠˇ ㄏㄠˇ ㄒㄧㄤˇ ㄒㄧㄤˇ ㄋㄧˇ ㄗˋ ㄐㄧˇ ㄗㄨㄛˋ ˙ㄉㄜ ㄕˋ。

Hǎohǎo xiǎngxiǎng nǐ zìjǐ zuò de shì.

A: なんで怒ってるの?
B: 自分のしたことをよく考えて。

【生氣】怒る。慣る。

☐410 **不要那樣說!** そんな言い方しないで!

ㄅㄨˊ ㄧㄠˋ ㄋㄚˋ ㄧㄤˋ ㄕㄨㄛ!

Bú yào nàyàng shuō!

A: **我覺得我是個沒用的人。**

ㄨㄛˇ ㄐㄩㄝˊ ˙ㄉㄜ ㄨㄛˇ ㄕˋ ˙ㄍㄜ ㄇㄟˊ ㄩㄥˋ ˙ㄉㄜ ㄖㄣˊ。

Wǒ juéde wǒ shì ge méi yòng de rén.

B: **不要那樣說!**

ㄅㄨˊ ㄧㄠˋ ㄋㄚˋ ㄧㄤˋ ㄕㄨㄛ!

Bú yào nàyàng shuō!

A: 私は自分がダメな人間だと思う。
B: そんな言い方しないで!

【沒用】役に立たない。使えない。

☐411 **你知道自己在說什麼嗎?** 自分が何を言っているのかわかってる?

ㄋㄧˇ ㄓ ㄉㄠˋ ㄗˋ ㄐㄧˇ ㄗㄞˋ ㄕㄨㄛ ㄕㄣˊ ˙ㄇㄜ ˙ㄇㄚ?

Nǐ zhīdào zìjǐ zài shuō shénme ma?

A: **算了,我想離婚。**

ㄙㄨㄢˋ ˙ㄌㄜ, ㄨㄛˇ ㄒㄧㄤˇ ㄌㄧˊ ㄏㄨㄣ。

Suàn le, wǒ xiǎng líhūn.

B: **你知道自己在說什麼嗎?**

ㄋㄧˇ ㄓ ㄉㄠˋ ㄗˋ ㄐㄧˇ ㄗㄞˋ ㄕㄨㄛ ㄕㄣˊ ˙ㄇㄜ ˙ㄇㄚ?

Nǐ zhīdào zìjǐ zài shuō shénme ma?

A: もういい,離婚したい。
B: 自分が何を言っているのかわかってる?

【算了】もういい。

□412 你好過分。

あなたってひどい人だね。

ㄋㄧˇ ㄏㄠˇ ㄍㄨㄛˋ ㄈㄣˋ。
Nǐ hǎo guòfèn.

A: **他好醜，難怪沒女朋友。**
ㄊㄚ ㄏㄠˇ ㄔㄡˇ，ㄋㄢˊ ㄍㄨㄞˋ ㄇㄟˊ ㄋㄩˇ ㄆㄥˊ ㄧㄡˇ。
Tā hǎo chǒu, nán guài méi nǚpéngyǒu.

B: **你好過分。**
ㄋㄧˇ ㄏㄠˇ ㄍㄨㄛˋ ㄈㄣˋ。
Nǐ hǎo guòfèn.

A: 彼はブサイクだね，どうりで彼女がいないわけだ。
B: あなたってひどい人ね。

【醜】醜い。不細工だ。【難怪】どうりで。【女朋友】ガールフレンド。彼女。

□413 幹嘛這樣講。

なんでそんなこと言うの？

ㄍㄢˋ ㄇㄚˊ ㄓㄜˋ ㄧㄤˋ ㄐㄧㄤˇ。
Gàn má zhèyàng jiǎng.

A: **如果我不認識他就好了。**
ㄖㄨˊ ㄍㄨㄛˇ ㄨㄛˇ ㄅㄨˊ ㄖㄣˋ ㄕˊ ㄊㄚ ㄐㄧㄡˋ ㄏㄠˇ ㄌㄜ。
Rúguǒ wǒ bú rènshí tā jiù hǎo le.

B: **你們只是吵架而已，幹嘛這樣講。**
ㄋㄧˇ ㄇㄣ ㄓˇ ㄕˋ ㄔㄠˇ ㄐㄧㄚˋ ㄦˊ ㄧˇ，ㄍㄢˋ ㄇㄚˊ ㄓㄜˋ ㄧㄤˋ ㄐㄧㄤˇ。
Nǐmen zhǐshì chǎojià éryǐ, gàn má zhèyàng jiǎng.

A: 彼と知り合わなければよかったのに。
B: あなたたちはただ喧嘩しただけでしょう，なんでそんなこと言うの？

【如果~就…】もし~なら…なのに。【吵架】喧嘩する。

□414 你少來了。

またまた。

ㄋㄧˇ ㄕㄠˇ ㄌㄞˊ ㄌㄜ。
Nǐ shǎolái le.

A: **她跟我告白了。**
ㄊㄚ ㄍㄣ ㄨㄛˇ ㄍㄠˋ ㄅㄞˊ ㄌㄜ。
Tā gēn wǒ gàobái le.

B: **你少來了。**
ㄋㄧˇ ㄕㄠˇ ㄌㄞˊ ㄌㄜ。
Nǐ shǎolái le.

A: 彼女は僕に告白したよ。
B: またまた。

□ 415 🎧 請記住。

覚えておいてください。

ㄑㄧㄥˇ ㄐㄧˋ ㄓㄨˋ。
Qǐng jìzhù.

A: **請記住**我跟你說的話。
ㄑㄧㄥˇ ㄐㄧˋ ㄓㄨˋ ㄨㄛˇ ㄍㄣ ㄋㄧˇ ㄕㄨㄛ ㄉㄜ ㄏㄨㄚˋ。
Qǐng jìzhù wǒ gēn nǐ shuō de huà.

B: 我不會忘的。
ㄨㄛˇ ㄅㄨˊ ㄏㄨㄟˋ ㄨㄤˋ ˙ㄉㄜ。
Wǒ bú huì wàng de.

A: 私が言っていることを覚えておいてください。
B: 忘れません。

□ 416 🎧 不要忘了。

忘れないで。

ㄅㄨˊ ㄧㄠˋ ㄨㄤˋ ˙ㄌㄜ。
Bú yào wàng le.

A: **明天的電影是下午兩點，不要忘了。**
ㄇㄧㄥˊ ㄊㄧㄢ ˙ㄉㄜ ㄉㄧㄢˋ ㄧㄥˇ ㄕˋ ㄒㄧㄚˋ ㄨˇ ㄌㄧㄤˇ ㄉㄧㄢˇ，ㄅㄨˊ ㄧㄠˋ ㄨㄤˋ ˙ㄌㄜ。
Míngtiān de diànyǐng shì xiàwǔ liǎng diǎn, bú yào wàng le.

B: 我知道了！ 那麼明天見。
ㄨㄛˇ ㄓ ㄉㄠˋ ˙ㄌㄜ！ ㄋㄚˋ ˙ㄇㄜ ㄇㄧㄥˊ ㄊㄧㄢ ㄐㄧㄢˋ。
Wǒ zhīdào le! Nàme míngtiān jiàn.

A: 明日の映画は午後２時からね，忘れないで。
B: わかった！ じゃあ，また明日。

【下午】午後。

□ 417 🎧 不要食言。

約束を守って。

ㄅㄨˊ ㄧㄠˋ ㄕˊ ㄧㄢˊ。
Bú yào shíyán.

A: **你說下個月要來日本。不要食言。**
ㄋㄧˇ ㄕㄨㄛ ㄒㄧㄚˋ ˙ㄍㄜ ㄩㄝˋ ㄧㄠˋ ㄌㄞˊ ㄖˋ ㄅㄣˇ。ㄅㄨˊ ㄧㄠˋ ㄕˊ ㄧㄢˊ。
Nǐ shuō xiàgeyuè yào lái Rìběn. Bú yào shíyán.

B: 我一定會去的！
ㄨㄛˇ ㄧˊ ㄉㄧㄥˋ ㄏㄨㄟˋ ㄑㄩˋ ˙ㄉㄜ！
Wǒ yídìng huì qù de!

A: あなたは来月日本に来るって言ったんだから，約束を破らないでね。
B: 必ず行くから！

【下個月】来月。【食言】嘘をつく。

挨拶と社交

質問と応答

意思疎通

勧誘と申し出

依頼・勧告・要求

感情の表現

418 請跟我交往。　　　　　　　　私と付き合ってください。

ㄑㄧㄥˇ ㄍㄣ ㄨㄛˇ ㄐㄧㄠ ㄨㄤˇ。
Qǐng gēn wǒ jiāowǎng.

A: **我真的很喜歡你，請跟我交往。**
ㄨㄛˇ ㄓㄣ˙ㄉㄜ ㄏㄣˇ ㄒㄧˇㄏㄨㄢ ㄋㄧˇ，ㄑㄧㄥˇ ㄍㄣ ㄨㄛˇ ㄐㄧㄠ ㄨㄤˇ。
Wǒ zhēnde hěn xǐhuān nǐ, qǐng gēn wǒ jiāowǎng.

B: **好的。其實我也很喜歡你。**
ㄏㄠˇ ˙ㄉㄜ。ㄑㄧˊ ㄕˊ ㄨㄛˇ ㄧㄝˇ ㄏㄣˇ ㄒㄧˇㄏㄨㄢ ㄋㄧˇ。
Hǎo de. Qíshí wǒ yě hěn xǐhuān nǐ.

A: 君のことが本当に好きなので，僕と付き合ってください。
B: はい。実は私もあなたのことが好きです。

【喜歡】~が好きだ。【交往】付き合う。【其實】実は。

419 你願意跟我在一起嗎？　　　　付き合ってくれますか。

ㄋㄧˇ ㄩㄢˋㄧˋ ㄍㄣ ㄨㄛˇ ㄗㄞˋ ㄧˋㄑㄧˇ ˙ㄇㄚ？
Nǐ yuànyì gēn wǒ zài yìqǐ ma?

A: **你願意跟我在一起嗎？**
ㄋㄧˇ ㄩㄢˋㄧˋ ㄍㄣ ㄨㄛˇ ㄗㄞˋ ㄧˋㄑㄧˇ ˙ㄇㄚ？
Nǐ yuànyì gēn wǒ zài yìqǐ ma?

B: **可以讓我想一想嗎？**
ㄎㄜˇ ㄧˇ ㄖㄤˋ ㄨㄛˇ ㄒㄧㄤˇ ㄧˋ ㄒㄧㄤˇ ˙ㄇㄚ？
Kěyǐ ràng wǒ xiǎng yì xiǎng ma?

A: 付き合ってくれますか。
B: ちょっと考えさせてもらってもいいですか。

【讓＋〈人〉＋〈動詞／形容詞〉】〈人〉に~させる。

420 我想一直跟你在一起。　　　　ずっと一緒にいたい。

ㄨㄛˇ ㄒㄧㄤˇ ㄧˋㄓˊ ㄍㄣ ㄋㄧˇ ㄗㄞˋ ㄧˋㄑㄧˇ。
Wǒ xiǎng yìzhí gēn nǐ zài yìqǐ.

A: **我想一直跟你在一起。**
ㄨㄛˇ ㄒㄧㄤˇ ㄧˋㄓˊ ㄍㄣ ㄋㄧˇ ㄗㄞˋ ㄧˋㄑㄧˇ。
Wǒ xiǎng yìzhí gēn nǐ zài yìqǐ.

B: **真的嗎？**
ㄓㄣ ˙ㄉㄜ ˙ㄇㄚ？
Zhēnde ma?

A: ずっと一緒にいたい。
B: 本当に？

【一直】ずっと。絶え間なく。

□421

不可以劈腿！

二股をかけちゃだめだ

ㄅㄨˋ ㄎㄜˇ ㄧˇ ㄆㄧ ㄊㄨㄟˇ!
Bù kěyǐ pītuǐ!

A: **想跟我在一起的話，不可以劈腿！**
ㄒㄧㄤˇ ㄍㄣ ㄨㄛˇ ㄗㄞˋ ㄧˋ ㄑㄧˇ ㄉㄜ ㄏㄨㄚˋ, ㄅㄨˋ ㄎㄜˇ ㄧˇ ㄆㄧ ㄊㄨㄟˇ!
Xiǎng gēn wǒ zài yìqǐ de huà, bù kěyǐ pītuǐ!

B: **我不會的！**
ㄨㄛˇ ㄅㄨˊ ㄏㄨㄟˋ ㄉㄜ!
Wǒ bú huì de!

A: 私と付き合いたいなら，二股をかけちゃだめよ！
B: しないよ！

【劈腿】二股をかける。浮気する。

□422

我絕對不原諒外遇！

不倫は絶対許さない！

ㄨㄛˇ ㄐㄩㄝˊ ㄉㄨㄟˋ ㄅㄨˋ ㄩㄢˊ ㄌㄧㄤˋ ㄨㄞˋ ㄩˋ。
Wǒ juéduì bù yuánliàng wàiyù.

A: **我絕對不原諒外遇！**
ㄨㄛˇ ㄐㄩㄝˊ ㄉㄨㄟˋ ㄅㄨˋ ㄩㄢˊ ㄌㄧㄤˋ ㄨㄞˋ ㄩˋ!
Wǒ juéduì bù yuánliàng wàiyù!

B: **怎麼可能，我只愛你一個。**
ㄗㄣˇ ㄇㄜ ㄎㄜˇ ㄋㄥˊ, ㄨㄛˇ ㄓˇ ㄞˋ ㄋㄧˇ ㄧˋ ㄍㄜ。
Zěnme kěnéng, wǒ zhǐ ài nǐ yì ge.

A: 不倫は絶対許さない！
B: あり得ない，僕は君しか愛していないよ。

【原諒】許す。【外遇】不倫。

□423

我好想你。

とても会いたいです。

ㄨㄛˇ ㄏㄠˇ ㄒㄧㄤˇ ㄋㄧˇ。
Wǒ hǎo xiǎng nǐ.

A: **我好想你。**
ㄨㄛˇ ㄏㄠˇ ㄒㄧㄤˇ ㄋㄧˇ。
Wǒ hǎo xiǎng nǐ.

B: **下禮拜就可以見面了。**
ㄒㄧㄚˋ ㄌㄧˇ ㄅㄞˋ ㄐㄧㄡˋ ㄎㄜˇ ㄧˇ ㄐㄧㄢˋ ㄇㄧㄢˋ ㄌㄜ。
Xiàlǐbài jiù kěyǐ jiànmiàn le.

A: とても会いたいです。
B: 来週会えますから。

【下禮拜】来週。

□ 424 **慢慢來就好。**　　　　　　ゆっくりでいいよ。

Mànmàn lái jiù hǎo.

A: **我擔心做不完今天的工作。**

Wǒ dānxīn zuò bú wán jīntiān de gōngzuò.

B: **別擔心，慢慢來就好。**

Bié dānxīn, mànmàn lái jiù hǎo.

A: 今日の仕事が終わるかどうか心配だ。
B: 心配しないで，ゆっくりでいいから。

【擔心】心配する。気にかける。【慢慢來】ゆっくり。焦らず。

□ 425 **請你相信我。**　　　　　　私を信じてください。

Qǐng nǐ xiāngxìn wǒ.

A: **我們一定可以度過難關，請你相信我。**

Wǒmen yídìng kěyǐ dùguò nánguān, qǐng nǐ xiāngxìn wǒ.

B: **好的。我相信你。**

Hǎo de. Wǒ xiāngxìn nǐ.

A: 私たちはきっと困難を乗り越えられるから，私を信じてください。
B: はい。信じます。

【度過難關】困難を乗り越える。【相信】信じる。信用する。

□ 426 **絕對沒問題。**　　　　　　絶対大丈夫だ。

Juéduì méi wèntí.

A: **如果失敗的話，怎麼辦？**

Rúguǒ shībài de huà, zěnme bàn?

B: **絕對沒問題。**

Juéduì méi wèntí.

A: もし失敗したら，どうするの？
B: 絶対大丈夫だ。

□ 427

不要急。

ㄅㄨˊ ㄧㄠˋ ㄐㄧˊ。
Bú yào jí.

慌てないで。

A: **錢包不見了！**

ㄑㄧㄢˊ ㄅㄠ ㄅㄨˊ ㄐㄧㄢˋ ㄌㄜ˙！
Qiánbāo bú jiàn le!

B: **不要急，我們一起找。**

ㄅㄨˊ ㄧㄠˋ ㄐㄧˊ，ㄨㄛˇ ㄇㄣ˙ ㄧˋ ㄑㄧˇ ㄓㄠˇ。
Bú yào jí, wǒmen yìqǐ zhǎo.

A: 財布を失くした！
B: 慌てないで，一緒に探しましょう。

【錢包】財布。

□ 428

請冷靜一下。

ㄑㄧㄥˇ ㄌㄥˇ ㄐㄧㄥˋ ㄧˊ ㄒㄧㄚˋ。
Qǐng lěngjìng yíxià.

落ち着いてください。

A: **現在不是吵架的時候，請冷靜一下。**

ㄒㄧㄢˋ ㄗㄞˋ ㄅㄨˊ ㄕˋ ㄔㄠˇ ㄐㄧㄚˋ ㄉㄜ˙ ㄕˊ ㄏㄡˋ，ㄑㄧㄥˇ ㄌㄥˇ ㄐㄧㄥˋ ㄧˊ ㄒㄧㄚˋ。
Xiànzài bú shì chǎojià de shíhòu, qǐng lěngjìng yíxià.

B: **我沒事。**

ㄨㄛˇ ㄇㄟˊ ㄕˋ。
Wǒ méi shì.

A: いまは喧嘩してる場合じゃないから，落ち着いてください。
B: 私は大丈夫ですよ。

【吵架】喧嘩。

□ 429

放輕鬆。

ㄈㄤˋ ㄑㄧㄥ ㄙㄨㄥ。
Fàng qīngsōng.

リラックスして。

A: **明天有面試，我睡不著。**

ㄇㄧㄥˊ ㄊㄧㄢ ㄧㄡˇ ㄇㄧㄢˋ ㄕˋ，ㄨㄛˇ ㄕㄨㄟˋ ㄅㄨˋ ㄓㄠˊ。
Míngtiān yǒu miànshì, wǒ shuì bù zháo.

B: **你不要緊張，放輕鬆。**

ㄋㄧˇ ㄅㄨˊ ㄧㄠˋ ㄐㄧㄣˇ ㄓㄤ，ㄈㄤˋ ㄑㄧㄥ ㄙㄨㄥ。
Nǐ bú yào jǐnzhāng, fàng qīngsōng.

A: 明日は面接があるから，眠れない。
B: 緊張しないで，リラックスして。

【面試】面接。【睡不著】眠れない。

挨拶と社交

質問と応答

意思疎通

勧誘と申し出

依頼・勧告・要求

感情の表現

□ 430 **別催我。**　せかさないで。

ㄅㄧㄝˊ ㄘㄨㄟ ㄨㄛˇ。
Bié cuī wǒ.

A: **你什麼時候給我答覆。**
ㄋㄧˇ ㄕㄣˊ ㄇㄜ˙ ㄕˊ ㄏㄡˋ ㄍㄟˇ ㄨㄛˇ ㄉㄚˊ ㄈㄨˋ。
Nǐ shénme shíhòu gěi wǒ dáfù.

B: **別催我，我需要時間想。**
ㄅㄧㄝˊ ㄘㄨㄟ ㄨㄛˇ，ㄨㄛˇ ㄒㄩ ㄧㄠˋ ㄕˊ ㄐㄧㄢ ㄒㄧㄤˇ。
Bié cuī wǒ, wǒ xūyào shíjiān xiǎng.

A: いつ返事してくれるの？
B: せかさないで，考える時間が必要だ。

【答覆】答える。回答する。返答する。【催】急かす。

□ 431 **不要強迫我！**　押し付けないで！

ㄅㄨˊ ㄧㄠˋ ㄑㄧㄤˊ ㄆㄛˋ ㄨㄛˇ！
Bú yào qiángpò wǒ!

A: **這個化妝品很好用，你真的不買嗎？**
ㄓㄜˋ ㄍㄜ˙ ㄏㄨㄚˋ ㄓㄨㄤ ㄆㄧㄣˇ ㄏㄣˇ ㄏㄠˇ ㄩㄥˋ，ㄋㄧˇ ㄓㄣ ㄉㄜ˙ ㄅㄨˋ ㄇㄞˇ ㄇㄚ？
Zhège huàzhuāngpǐn hěn hǎo yòng, nǐ zhēnde bù mǎi ma?

B: **我已經聽好幾次了。不要強迫我！**
ㄨㄛˇ ㄧˇ ㄐㄧㄥ ㄊㄧㄥ ㄏㄠˇ ㄐㄧˇ ㄘˋ ㄌㄜ˙。ㄅㄨˊ ㄧㄠˋ ㄑㄧㄤˊ ㄆㄛˋ ㄨㄛˇ！
Wǒ yǐjīng tīng hǎo jǐ cì le. Bú yào qiángpò wǒ!

A: この化粧品はとても使いやすいのに，本当に買わないのですか。
B: 何度も聞いたよ。押し付けないで！

【化妝品】化粧品。【已經】もう。すでに。【好幾次】何度も。何回も。

□ 432 **請不要給我壓力。**　プレッシャーをかけないでください。

ㄑㄧㄥˇ ㄅㄨˊ ㄧㄠˋ ㄍㄟˇ ㄨㄛˇ ㄧㄚ ㄌㄧˋ。
Qǐng bú yào gěi wǒ yālì.

A: **大學的同學都結婚了，你呢？**
ㄉㄚˋ ㄒㄩㄝˊ ㄉㄜ˙ ㄊㄨㄥˊ ㄒㄩㄝˊ ㄉㄡ ㄐㄧㄝˊ ㄏㄨㄣ ㄌㄜ˙，ㄋㄧˇ ㄋㄜ˙？
Dàxué de tóngxué dōu jiéhūn le, nǐ ne?

B: **請不要給我壓力。**
ㄑㄧㄥˇ ㄅㄨˊ ㄧㄠˋ ㄍㄟˇ ㄨㄛˇ ㄧㄚ ㄌㄧˋ。
Qǐng bú yào gěi wǒ yālì.

A: 大学の同級生はみんな結婚しているよ，あなたは？
B: プレッシャーをかけないでください。

【同學】同級生。同窓。【壓力】プレッシャー。ストレス。

挨拶と社交

質問と応答

意思疎通

勧誘と申し出

依頼・勧告・要求

感情の表現

☐ **433**

我覺得你最好～。

～したほうがいいと思います。

ㄨㄛˇ ㄐㄩㄝˊ ㄉㄜ ㄋㄧˇ ㄗㄨㄟˋ ㄏㄠˇ～。

Wǒ juéde nǐ zuì hǎo～.

A: **我想去台灣留學一年，你覺得怎麼樣呢？**

ㄨㄛˇ ㄒㄧㄤˇ ㄑㄩˋ ㄊㄞˊ ㄨㄢ ㄌㄧㄡˊ ㄒㄩㄝˊ ㄧˋ ㄋㄧㄢˊ, ㄋㄧˇ ㄐㄩㄝˊ ㄉㄜ ㄗㄣˇ ㄇㄜ ㄧㄤˋ ㄋㄜ?

Wǒ xiǎng qù Táiwān liúxué yì nián, nǐ juéde zěnmeyàng ne?

B: **我覺得你最好跟你父母談談。**

ㄨㄛˇ ㄐㄩㄝˊ ㄉㄜ ㄋㄧˇ ㄗㄨㄟˋ ㄏㄠˇ ㄍㄣ ㄋㄧˇ ㄈㄨˋ ㄇㄨˇ ㄊㄢˊ ㄊㄢˊ。

Wǒ juéde nǐ zuìhǎo gēn nǐ fùmǔ tántán.

A: 私は二年間台湾へ留学したいのですが，どう思いますか。
B: ご両親と相談したほうがいいと思います。

【談】相談する。

☐ **434**

應該～。

～すべきだ。

ㄧㄥ ㄍㄞ ～。

Yīnggāi～.

A: **聽說他一次都沒有遲到過？**

ㄊㄧㄥ ㄕㄨㄛ ㄊㄚ ㄧˊ ㄘˋ ㄉㄡ ㄇㄟˊ ㄧㄡˇ ㄔˊ ㄉㄠˋ ㄍㄨㄛˋ?

Tīngshuō tā yícì dōu méiyǒu chídào guò?

B: **對啊，你應該跟他學習。**

ㄉㄨㄟˋ ㄚ, ㄋㄧˇ ㄧㄥ ㄍㄞ ㄍㄣ ㄊㄚ ㄒㄩㄝˊ ㄒㄧˊ。

Duì a, nǐ yīnggāi gēn tā xuéxí.

A: 彼は一度も遅刻したことないんだって。
B: そうですね，私たちは彼を見習うべきです。

【聽說】聞くところによると～だそうだ。

☐ **435**

你～吧。

～しなさいよ。

ㄋㄧˇ ～ ㄅㄚ。

Nǐ～ba.

A: **我感冒一個禮拜還沒好。**

ㄨㄛˇ ㄍㄢˇ ㄇㄠˋ ㄧˋ ㄍㄜ ㄌㄧˇ ㄅㄞˋ ㄏㄞˊ ㄇㄟˊ ㄏㄠˇ。

Wǒ gǎnmào yì ge lǐbài hái méi hǎo.

B: **你去看醫生吧。**

ㄋㄧˇ ㄑㄩˋ ㄎㄢˋ ㄧ ㄕㄥ ㄅㄚ。

Nǐ qù kàn yīshēng ba.

A: 一週間を過ぎても風邪がまだ治まらない。
B: 医者に診てもらいに行きなさいよ。

【感冒】風邪を引く。【一個禮拜】一週間。【還】まだ。依然として。【醫生】医者。

□**436** **你不要這樣想。**

そんなふうに考えないで。

ㄋㄧˇ ㄅㄨˊ ㄧㄠˋ ㄓㄜˋㄧㄤˋ ㄒㄧㄤˇ。
Nǐ bú yào zhèyàng xiǎng.

A: **反正都是我不好！**
ㄈㄢˇ ㄓㄥˋ ㄉㄡ ㄕˋ ㄨㄛˇ ㄅㄨˋ ㄏㄠˇ!
Fǎnzhèng dōu shì wǒ bù hǎo!

B: **你不要這樣想。**
ㄋㄧˇ ㄅㄨˊ ㄧㄠˋ ㄓㄜˋ ㄧㄤˋ ㄒㄧㄤˇ。
Nǐ bú yào zhèyàng xiǎng.

A: どうせ全部僕が悪いんだ！
B: そんなふうに考えないで。

【反正】どうせ。

□**437** **還是不要的好。**

やめたほうがいい。

ㄏㄞˊ ㄕˋ ㄅㄨˊ ㄧㄠˋ ㄉㄜ ㄏㄠˇ。
Hái shì bú yào de hǎo.

A: **部長太過分了，我要跟社長說。**
ㄅㄨˋ ㄓㄤˇ ㄊㄞˋ ㄍㄨㄛˋㄈㄣ ㄌㄜ, ㄨㄛˇ ㄧㄠˋ ㄍㄣ ㄕㄜˋ ㄓㄤˇ ㄕㄨㄛ。
Bùzhǎng tài guòfèn le, wǒ yào gēn shèzhǎng shuō.

B: **部長是社長的弟弟，還是不要的好。**
ㄅㄨˋ ㄓㄤˇ ㄕˋ ㄕㄜˋ ㄓㄤˇ ㄉㄜ ㄉㄧˋㄉㄧ, ㄏㄞˊ ㄕˋ ㄅㄨˊ ㄧㄠˋ ㄉㄜ ㄏㄠˇ。
Bùzhǎng shì shèzhǎng de dìdi, hái shì bú yào de hǎo.

A: 部長はひど過ぎるから，社長に言うよ。
B: 部長は社長の弟よ，やめたほうがいいわ。

【過分】ひどすぎる。度が過ぎる。

□**438** **自己好好想吧。**

自分でよく考えて。

ㄗˋ ㄐㄧˇ ㄏㄠˇ ㄏㄠˇ ㄒㄧㄤˇ ㄅㄚ。
Zìjǐ hǎohǎo xiǎng ba.

A: **我高中畢業後不升學，想工作。**
ㄨㄛˇ ㄍㄠ ㄓㄥ ㄅㄧˋ ㄧㄝˋ ㄏㄡˋ ㄅㄨˋ ㄕㄥ ㄒㄩㄝˊ, ㄒㄧㄤˇ ㄍㄨㄥ ㄗㄨㄛˋ。
Wǒ gāozhōng bìyè hòu bù shēngxué, xiǎng gōngzuò.

B: **這關係到你的未來，自己好好想吧。**
ㄓㄜˋ ㄍㄨㄢ ㄒㄧˋ ㄉㄠˋ ㄋㄧˇ ㄉㄜ ㄨㄟˋ ㄌㄞˊ, ㄗˋ ㄐㄧˇ ㄏㄠˇ ㄏㄠˇ ㄒㄧㄤˇ ㄅㄚ。
Zhè guānxì dào nǐ de wèilái, zìjǐ hǎohǎo xiǎng ba.

A: 私は高校を卒業したら，進学せず働きたいです。
B: それはあなたの未来に関わるので，自分でよく考えて。

【高中】高等学校。【畢業】卒業。【升學】進学する。

□439 你知道你在跟誰說話嗎？ 誰に向かって言ってるのかわかってる？
ㄋㄧˇ ㄓ ㄉㄠˋ ㄋㄧˇ ㄗㄞˋ ㄍㄣ ㄕㄟˊ ㄕㄨㄛ ㄏㄨㄚˋ ˙ㄇㄚ?
Nǐ zhīdào nǐ zài gēn shéi shuōhuà ma?

A: 這麼簡單的事，你不會嗎？
ㄓㄜˋ ˙ㄇㄜ ㄐㄧㄢˇ ㄉㄢ ˙ㄉㄜ ㄕˋ, ㄋㄧˇ ㄅㄨˊ ㄏㄨㄟˋ ˙ㄇㄚ?
Zhème jiǎndān de shì, nǐ bú huì ma?

B: 你知道你在跟誰說話嗎？
ㄋㄧˇ ㄓ ㄉㄠˋ ㄋㄧˇ ㄗㄞˋ ㄍㄣ ㄕㄟˊ ㄕㄨㄛ ㄏㄨㄚˋ ˙ㄇㄚ?
Nǐ zhīdào nǐ zài gēn shéi shuōhuà ma?

A: こんな簡単なことなのに，できないの？
B: 誰に話しているのかわかっているのですか。

□440 你知道我是誰嗎？　私がだれだかわかってるの？
ㄋㄧˇ ㄓ ㄉㄠˋ ㄨㄛˇ ㄕˋ ㄕㄟˊ ˙ㄇㄚ?
Nǐ zhīdào wǒ shì shéi ma?

A: 快點老實說！
ㄎㄨㄞˋ ㄉㄧㄢˇ ㄌㄠˇ ㄕˊ ㄕㄨㄛ!
Kuài diǎn lǎoshí shuō!

B: 你知道我是誰嗎？
ㄋㄧˇ ㄓ ㄉㄠˋ ㄨㄛˇ ㄕˋ ㄕㄟˊ ˙ㄇㄚ?
Nǐ zhīdào wǒ shì shéi ma?

A: 早く正直に言いなさいよ。
B: 僕が誰だかわかってんの？

【老實】正直に。誠実に。

□441 你以為你是誰啊？　何様だと思ってるの？
ㄋㄧˇ ㄧˇ ㄨㄟˊ ㄋㄧˇ ㄕˋ ㄕㄟˊ ˙ㄚ?
Nǐ yǐwéi nǐ shì shéi a?

A: 我覺得大家都很喜歡我。
ㄨㄛˇ ㄐㄩㄝˊ ˙ㄉㄜ ㄉㄚˋ ㄐㄧㄚ ㄉㄡ ㄏㄣˇ ㄒㄧˇ ㄏㄨㄢ ㄨㄛˇ。
Wǒ juéde dàjiā dōu hěn xǐhuān wǒ.

B: 你以為你是誰啊？　照照鏡子吧。
ㄋㄧˇ ㄧˇ ㄨㄟˊ ㄋㄧˇ ㄕˋ ㄕㄟˊ ˙ㄚ? ㄓㄠˋ ㄓㄠˋ ㄐㄧㄥˋ ˙ㄗ ˙ㄅㄚ。
Nǐ yǐwéi nǐ shì shéi a? Zhàozhào jìngzi ba.

A: みんなは僕のことが好きだと思う。
B: 何様だと思ってるの？ 鏡でも見てみなさい。

【照】（鏡などで自分の姿を）映す。【鏡子】鏡。

□442

跟我說的一樣吧！

《ㄅ ㄨㄛˇ ㄕㄨㄛ ˙ㄉㄜ ㄧˊ ㄧㄤˋ ˙ㄅㄚ！
Gēn wǒ shuō de yíyàng ba!

私の言ったとおりでしょう！

A: **果然沒有預約，就不能進去。**
《ㄨㄛˊ ㄇㄟˊ ㄇㄟˇ ㄧㄡˋ ㄩ ㄩㄝ，ㄐㄧㄡˋ ㄅㄨˋ ㄋㄥˊ ㄐㄧㄣˋ ㄑㄩ。
Guǒrán méiyǒu yùyuē, jiù bù néng jìnqù.

B: **跟我說的一樣吧！**
《ㄅ ㄨㄛˇ ㄕㄨㄛ ˙ㄉㄜ ㄧˊ ㄧㄤˋ ˙ㄅㄚ！
Gēn wǒ shuō de yíyàng ba!

A: やっぱり，予約しないと入れないです。
B: 私の言ったとおりでしょう！

【預約】予約する。

□443

你看，我不是說過～。

ㄋㄧˇ ㄎㄢˋ，ㄨㄛˇ ㄅㄨˊ ㄕˋ ㄕㄨㄛ 《ㄨㄛˋ～。
Nǐ kàn, wǒ bú shì shuō guò~.

ほら，だから～って言ったじゃん！

A: **沒趕上電車。**
ㄇㄟˊ 《ㄢˇ ㄕㄤˋ ㄉㄧㄢˋ ㄔㄜ。
Méi gǎnshàng diànchē.

B: **你看，我不是說過要早一點出門。**
ㄋㄧˇ ㄎㄢˋ，ㄨㄛˇ ㄅㄨˊ ㄕˋ ㄕㄨㄛ 《ㄨㄛˋ ㄧㄠˋ ㄗㄠˇ ㄧˋ ㄉㄧㄢˇ ㄔㄨ ㄇㄣˊ。
Nǐ kàn, wǒ bú shì shuō guò yào zǎo yìdiǎn chūmén.

A: 電車に乗り遅れてしまったわ。
B: ほら，だから早く出掛けようって言ったじゃん。

【沒趕上～】（交通機関）に乗り遅れた。【出門】出掛ける。外出する。

□444

為什麼不聽我的話呢？

ㄨㄟˋ ㄕㄣˊ ˙ㄇㄜ ㄅㄨˋ ㄊㄧㄥ ㄨㄛˇ ˙ㄉㄜ ㄏㄨㄚˋ ˙ㄋㄜ？
Wèi shénme bù tīng wǒ de huà ne?

なんで私の話を聞かなかったの？

A: **我的錢被他騙走了。**
ㄨㄛˇ ˙ㄉㄜ ㄑㄧㄢˊ ㄅㄟˋ ㄊㄚ ㄆㄧㄢˋ ㄗㄡˇ ˙ㄌㄜ。
Wǒ de qián bèi tā piàn zǒu le.

B: **我跟妳說過他是騙子，為什麼不聽我的話呢？**
ㄨㄛˇ 《ㄣ ㄋㄧˇ ㄕㄨㄛ 《ㄨㄛˋ ㄊㄚ ㄕˋ ㄆㄧㄢˋ ˙ㄗ，ㄨㄟˋ ㄕㄣˊ ˙ㄇㄜ ㄅㄨˋ ㄊㄧㄥ ㄨㄛˇ ˙ㄉㄜ ㄏㄨㄚˋ ˙ㄋㄜ？
Wǒ gēn nǐ shuō guò tā shì piànzi, wèi shénme bù tīng wǒ de huà ne?

A: お金は彼に騙されて持って行かれてしまったわ。
B: 彼は詐欺師だと言ったじゃないか，なんで僕の話を聞かなかったの？

【騙子】詐欺師。

□ **445** **別再說教了。** 説教をやめて。

ㄅㄧㄝˊ ㄗㄞˋ ㄕㄨㄛ ㄐㄧㄠˋ ˙ㄌㄜ。
Bié zài shuōjiào le.

A: **你不應該輕易地借別人錢。**
ㄋㄧˇ ㄅㄨˋ ㄧㄥ ㄍㄞ ㄑㄧㄥ ㄧˋ ˙ㄉㄜ ㄐㄧㄝˋ ㄅㄧㄝˊ ㄖㄣˊ ㄑㄧㄢˊ。
Nǐ bù yīnggāi qīngyìde jiè biérén qián.

B: **已經很煩了，別再說教了。**
ㄧˇ ㄐㄧㄥ ㄏㄣˇ ㄈㄢˊ ˙ㄌㄜ，ㄅㄧㄝˊ ㄗㄞˋ ㄕㄨㄛ ㄐㄧㄠˋ ˙ㄌㄜ。
Yǐjīng hěn fán le, bié zài shuōjiào le.

A: あなたは他人に簡単にお金を貸すべきじゃないです。
B: もううんざりだから，説教をやめて。

【輕易地】簡単に。【煩】うるさい。うんざりだ。

□ **446** **不要再說了。** その話はもうやめて。

ㄅㄨˊ ㄧㄠˋ ㄗㄞˋ ㄕㄨㄛ ˙ㄌㄜ。
Bú yào zài shuō le.

A: **雖然這次失敗了，但是還有下次。**
ㄙㄨㄟ ㄖㄢˊ ㄓㄜˋ ㄘˋ ㄕ ㄅㄞˋ ˙ㄌㄜ，ㄉㄢˋ ㄕˋ ㄏㄞˊ ㄧㄡˇ ㄒㄧㄚˋ ㄘˋ。
Suīrán zhècì shī bài le, dànshì hái yǒu xiàcì.

B: **不要再說了。**
ㄅㄨˊ ㄧㄠˋ ㄗㄞˋ ㄕㄨㄛ ˙ㄌㄜ。
Bú yào zài shuō le.

A: 今回は失敗したけど，また次回があるわよ。
B: その話はもうやめて。

【雖然～，但是～】けれども，たとえ～でも～。【還】まだ。依然として。

□ **447** **說了也沒用。** 言っても無駄だ。

ㄕㄨㄛ ˙ㄌㄜ ㄧㄝˇ ㄇㄟˊ ㄩㄥˋ。
Shuō le yě méi yòng.

A: **我覺得你不要換工作比較好。**
ㄨㄛˇ ㄐㄩㄝˊ ˙ㄉㄜ ㄋㄧˇ ㄅㄨˊ ㄧㄠˋ ㄏㄨㄢˋ ㄍㄨㄥ ㄗㄨㄛˋ ㄅㄧˇ ㄐㄧㄠˋ ㄏㄠˇ。
Wǒ juéde nǐ bú yào huàn gōngzuò bǐjiào hǎo.

B: **說了也沒用，我已經決定了。**
ㄕㄨㄛ ˙ㄌㄜ ㄧㄝˇ ㄇㄟˊ ㄩㄥˋ，ㄨㄛˇ ㄧˇ ㄐㄧㄥ ㄐㄩㄝˊ ㄉㄧㄥˋ ˙ㄌㄜ。
Shuō le yě méi yòng, wǒ yǐjīng juédìng le.

A: 君は仕事を変えないほうがいいと思う。
B: 言っても無駄よ，もう決めたの。

【換】換える。【比較】～より。～に比べて。

【無料音声のダウンロードはコチラから】

https://www.goken-net.co.jp/catalog/card.html?isbn=978-4-87615-354-1

感情の表現

☐ **448**

太開心了。

楽しい。

ㄊㄞˋ ㄎㄞ ㄒㄧㄣ ˙ㄌㄜ。
Tài kāixīn le.

A: **今天真的太開心了。**

ㄐㄧㄣ ㄊㄧㄢ ㄓㄣ ˙ㄉㄜ ㄊㄞˋ ㄎㄞ ㄒㄧㄣ ˙ㄌㄜ。
Jīntiān zhēnde tài kāixīn le.

B: **我也是！**

ㄨㄛˇ ㄧㄝˇ ㄕˋ！
Wǒ yě shì!

A: 今日は本当に楽しかったです。
B: 私も！

☐ **449**

很滿意。

とても満足です。

ㄏㄣˇ ㄇㄢˇ ㄧˋ。
Hěn mǎnyì.

A: **這次的結果，你覺得怎麼樣？**

ㄓㄜˋ ㄘˋ ˙ㄉㄜ ㄐㄧㄝˊ ㄍㄨㄛˇ，ㄋㄧˇ ㄐㄩㄝˊ ˙ㄉㄜ ㄗㄣˇ ˙ㄇㄜ ㄧㄤˋ？
Zhècì de jiéguǒ, nǐ juéde zěnmeyàng?

B: **我很滿意。**

ㄨㄛˇ ㄏㄣˇ ㄇㄢˇ ㄧˋ。
Wǒ hěn mǎnyì.

A: 今回の結果についてはどう思いますか。
B: とても満足です。

☐ **450**

超爽的。

超気持ちいい。

ㄔㄠ ㄕㄨㄤˇ ˙ㄉㄜ。
Chāo shuǎng de.

A: **昨天的棒球比賽，你看了嗎？**

ㄗㄨㄛˊ ㄊㄧㄢ ˙ㄉㄜ ㄅㄤˋ ㄑㄧㄡˊ ㄅㄧˇ ㄙㄞˋ，ㄋㄧˇ ㄎㄢˋ ˙ㄌㄜ ˙ㄇㄚ？
Zuótiān de bàngqiú bǐsài, nǐ kàn le ma?

B: **看了。台灣隊贏了！ 超爽的。**

ㄎㄢˋ ˙ㄌㄜ。ㄊㄞˊ ㄨㄢ ㄉㄨㄟˋ ㄧㄥˊ ˙ㄌㄜ！ ㄔㄠ ㄕㄨㄤˇ ˙ㄉㄜ。
Kàn le. Táiwānduì yíng le! Chāo shuǎng de.

A: 昨日の野球の試合を観た？
B: 観たよ。台湾チームが勝った！ 超気持ちいい。

【比賽】試合。【隊】チーム。【爽】気持ちいい。爽快だ。

挨拶と社交

□ 451 **很高興。** うれしい。
ㄏㄣˇ ㄍㄠ ㄒㄧㄥˋ。
Hěn gāoxìng.

A: **很高興你還記得我的生日。**
ㄏㄣˇ ㄍㄠ ㄒㄧㄥˋ ㄋㄧˇ ㄏㄞˊ ㄐㄧˋ ㄉㄜ ㄨㄛˇ ㄉㄜ ㄕㄥ ㄖˋ。
Hěn gāoxìng nǐ hái jìde wǒ de shēngrì.

B: **我怎麼可能忘記。**
ㄨㄛˇ ㄗㄣˇ ㄇㄜ ㄎㄜˇ ㄋㄥˊ ㄨㄤˋ ㄐㄧˋ。
Wǒ zěnme kěnéng wàngjì.

A: 私の誕生日を覚えていてくれてうれしいわ。
B: 忘れるわけないじゃん。

質問と応答

【忘記】忘れる。

□ 452 **真的很幸福。** 本当に幸せです。
ㄓㄣ ㄉㄜ ㄏㄣˇ ㄒㄧㄥˋ ㄈㄨˊ。
Zhēnde hěn xìngfú.

A: **結婚後的生活，怎麼樣？**
ㄐㄧㄝˊ ㄏㄨㄣ ㄏㄡˋ ㄉㄜ ㄕㄥ ㄏㄨㄛˊ, ㄗㄣˇ ㄇㄜ ㄧㄤˋ？
Jiéhūn hòu de shēnghuó, zěnmeyàng?

B: **真的很幸福。**
ㄓㄣ ㄉㄜ ㄏㄣˇ ㄒㄧㄥˋ ㄈㄨˊ。
Zhēnde hěn xìngfú.

A: 結婚後の生活はどうですか。
B: 本当に幸せです。

意思疎通

勧誘と申し出

□ 453 **快樂得不得了。** 楽しくてたまらなかった。
ㄎㄨㄞˋ ㄌㄜˋ ㄉㄜ ㄅㄨˋ ㄉㄜ ㄌㄧㄠˇ。
Kuàilède bùdeliǎo.

A: **上次的台灣旅行怎麼樣？**
ㄕㄤˋ ㄘˋ ㄉㄜ ㄊㄞˊ ㄨㄢ ㄌㄩˇ ㄒㄧㄥˊ ㄗㄣˇ ㄇㄜ ㄧㄤˋ？
Shàngcì de Táiwān lǚxíng zěnmeyàng?

B: **快樂得不得了。**
ㄎㄨㄞˋ ㄌㄜˋ ㄉㄜ ㄅㄨˋ ㄉㄜ ㄌㄧㄠˇ。
Kuàilède bùdeliǎo.

A: 前回の台湾旅行はどうだった？
B: 楽しくてたまらなかったよ。

依頼・勧告・要求

感情の表現

【快樂】楽しい。上機嫌である。【〜得不得了】〜くてたまらない。

□ 454 恭喜！

おめでとうございます！

《ㄨㄥ ㄒㄧˇ！
Gōngxǐ!

A: **我考上大學了！**
ㄨㄛˇ ㄎㄠˇ ㄕㄤˋ ㄉㄚˋ ㄒㄩㄝˊ ˙ㄌㄜ！
Wǒ kǎoshàng dàxué le!

B: **真的嗎？！ 恭喜！**
ㄓㄣ ˙ㄉㄜ ㄇㄚ？！《ㄨㄥ ㄒㄧˇ！
Zhēnde ma?! Gōngxǐ!

A: 大学に受かりました！
B: 本当ですか？！ おめでとうございます！

【考上～】～に受かる。

□ 455 祝你生日快樂。

お誕生日おめでとうございます！

ㄓㄨˋ ㄋㄧˇ ㄕㄥ ㄖˋ ㄎㄨㄞˋ ㄌㄜˋ。
Zhù nǐ shēngrì kuàilè.

A: **小張，祝你生日快樂。**
ㄒㄧㄠˇ ㄓㄤ，ㄓㄨˋ ㄋㄧˇ ㄕㄥ ㄖˋ ㄎㄨㄞˋ ㄌㄜˋ。
XiǎoZhāng, zhù nǐ shēngrì kuàilè.

B: **謝謝你！**
ㄒㄧㄝˋ ˙ㄒㄧㄝ ㄋㄧˇ！
Xièxie nǐ!

A: 張くん，お誕生日おめでとうございます。
B: ありがとうございます！

□ 456 為你感到高興！

私もとてもうれしい！

ㄨㄟˋ ㄋㄧˇ ㄍㄢˇ ㄉㄠˋ ㄍㄠ ㄒㄧㄥˋ！
Wèi nǐ gǎndào gāoxìng!

A: **我終於升職了。**
ㄨㄛˇ ㄓㄨㄥ ㄩˊ ㄕㄥ ㄓˊ ˙ㄌㄜ。
Wǒ zhōngyú shēngzhí le.

B: **恭喜你！ 為你感到高興！**
《ㄨㄥ ㄒㄧˇ ㄋㄧˇ！ㄨㄟˋ ㄋㄧˇ ㄍㄢˇ ㄉㄠˋ ㄍㄠ ㄒㄧㄥˋ！
Gōngxǐ nǐ! Wèi nǐ gǎndào gāoxìng!

A: やっと昇進したよ。
B: おめでとう！ 僕もとてもうれしい！

【終於】ついに。とうとう。【升職】昇進する。【恭喜】お祝いを述べる。

□ 457
你可以的。 あなたならきっと大丈夫だよ。
ㄋㄧˇ ㄎㄜˇ ㄧˇ ˙ㄉㄜ。
Nǐ kěyǐ de.

A: 我不知道能不能跑完五公里。
ㄨㄛˇ ㄅㄨˋ ㄓ ㄉㄠˋ ㄋㄥˊ ㄅㄨˋ ㄋㄥˊ ㄆㄠˇ ㄨㄢˊ ㄨˇ ㄍㄨㄥ ㄌㄧˇ。
Wǒ bù zhīdào néng bù néng pǎo wán wǔ gōnglǐ.

B: 你可以的。
ㄋㄧˇ ㄎㄜˇ ㄧˇ ˙ㄉㄜ。
Nǐ kěyǐ de.

A:5 キロメートルを走り切れるかな？
B: 君ならきっと大丈夫だよ。

【跑】走る。【公里】キロメートル。

□ 458
加油！ がんばって！
ㄐㄧㄚ ㄧㄡˊ！
Jiāyóu!

A: 我絕對不能輸！
ㄨㄛˇ ㄐㄩㄝˊ ㄉㄨㄟˋ ㄅㄨˋ ㄋㄥˊ ㄕㄨ！
Wǒ juéduì bù néng shū!

B: 加油！
ㄐㄧㄚ ㄧㄡˊ！
Jiāyóu!

A: 絶対負けられない！
B: がんばって！

【輸】負ける。

□ 459
一定沒問題的。 きっとうまくいく。
ㄧˊ ㄉㄧㄥˋ ㄇㄟˊ ㄨㄣˋ ㄊㄧˊ ˙ㄉㄜ。
Yídìng méi wèntí de.

A: 明天要跟女友的家人見面，好緊張。
ㄇㄧㄥˊ ㄊㄧㄢ ㄧㄠˋ ㄍㄣ ㄋㄩˇ ㄧㄡˇ ˙ㄉㄜ ㄐㄧㄚ ㄖㄣˊ ㄐㄧㄢˋ ㄇㄧㄢˋ，ㄏㄠˇ ㄐㄧㄣˇ ㄓㄤ。
Míngtiān yào gēn nǚyǒu de jiārén jiànmiàn, hǎo jǐnzhāng.

B: 放心，一定沒問題的。
ㄈㄤˋ ㄒㄧㄣ，ㄧˊ ㄉㄧㄥˋ ㄇㄟˊ ㄨㄣˋ ㄊㄧˊ ˙ㄉㄜ。
Fàngxīn, yídìng méi wèntí de.

A: 明日は彼女の家族と会うから，とても緊張してる。
B: 安心して，きっとうまくいくよ。

【家人】家族。【放心】安心する。

☐ **460**

🎧

打起精神。

カㄚˇ ㄑㄧˇ ㄐㄧㄥ ㄕㄣˊ.
Dǎ qǐ jīngshén.

元気を出して。

A: **我被甩了。**

ㄨㄛˇ ㄅㄟˋ ㄕㄨㄞˇ ˙ㄌㄜ.
Wǒ bèi shuǎi le.

B: **打起精神，你會遇到更好的人。**

ㄉㄚˇ ㄑㄧˇ ㄐㄧㄥ ㄕㄣˊ, ㄋㄧˇ ㄏㄨㄟˋ ㄩˋ ㄉㄠˋ ㄍㄥˋ ㄏㄠˇ ˙ㄉㄜ ㄖㄣˊ.
Dǎ qǐ jīngshén, nǐ huì yùdào gèng hǎode rén.

A: 振られちゃった。
B: 元気出して，もっといい人に出会えるよ。

【被甩】振られる。【好的人】いい人。

☐ **461**

🎧

不要在意。

ㄅㄨˊ ㄧㄠˋ ㄗㄞˋ ㄧˋ.
Bú yào zàiyì.

気にしないで。

A: **對不起，我沒買到你要的東西。**

ㄉㄨㄟˋ ㄅㄨ ㄑㄧˇ, ㄨㄛˇ ㄇㄟˊ ㄇㄞˇ ㄉㄠˋ ㄋㄧˇ ㄧㄠˋ ˙ㄉㄜ ㄉㄨㄥ ㄒㄧ.
Duìbuqǐ, wǒ méi mǎi dào nǐ yào de dōngxi.

B: **沒關係，不要在意。**

ㄇㄟˊ ㄍㄨㄢ ㄒㄧˋ, ㄅㄨˊ ㄧㄠˋ ㄗㄞˋ ㄧˋ.
Méi guānxì, bú yào zàiyì.

A: ごめん，君のほしいものを買えなかった。
B: 大丈夫，気にしないで。

【東西】もの。品物。

☐ **462**

🎧

別怪自己了。

ㄅㄧㄝˊ ㄍㄨㄞˋ ㄗˋ ㄐㄧˇ ˙ㄌㄜ.
Bié guài zìjǐ le.

もう自分を責めないでください。

A: **這全都是我的錯。**

ㄓㄜˋ ㄑㄩㄢˊ ㄉㄡ ㄕˋ ㄨㄛˇ ˙ㄉㄜ ㄘㄨㄛˋ.
Zhè quándōu shì wǒ de cuò.

B: **跟你一點關係都沒有，別怪自己了。**

ㄍㄣ ㄋㄧˇ ㄧˋ ㄉㄧㄢˇ ㄍㄨㄢ ㄒㄧˋ ㄉㄡ ㄇㄟˊ ㄧㄡˇ, ㄅㄧㄝˊ ㄍㄨㄞˋ ㄗˋ ㄐㄧˇ ˙ㄌㄜ.
Gēn nǐ yìdiǎn guānxì dōu méiyǒu, bié guài zìjǐ le.

A: これは全部私のせいです。
B: あなたとは全然関係ないから，もう自分を責めないでください。

【全】全部。すべて。

挨拶と社交

質問と応答

意思疎通

勧誘と申し出

依頼・勧告・要求

感情の表現

□ 463

你想太多了。

考えすぎだよ。

ㄋㄧˇ ㄒㄧㄤˇ ㄊㄞˋ ㄉㄨㄛ ˙ㄌㄜ。
Nǐ xiǎng tài duō le.

A: 他好像不想跟我說話的樣子。
ㄊㄚ ㄏㄠˇㄒㄧㄤˋ ㄅㄨˋ ㄒㄧㄤˇ ㄍㄣ ㄨㄛˇ ㄕㄨㄛ ㄏㄨㄚˋ ˙ㄉㄜ ㄧㄤˋ ˙ㄗ。
Tā hǎoxiàng bù xiǎng gēn wǒ shuōhuà de yàngzi.

B: 沒有那回事，你想太多了。
ㄇㄟˊ ㄧㄡˇ ㄋㄚˋ ㄏㄨㄟˊ ㄕˋ，ㄋㄧˇ ㄒㄧㄤˇ ㄊㄞˋ ㄉㄨㄛ ˙ㄌㄜ。
Méi yǒu nà huí shì, nǐ xiǎng tài duō le.

A: 彼は僕と話したくないようだ。
B: そんなことないわ，考えすぎよ。

【想太多】考えすぎる。

□ 464

不要擔心。

あまり心配しないで。

ㄅㄨˊ ㄧㄠˋ ㄉㄢ ㄒㄧㄣ。
Bú yào dānxīn.

A: 我可能會被公司開除。
ㄨㄛˇ ㄎㄜˇㄋㄥˊ ㄏㄨㄟˋ ㄅㄟˋ ㄍㄨㄥ ㄙ ㄎㄞ ㄔㄨˊ。
Wǒ kěnéng huì bèi gōngsī kāichú.

B: 不要擔心，一定會沒事的。
ㄅㄨˊ ㄧㄠˋ ㄉㄢ ㄒㄧㄣ，ㄧˊ ㄉㄧㄥˋ ㄏㄨㄟˋ ㄇㄟˊ ㄕˋ ˙ㄉㄜ。
Bú yào dānxīn, yídìng huì méi shì de.

A: 会社にクビにされるかもしれない。
B: あまり心配しないで，きっと大丈夫。

【開除】解雇する。

□ 465

常有的事。

よくあることだから。

ㄔㄤˊ ㄧㄡˇ ˙ㄉㄜ ㄕˋ。
Cháng yǒu de shì.

A: 我應該想清楚，再做決定的。
ㄨㄛˇ ㄧㄥ ㄍㄞ ㄒㄧㄤˇ ㄑㄧㄥ ㄔㄨˇ，ㄗㄞˋ ㄗㄨㄛˋ ㄐㄩㄝˊ ㄉㄧㄥˋ ˙ㄉㄜ。
Wǒ yīnggāi xiǎng qīngchǔ, zài zuò juédìng de.

B: 常有的事，並不是你的錯。
ㄔㄤˊ ㄧㄡˇ ˙ㄉㄜ ㄕˋ，ㄅㄧㄥˋ ㄅㄨˊ ㄕˋ ㄋㄧˇ ˙ㄉㄜ ㄘㄨㄛˋ。
Cháng yǒu de shì, bìng bú shì nǐ de cuò.

A: 私がよく考えて，それから決めるべきだったのに。
B: よくあることだから，別に君のせいじゃないよ。

【清楚】（はっきりと）理解する。わかる。

☐ **466** **好厲害！**　　　　　　　　　　　　すごい！

ㄏㄠˇ ㄌㄧˋ ㄏㄞˋ！
Hǎo lìhài!

A: **我會說三國語言！**
　　ㄨㄛˇ ㄏㄨㄟˋ ㄕㄨㄛ ㄙㄢㄍㄨㄛˊ ㄩˇ ㄧㄢˊ！
　　Wǒ huì shuō sānguó yǔyán!

B: **好厲害！**
　　ㄏㄠˇ ㄌㄧˋ ㄏㄞˋ！
　　Hǎo lìhài!

　　A: 私はトリリンガルです！
　　B: すごいですね！

【說三國語言】三か国語を話す。

☐ **467** **讚啦！**　　　　　　　　　　　　いいね！

ㄗㄢˋ ㄌㄚˊ！
Zàn la!

A: **我拿到六個月的獎金了。**
　　ㄨㄛˇ ㄋㄚˊ ㄉㄠˋ ㄌㄧㄡˋ ㄍㄜˋ ㄩㄝˋ ㄉㄜ˙ ㄐㄧㄤˇ ㄐㄧㄣ ㄌㄜ˙。
　　Wǒ ná dào liù ge yuè de jiǎngjīn le.

B: **讚啦！**
　　ㄗㄢˋ ㄌㄚˊ！
　　Zàn la!

　　A: ボーナス6ヶ月分を貰ったよ。
　　B: いいね！

【獎金】ボーナス。

☐ **468** **太棒了。**　　　　　　　　　　　　すばらしい。

ㄊㄞˋ ㄅㄤˋ ㄌㄜ˙。
Tài bàng le.

A: **我找到工作了。**
　　ㄨㄛˇ ㄓㄠˇ ㄉㄠˋ ㄍㄨㄥ ㄗㄨㄛˋ ㄌㄜ˙。
　　Wǒ zhǎo dào gōngzuò le.

B: **太棒了，我們去慶祝吧！**
　　ㄊㄞˋ ㄅㄤˋ ㄌㄜ˙，ㄨㄛˇ ㄇㄣˊ ㄑㄩˋ ㄑㄧㄥˋ ㄓㄨˋ ㄅㄚˊ！
　　Tài bàng le, wǒmen qù qìngzhù ba!

　　A: 仕事が見つかりました。
　　B: すばらしい、お祝いしに行きましょう！

【慶祝】お祝いする。

☐ **469** 好好喔。

いいなぁ。

ㄏㄠˇ ㄏㄠˇ ㄛ。
Hǎohǎo ō.

A: **這是我新買的車。不錯吧！**

ㄓㄜˋ ㄕˋ ㄨㄛˇ ㄒㄧㄣ ㄇㄞˇ ㄉㄜ ㄔㄜ。ㄅㄨˊ ㄘㄨㄛˋ ㄅㄚ！
Zhè shì wǒ xīn mǎi de chē. Bú cuò ba!

B: **好好喔。**

ㄏㄠˇ ㄏㄠˇ ㄛ。
Hǎohǎo ō.

A: これは僕が新しく買った車だ。いいだろう！
B: いいなぁ。

【不錯吧】いいでしょう。

☐ **470** 我好羨慕你。

あなたが羨ましすぎます。

ㄨㄛˇ ㄏㄠˇ ㄒㄧㄢˋ ㄇㄨˋ ㄋㄧˇ。
Wǒ hǎo xiànmù nǐ.

A: **我上個月加薪了。**

ㄨㄛˇ ㄕㄤˋ ㆍㄍㄜ ㄩㄝˋ ㄐㄧㄚ ㄒㄧㄣ ㆍㄌㄜ。
Wǒ shànggeyuè jiāxīn le.

B: **我好羨慕你。**

ㄨㄛˇ ㄏㄠˇ ㄒㄧㄢˋ ㄇㄨˋ ㄋㄧˇ。
Wǒ hǎo xiànmù nǐ.

A: 先月から給料が上がりました。
B: あなたが羨ましすぎます。

【加薪】昇給する。

☐ **471** 我也想像他一樣。

彼のようになりたい。

ㄨㄛˇ ㄧㄝˇ ㄒㄧㄤˇ ㄒㄧㄤˋ ㄊㄚ ㄧˊ ㄧㄤˋ。
Wǒ yě xiǎng xiàng tā yíyàng.

A: **聽說他 30 歲就當社長了。**

ㄊㄧㄥ ㄕㄨㄛ ㄊㄚ ㄙㄢ ㄕˊ ㄙㄨㄟˋ ㄐㄧㄡˋ ㄉㄤ ㄕㄜˋ ㄓㄤˇ ㆍㄌㄜ。
Tīngshuō tā sānshí suì jiù dāng shèzhǎng le.

B: **真的假的？ 我也想像他一樣。**

ㄓㄣ ㆍㄉㄜ ㄐㄧㄚˇ ㆍㄉㄜ？ㄨㄛˇ ㄧㄝˇ ㄒㄧㄤˇ ㄒㄧㄤˋ ㄊㄚ ㄧˊ ㄧㄤˋ。
Zhēnde jiǎ de? Wǒ yě xiǎng xiàng tā yíyàng.

A: 彼は 30 歳で社長になったらしいよ。
B: マジで？ 僕も彼のようになりたいなぁ。

【聽說】聞くところによると〜だそうだ。

□ 472　我滿喜歡～。

けっこう～が好きです。

ㄨㄛˇ ㄇㄢˇ ㄒㄧˇ ㄏㄨㄢ ～。
Wǒ mǎn xǐhuān ~.

A: **你喜歡什麼口味？**
ㄋㄧˇ ㄒㄧˇ ㄏㄨㄢ ㄕㄣˊ ㄇㄜ ㄎㄡˇ ㄨㄟˋ？
Nǐ xǐhuān shénme kǒuwèi?

B: **我滿喜歡辣的。**
ㄨㄛˇ ㄇㄢˇ ㄒㄧˇ ㄏㄨㄢ ㄌㄚˋ ˙ㄉㄜ。
Wǒ mǎn xǐhuān là de.

A: 何の味が好きですか。
B: けっこう辛い味が好きです。

【口味】味。フレーバー。【滿～】けっこう～。

□ 473　我超愛～。

～が大好きだ。

ㄨㄛˇ ㄔㄠ ㄞˋ～。
Wǒ chāo ài ~.

A: **要不要去滑雪？**
ㄧㄠˋ ㄅㄨˊ ㄧㄠˋ ㄑㄩˋ ㄏㄨㄚˊ ㄒㄩㄝˇ？
Yào bú yào qù huáxuě?

B: **我要去！　我超愛滑雪。**
ㄨㄛˇ ㄧㄠˋ ㄑㄩˋ！ ㄨㄛˇ ㄔㄠ ㄞˋ ㄏㄨㄚˊ ㄒㄩㄝˇ。
Wǒ yào qù! Wǒ chāo ài huáxuě.

A: スキーに行く？
B: 行く！ スキーをするの大好き。

【滑雪】スキーをする。

□ 474　我看上～。

～が気に入った。

ㄨㄛˇ ㄎㄢˋ ㄕㄤˋ～。
Wǒ kànshàng ~.

A: **你喜歡哪個包包？**
ㄋㄧˇ ㄒㄧˇ ㄏㄨㄢ ㄋㄚˇ ˙ㄍㄜ ㄅㄠ ㄅㄠ？
Nǐ xǐhuān nǎge bāobāo?

B: **我看上綠色的。**
ㄨㄛˇ ㄎㄢˋ ㄕㄤˋ ㄌㄩˋ ㄙㄜˋ ˙ㄉㄜ。
Wǒ kànshàng lǜsè de.

A: どの色のバッグを買うの？
B: 緑色のものが気に入ったわ。

【包包】バッグ。カバン。

□ 475

我不太喜歡。

ㄨㄛˇ ㄅㄨˊ ㄊㄞˋ ㄒㄧˇ ㄏㄨㄢ。

Wǒ bú tài xǐhuān.

あまり好きじゃない。

A: **那家店很有名，一起去吧。**

ㄋㄚˋ ㄐㄧㄚ ㄉㄧㄢˋ ㄏㄣˇ ㄧㄡˇ ㄇㄧㄥˊ，ㄧˋ ㄑㄧˇ ㄑㄩˋ ㄅㄚ。

Nà jiā diàn hěn yǒumíng, yìqǐ qù ba.

B: **我不太喜歡人多的地方。**

ㄨㄛˇ ㄅㄨˊ ㄊㄞˋ ㄒㄧˇ ㄏㄨㄢ ㄖㄣˊ ㄉㄨㄛ ㄉㄜ ㄉㄧˋ ㄈㄤ。

Wǒ bú tài xǐhuān rén duō de dìfāng.

A: あの店はとても有名なんですよ、一緒に行きましょう。
B: 人混みがあまり好きじゃないです。

□ 476

很討厭。

ㄏㄣˇ ㄊㄠˇ ㄧㄢˋ。

Hěn tǎoyàn.

嫌いです。

A: **他怎麼又喝醉了？**

ㄊㄚ ㄗㄣˇ ㄇㄜ ㄧㄡˋ ㄏㄜ ㄗㄨㄟˋ ㄌㄜ?

Tā zěnme yòu hē zuì le?

B: **每次都這樣。真的很討厭。**

ㄇㄟˇ ㄘˋ ㄉㄡ ㄓㄜˋ ㄧㄤˋ。ㄓㄣ ㄉㄜ ㄏㄣˇ ㄊㄠˇ ㄧㄢˋ。

Měi cì dōu zhèyàng. Zhēnde hěn tǎoyàn.

A: 彼はなんでまた酔っぱらったのですか。
B: 毎回こんな感じだから。本当に嫌いです。

【喝醉】酔っぱらう，酔う。【每次】毎回。

□ 477

怕熱。

ㄆㄚˋ ㄖㄜˋ。

Pàrè.

暑がりだ。

A: **聽說今年的員工旅行要去沖繩。**

ㄊㄧㄥ ㄕㄨㄛ ㄐㄧㄣ ㄋㄧㄢˊ ㄉㄜ ㄩㄢˊ ㄍㄨㄥ ㄌㄩˇ ㄒㄧㄥˊ ㄧㄠˋ ㄑㄩˋ ㄔㄨㄥ ㄕㄥˊ。

Tīngshuō jīnnián de yuángōng lǚxíng yào qù Chōngshéng.

B: **我怕熱，不想去。**

ㄨㄛˇ ㄆㄚˋ ㄖㄜˋ，ㄅㄨˋ ㄒㄧㄤˇ ㄑㄩˋ。

Wǒ pàrè, bù xiǎng qù.

A: 今年の社員旅行は沖縄に行くんだって。
B: 暑がりだから、行きたくないな。

□478 **不爽。** むかつく。

ㄅㄨˋ ㄕㄨㄤˇ。
Bù shuǎng.

A: **你怎麼了？**

ㄋㄧˇ ㄗㄣˇ ˙ㄇㄜ ˙ㄌㄜ？
Nǐ zěnme le?

B: **我被放鴿子了。不爽！**

ㄨㄛˇ ㄅㄟˋ ㄈㄤˋ ㄍㄜ ˙ㄗ ˙ㄌㄜ。ㄅㄨˋ ㄕㄨㄤˇ！
Wǒ bèi fànggēzi le. Bù shuǎng!

A: どうしたの？
B: ドタキャンされちゃった。むかつく！

【放鴿子】ドタキャンする。すっぽかす。

□479 **氣死了。** 腹たつ。

ㄑㄧˋ ㄙˇ ˙ㄌㄜ。
Qì sǐ le.

A: **氣死了，我不想再跟他說話了。**

ㄑㄧˋ ㄙˇ ˙ㄌㄜ，ㄨㄛˇ ㄅㄨˋ ㄒㄧㄤˇ ㄗㄞˋ ㄍㄣ ㄊㄚ ㄕㄨㄛ ㄏㄨㄚˋ ˙ㄌㄜ。
Qì sǐ le, wǒ bù xiǎng zài gēn tā shuōhuà le.

B: **他又做了什麼？**

ㄊㄚ ㄧㄡˋ ㄗㄨㄛˋ ˙ㄌㄜ ㄕㄣˊ ˙ㄇㄜ？
Tā yòu zuò le shénme?

A: 腹が立つ，二度と彼と話したくない！
B: また彼は何かやっちゃったの？

□480 **你夠了！** いい加減にして！

ㄋㄧˇ ㄍㄡˋ ˙ㄌㄜ！
Nǐ gòu le!

A: **你夠了！ 小花並沒有錯。**

ㄋㄧˇ ㄍㄡˋ ˙ㄌㄜ！ ㄒㄧㄠˇ ㄏㄨㄚ ㄅㄧㄥˋ ㄇㄟˊ ㄧㄡˇ ㄘㄨㄛˋ。
Nǐ gòu le! XiǎoHuā bìng méiyǒu cuò.

B: **你什麼都不懂啦！**

ㄋㄧˇ ㄕㄣˊ ˙ㄇㄜ ㄉㄡ ㄅㄨˋ ㄉㄨㄥˇ ˙ㄌㄚ！
Nǐ shénme dōu bù dǒng la!

A: いい加減にして！ 花ちゃんは別に悪くない。
B: 君は何もわかってない！

【並+〈否定形〉】決して，それほど（〜でない）。否定形を強調する。

挨拶と社交

質問と応答

意思疎通

勧誘と申し出

依頼・勧告・要求

感情の表現

□481 **想到就火大。**　　　考えるだけで頭にくる。

ㄒㄧㄤˇ ㄉㄠˋ ㄐㄧㄡˋ ㄏㄨㄛˇ ㄉㄚˋ。
Xiǎng dào jiù huǒ dà.

A: **昨天的事，明明不是你的錯，老闆為什麼罵你。**
ㄗㄨㄛˊ ㄊㄧㄢ ㄉㄜ˙ ㄕˋ, ㄇㄧㄥˊ ㄇㄧㄥˊ ㄅㄨˊ ㄕˋ ㄋㄧˇ ㄉㄜ˙ ㄘㄨㄛˋ, ㄌㄠˇ ㄅㄢˇ ㄨㄟˋ ㄕㄣˊ ㄇㄜ˙ ㄇㄚˋ ㄋㄧˇ。
Zuótiān de shì, míngmíng bú shì nǐ de cuò, lǎobǎn wèi shénme mà nǐ.

B: **不要再說了，想到就火大。**
ㄅㄨˊ ㄧㄠˋ ㄗㄞˋ ㄕㄨㄛ ㄌㄜ˙, ㄒㄧㄤˇ ㄉㄠˋ ㄐㄧㄡˋ ㄏㄨㄛˇ ㄉㄚˋ。
Bú yào zài shuō le, xiǎng dào jiù huǒ dà.

A: 昨日のことは，あなたのせいじゃないのに，ボスはなんで叱ったのかしら。
B: もう言わないで。考えるだけで頭にくるから。

【老闆】ボス。オーナー。社長。【罵】罵る。叱る。

□482 **別瞧不起我。**　　　なめるなよ！

ㄅㄧㄝˊ ㄑㄧㄠˊ ㄅㄨˋ ㄑㄧˇ ㄨㄛˇ。
Bié qiáobùqǐ wǒ.

A: **你一定喝不完五杯啤酒吧。**
ㄋㄧˇ ㄧˊ ㄉㄧㄥˋ ㄏㄜ ㄅㄨˋ ㄨㄢˊ ㄨˇ ㄅㄟ ㄆㄧˊ ㄐㄧㄡˇ ㄅㄚ。
Nǐ yídìng hē bù wán wǔ bēi píjiǔ ba.

B: **別瞧不起我！現在喝給你看！**
ㄅㄧㄝˊ ㄑㄧㄠˊ ㄅㄨˋ ㄑㄧˇ ㄨㄛˇ! ㄒㄧㄢˋ ㄗㄞˋ ㄏㄜ ㄍㄟˇ ㄋㄧˇ ㄎㄢˋ!
Bié qiáobùqǐ wǒ! Xiànzài hē gěi nǐ kàn!

A: あなたは絶対ビールを5杯飲みきれないでしょう。
B: なめるなよ！いま飲んでみせるよ！

【啤酒】ビール。

□483 **算了！**　　　もういい！

ㄙㄨㄢˋ ㄌㄜ˙!
Suàn le!

A: **不好意思，我今天有點事。**
ㄅㄨˋ ㄏㄠˇ ㄧˋ, ㄨㄛˇ ㄐㄧㄣ ㄊㄧㄢ ㄧㄡˇ ㄉㄧㄢˇ ㄕˋ。
Bù hǎoyìsi, wǒ jīntiān yǒu diǎn shì.

B: **算了，以後不約你了！**
ㄙㄨㄢˋ ㄌㄜ˙, ㄧˇ ㄏㄡˋ ㄅㄨˋ ㄩㄝ ㄋㄧˇ ㄌㄜ˙!
Suàn le, yǐhòu bù yuē nǐ le!

A: すみません，今日はちょっと用事があって。
B: もういい，これからは誘わない！

☐ **484**

🎧

完全不行。

ㄨㄢˊ ㄑㄩㄢˊ ㄅㄨˋ ㄒㄧㄥˊ。
Wánquán bùxíng.

全然ダメだ。

A: **新進來的員工怎麼樣？**
ㄒㄧㄣ ㄐㄧㄣˋ ㄌㄞˊ ˙ㄉㄜ ㄩㄢˊ ㄍㄨㄥ ㄗㄣˇ ˙ㄇㄜ ㄧㄤˋ？
Xīn jìnlái de yuángōng zěnmeyàng?

B: **完全不行，一點幹勁都沒有。**
ㄨㄢˊ ㄑㄩㄢˊ ㄅㄨˋ ㄒㄧㄥˊ，ㄧˊ ㄉㄧㄢˇ ㄍㄢˋ ㄐㄧㄣˋ ㄉㄡ ㄇㄟˊ ㄧㄡˇ。
Wánquán bùxíng, yìdiǎn gànjìn dōu méiyǒu.

A: 新しく入ってきたスタッフはどうですか。
B: 全然ダメ，ちっともやる気がないです。

【幹勁】やる気。

☐ **485**

🎧

沮喪。

ㄐㄩˇ ㄙㄤˋ。
Jǔsàng.

落ち込んでいる。

A: **你今天好像不太高興。**
ㄋㄧˇ ㄐㄧㄣ ㄊㄧㄢ ㄏㄠˇ ㄒㄧㄤˋ ㄅㄨˊ ㄊㄞˋ ㄍㄠ ㄒㄧㄥˋ。
Nǐ jīntiān hǎoxiàng bú tài gāoxìng.

B: **不知為什麼我現在心情很沮喪。**
ㄅㄨˋ ㄓ ㄨㄟˋ ㄕㄣˊ ˙ㄇㄜ ㄨㄛˇ ㄒㄧㄢˋ ㄗㄞˋ ㄒㄧㄣ ㄑㄧㄥˊ ㄏㄣˇ ㄐㄩˇ ㄙㄤˋ。
Bùzhī wèi shénme wǒ xiànzài xīnqíng hěn jǔsàng.

A: 今日は機嫌が悪そうね。
B: なんだかいまとても気分が落ち込んでる。

【心情】気持ち。気分。

☐ **486**

🎧

我對你很失望。

ㄨㄛˇ ㄉㄨㄟˋ ㄋㄧˇ ㄏㄣˇ ㄕ ㄨㄤˋ。
Wǒ duì nǐ hěn shīwàng.

あなたにはがっかりです。

A: **我對你很失望，請你好好反省。**
ㄨㄛˇ ㄉㄨㄟˋ ㄋㄧˇ ㄏㄣˇ ㄕ ㄨㄤˋ，ㄑㄧㄥˇ ㄋㄧˇ ㄏㄠˇ ㄏㄠˇ ㄈㄢˇ ㄒㄧㄥˇ。
Wǒ duì nǐ hěn shīwàng, qǐng nǐ hǎohǎo fǎnxǐng.

B: **真的很對不起。**
ㄓㄣ ˙ㄉㄜ ㄏㄣˇ ㄉㄨㄟˋ ㄅㄨˋ ㄑㄧˇ。
Zhēnde hěn duìbuqǐ.

A: あなたにはがっかりです，よく反省してください。
B: 本当にごめんなさい。

挨拶と社交

質問と応答

意思疎通

勧誘と申し出

依頼・勧告・要求

感情の表現

□487

不公平。
不公平だ。

ㄅㄨˋ ㄍㄨㄥ ㄆㄧㄥˊ。
Bù gōngpíng.

A: **為什麼只有我沒有加薪？ 不公平！**
ㄨㄟˋ ㄕㄣˊ ㄇㄜ˙ ㄓˇ ㄧㄡˇ ㄨㄛˇ ㄇㄟˊ ㄧㄡˇ ㄐㄧㄚ ㄒㄧㄣ？ ㄅㄨˋ ㄍㄨㄥ ㄆㄧㄥˊ！
Wèi shénme zhǐyǒu wǒ méiyǒu jiāxīn? Bù gōngpíng!

B: **你要不要問問看老闆？**
ㄋㄧˇ ㄧㄠˋ ㄅㄨˊ ㄧㄠˋ ㄨㄣˋ ㄨㄣˋ ㄎㄢˋ ㄌㄠˇ ㄅㄢˇ？
Nǐ yào bú yào wènwèn kàn lǎobǎn?

A: どうして私だけ給料が上がらないですか。不公平です！
B: ボスに聞いてみれば？

【加薪】昇給する。【老闆】ボス。オーナー。社長。

□488

我受不了了。
もう我慢できない。

ㄨㄛˇ ㄕㄡˋ ㄅㄨ ㄌㄧㄠˇ ㄌㄜ˙。
Wǒ shòubuliǎo le.

A: **你流好多汗。**
ㄋㄧˇ ㄌㄧㄡˊ ㄏㄠˇ ㄉㄨㄛ ㄏㄢˋ。
Nǐ liú hǎo duō hàn.

B: **辦公室的冷氣壞了，我受不了了。**
ㄅㄢˋ ㄍㄨㄥ ㄕˋ ㄉㄜ˙ ㄌㄥˇ ㄑㄧˋ ㄏㄨㄞˋ ㄌㄜ˙，ㄨㄛˇ ㄕㄡˋ ㄅㄨ ㄌㄧㄠˇ ㄌㄜ˙。
Bàngōngshì de lěngqì huài le, wǒ shòubuliǎo le.

A: 汗いっぱいかいてるよ。
B: オフィスのエアコンが壊れてしまって，もう我慢できない。

【辦公室】事務室。オフィス。【冷氣】エアコン。

□489

不要煩我！
イライラさせないで！

ㄅㄨˊ ㄧㄠˋ ㄈㄢˊ ㄨㄛˇ！
Bú yào fán wǒ!

A: **你在幹嗎？ 這個節目好好笑。**
ㄋㄧˇ ㄗㄞˋ ㄍㄢˋ ㄇㄚ？ ㄓㄜˋ ㄍㄜ˙ ㄐㄧㄝˊ ㄇㄨˋ ㄏㄠˇ ㄏㄠˇ ㄒㄧㄠˋ。
Nǐ zài gàn ma? Zhège jiémù hǎohǎo xiào.

B: **我在寫功課，不要煩我！**
ㄨㄛˇ ㄗㄞˋ ㄒㄧㄝˇ ㄍㄨㄥ ㄎㄜˋ，ㄅㄨˊ ㄧㄠˋ ㄈㄢˊ ㄨㄛˇ！
Wǒ zài xiě gōngkè, bú yào fán wǒ.

A: 何しているの？ この番組おもしろいよ。
B: いま宿題をしてるから，イライラさせないで！

【節目】番組。【寫功課】宿題をする。

□ **490**　**我受夠了。**　　　　　　　　もううんざりだ。
ㄨㄛˇ ㄕㄡˋ ㄍㄡˋ˙ㄌㄜ。
Wǒ shòu gòule.

A: **我受夠了她的態度。**
ㄨㄛˇ ㄕㄡˋ ㄍㄡˋ˙ㄌㄜ ㄊㄚ ˙ㄌㄜ ㄊㄞˋ ㄉㄨˋ。
Wǒ shòu gòule tā de tàidù.

B: **對啊，真的很自大。**
ㄉㄨㄟˋ ˙ㄚ，ㄓㄣ ˙ㄉㄜ ㄏㄣˇ ㄗˋ ㄉㄚˋ。
Duì a, zhēnde hěn zìdà.

A: 彼女の態度にはもううんざりだよ。
B: そうね，本当に生意気。

【自大】生意気だ。

□ **491**　**不要說廢話。**　　　　　　くだらない話をやめて。
ㄅㄨˊ ㄧㄠˋ ㄕㄨㄛ ㄈㄟˋ ㄏㄨㄚˋ。
Bú yào shuō fèihuà.

A: **你什麼都不吃的話，就會瘦。**
ㄋㄧˇ ㄕㄣˊ˙ㄇㄜ ㄉㄡ ㄅㄨˋ ㄔ ˙ㄉㄜ ㄏㄨㄚˋ，ㄐㄧㄡˋ ㄏㄨㄟˋ ㄕㄡˋ。
Nǐ shénme dōu bù chī de huà, jiù huì shòu.

B: **不要說廢話。**
ㄅㄨˊ ㄧㄠˋ ㄕㄨㄛ ㄈㄟˋ ㄏㄨㄚˋ。
Bú yào shuō fèihuà.

A: 何も食べないなら，痩せるよ。
B: くだらない話はやめて。

【廢話】くだらない話。

□ **492**　**到底在幹嘛！**　　　　　一体何をやっているの？
ㄉㄠˋ ㄉㄧˇ ㄗㄞˋ ㄍㄢˋ ㄇㄚ！
Dàodǐ zài gàn ma!

A: **到底在幹嘛！　我已經等了兩個小時了！**
ㄉㄠˋ ㄉㄧˇ ㄗㄞˋ ㄍㄢˋ ㄇㄚ！ㄨㄛˇ ㄧˇ ㄐㄧㄥ ㄉㄥˇ ˙ㄌㄜ ㄌㄧㄤˇ ˙ㄍㄜ ㄒㄧㄠˇ ㄕˊ ˙ㄌㄜ！
Dàodǐ zài gàn ma! Wǒ yǐjīng děng le liǎng ge xiǎoshí le!

B: **對不起，因為遇到塞車。**
ㄉㄨㄟˋ ˙ㄅㄨ ㄑㄧˇ，ㄧㄣ ㄨㄟˋ ㄩˋ ㄉㄠˋ ㄙㄞ ㄔㄜ。
Duìbuqǐ, yīnwèi yùdào sāichē.

A: 一体何をやっているの！２時間も待ってるのよ！
B: ごめん，渋滞に巻き込まれたから。

【遇到】(好ましくない状況に) 出くわす。【塞車】渋滞。

□ **493**
🎧
別著急。
ㄅㄧㄝˊ ㄓㄠ ㄐㄧˊ。
Bié zhāojí.

慌てないで。

A: **完蛋了，我忘了帶會議資料來了。**
ㄨㄢˊ ㄉㄢˋ ˙ㄌㄜ，ㄨㄛˇ ㄨㄤˋ ˙ㄌㄜ ㄉㄞˋ ㄏㄨㄟˋ ㄧˋ ㄗ ㄌㄧㄠˋ ㄌㄞˊ ˙ㄌㄜ。
Wán dàn le, wǒ wàng le dài huìyì zīliào láile.

B: **別著急。現在還有時間，快回家拿來。**
ㄅㄧㄝˊ ㄓㄠ ㄐㄧˊ。ㄒㄧㄢˋ ㄗㄞˋ ㄏㄞˊ ㄧㄡˇ ㄕˊ ㄐㄧㄢ，ㄎㄨㄞˋ ㄏㄨㄟˊ ㄐㄧㄚ ㄋㄚˊ ㄌㄞˊ。
Bié zhāojí. Xiànzài hái yǒu shíjiān, kuài huíjiā nálái.

A: しまった，会議の資料を持って来るのを忘れてしまった。
B: 慌てないで。まだ時間があるから，早く家に帰って持って来て。

【會議】会議。

□ **494**
🎧
冷靜點。
ㄌㄥˇ ㄐㄧㄥˋ ㄉㄧㄢˇ。
Lěngjìng diǎn.

落ち着いて。

A: **我不想在這家公司上班了。**
ㄨㄛˇ ㄅㄨˋ ㄒㄧㄤˇ ㄗㄞˋ ㄓㄜˋ ㄐㄧㄚ ㄍㄨㄥ ㄙ ㄕㄤˋ ㄅㄢ ˙ㄌㄜ。
Wǒ bù xiǎng zài zhè jiā gōngsī shàngbān le.

B: **冷靜點，你才上班一個月。**
ㄌㄥˇ ㄐㄧㄥˋ ㄉㄧㄢˇ，ㄋㄧˇ ㄘㄞˊ ㄕㄤˋ ㄅㄢ ㄧ ㄍㄜ ㄩㄝˋ。
Lěngjìng diǎn, nǐ cái shàngbān yí ge yuè.

A: もうこの会社で働きたくない。
B: 落ち着いて，勤務してようやく1か月だよ。

【上班】出勤する。

□ **495**
🎧
好好想想。
ㄏㄠˇ ㄏㄠˇ ㄒㄧㄤˇ ㄒㄧㄤˇ。
Hǎohǎo xiǎngxiǎng.

よく考えて。

A: **怎麼辦？ 我的手機不見了。**
ㄗㄣˇ ㄇㄜ ㄅㄢˋ？ ㄨㄛˇ ˙ㄉㄜ ㄕㄡˇ ㄐㄧ ㄅㄨˊ ㄐㄧㄢˋ ˙ㄌㄜ。
Zěnme bàn? Wǒ de shǒujī bú jiàn le.

B: **好好想想放在哪裡。**
ㄏㄠˇ ㄏㄠˇ ㄒㄧㄤˇ ㄒㄧㄤˇ ㄈㄤˋ ㄗㄞˋ ㄋㄚˇ ㄌㄧˇ。
Hǎohǎo xiǎngxiǎng fàng zài nǎlǐ.

A: どうしよう？ 携帯電話が失くなった。
B: どこに置いたのかよく考えて。

【手機】携帯電話。

□ 496

超帥！

超かっこいい！

ㄔㄠ ㄕㄨㄞˋ！
Chāo shuài!

A: **她的男朋友**超帥！
ㄊㄚ ˙ㄉㄜ ㄋㄢˊㄆㄥˊ一ㄡˇ ㄔㄠ ㄕㄨㄞˋ！
Tā de nánpéngyǒu chāo shuài!

B: **是嗎？ 我覺得還好。**
ㄕˋ ˙ㄇㄚ？ ㄨㄛˇ ㄐㄩㄝˊ˙ㄉㄜ ㄏㄞˊ ㄏㄠˇ。
Shì ma? Wǒ juéde hái hǎo.

A: 彼女の彼氏は超かっこいいよ！
B: そうなの？ 普通だと思うけど。

【男朋友】ボーイフレンド。彼氏。

□ 497

最漂亮的人。

一番キレイな人。

ㄗㄨㄟˋ ㄆ一ㄠ ㄌ一ㄤˋ ˙ㄉㄜ ㄖㄣˊ。
Zuì piāoliàng de rén.

A: **學校最漂亮的人是森田小姐。**
ㄒㄩㄝˊ 一ㄠˋ ㄗㄨㄟˋ ㄆ一ㄠ ㄌ一ㄤˋ ˙ㄉㄜ ㄖㄣˊ ㄕˋ ㄙㄣ ㄊ一ㄢˊ ㄒ一ㄠˇ ㄐ一ㄝ˙。
Xuéxiào zuì piāoliàng de rén shì Sēntián xiǎojiě.

B: **對啊，而且臉很小。**
ㄉㄨㄟˋ ˙ㄚ, ㄦˊ ㄑ一ㄝˇ ㄌ一ㄢˇ ㄏㄣˇ ㄒ一ㄠˇ。
Duì a, érqiě liǎn hěn xiǎo.

A: 学校で一番キレイな人は森田さんです。
B: そうですね，しかもとても小顔ですね。

【而且】しかも。【臉】顔。

□ 498

好可愛。

とても可愛いね。

ㄏㄠˇ ㄎㄜˇ ˙ㄞ。
Hǎo kě'ài.

A: **我弟弟的小孩**好可愛。
ㄨㄛˇ ㄉ一ˋ˙ㄉ一 ˙ㄉㄜ ㄒ一ㄠˇㄏㄞˊ ㄏㄠˇ ㄎㄜˇ ˙ㄞ。
Wǒ dìdi de xiǎohái hǎo kě'ài.

B: **長得像你弟弟。**
ㄓㄤˇ ˙ㄉㄜ ㄒ一ㄤˋ ㄋ一ˇ ㄉ一ˋ˙ㄉ一。
Zhǎngde xiàng nǐ dìdi.

A: 弟の子どもはとてもかわいいです。
B: あなたは弟さんにそっくりですね。

【長得像～】外見がよく似ていることを表す。

挨拶と社交

質問と応答

意思疎通

勧誘と申し出

依頼・勧告・要求

感情の表現

□ **499**

帥哥。

イケメンだ。

ㄕㄨㄞˋ ㄍㄜ。
Shuàigē.

A: **這家餐廳的店員都是帥哥。**

ㄓㄜˋ ㄐㄧㄚ ㄘㄢㄊㄧㄥ ˙ㄉㄜ ㄉㄧㄢˋㄩㄢˊ ㄉㄡ ㄕˋ ㄕㄨㄞˋ ㄍㄜ。
Zhè jiā cāntīng de diànyuán dōu shì shuàigē.

B: **所以你才每個周末都來吃。**

ㄙㄨㄛˇ ㄧˇ ㄋㄧˇ ㄘㄞˊ ㄇㄟˇ ˙ㄍㄜ ㄓㄡㄇㄛˋ ㄉㄡ ㄌㄞˊ ㄔ。
Suǒyǐ nǐ cái měi ge zhōumò dōu lái chī.

A: このレストランの店員はみんなイケメンよ。
B: だから，毎週末食べに来るんだ。

【餐廳】レストラン。【所以】だからこそ。【周末】週末。

□ **500**

美女。

美女だ。

ㄇㄟˇ ㄋㄩˇ。
Měinǚ.

A: **她不僅是美女，還是女強人。**

ㄊㄚ ㄅㄨˋ ㄐㄧㄣˇ ㄕˋ ㄇㄟˇ ㄋㄩˇ，ㄏㄞˊ ㄕˋ ㄋㄩˇㄑㄧㄤˊ ㄖㄣˊ。
Tā bù jǐn shì měinǚ, hái shì nǚqiángrén.

B: **太厲害了！**

ㄊㄞˋ ㄌㄧˋ ㄏㄞˋ ˙ㄌㄜ！
Tài lìhài le!

A: 彼女は美女だけでなく，しかもキャリアウーマンだよ。
B: すごすぎるわ！

【女強人】キャリアウーマン。【厲害】すごい。甚だしい。

□ **501**

身材很好。

スタイルがいい。

ㄕㄣ ㄘㄞˊ ㄏㄣˇ ㄏㄠˇ。
Shēncái hěn hǎo.

A: **你的身材很好，常常運動嗎？**

ㄋㄧˇ ˙ㄉㄜ ㄕㄣ ㄘㄞˊ ㄏㄣˇ ㄏㄠˇ，ㄔㄤˊ ㄔㄤˊ ㄩㄣˋㄉㄨㄥˋ ˙ㄇㄚ？
Nǐ de shēncái hěn hǎo, chángcháng yùndòng ma?

B: **我每天早上都做瑜珈。**

ㄨㄛˇ ㄇㄟˇ ㄊㄧㄢ ㄗㄠˇㄕㄤˋ ㄉㄡ ㄗㄨㄛˋ ㄩˊ ㄐㄧㄚ。
Wǒ měitiān zǎoshàng dōu zuò yújiā.

A: スタイルがいいですね，よく運動していますか。
B: 毎朝ヨガをしています。

【常常】しょっちゅう。しばしば。よく。【瑜珈】ヨガ。

□502 人真好。 とてもいい人だ。

ㄖㄣˊ ㄓㄣ ㄏㄠˇ。
Rén zhēn hǎo.

A: **小王，上次借給你的錢不用還了。**
ㄒㄧㄠˇ ㄨㄤˊ, ㄕㄤˋ ㄘˋ ㄐㄧㄝˋ ㄍㄟˇ ㄋㄧˇ ㄉㄜ ㄑㄧㄢˊ ㄅㄨˊ ㄩㄥˋ ㄏㄞˊ ㄌㄜ。
XiǎoWáng, Shàngcì jiè gěi nǐ de qián bú yòng hái le.

B: **真的嗎？ 你人真好。**
ㄓㄣ ㄉㄜ ㄇㄚ? ㄋㄧˇ ㄖㄣˊ ㄓㄣ ㄏㄠˇ。
Zhēnde ma? Nǐ rén zhēn hǎo.

A: 王くん，前回あなたに貸したお金は返さなくていいよ。
B: 本当ですか。とてもいい人ですね。

□503 溫柔。 優しい。

ㄨㄣ ㄖㄡˊ。
Wēnróu.

A: **林先生對誰都微笑，也不會生氣。**
ㄌㄧㄣˊ ㄒㄧㄢ ㄕㄥ ㄉㄨㄟˋ ㄕㄟˊ ㄉㄡ ㄨㄟ ㄒㄧㄠˋ, ㄧㄝˇ ㄅㄨˊ ㄏㄨㄟˋ ㄕㄥ ㄑㄧˋ。
Lín xiānshēng duì shéi dōu wēixiào, yě bú huì shēngqì.

B: **他怎麼那麼溫柔？**
ㄊㄚ ㄗㄣˇ ㄇㄜ ㄋㄚˋ ㄇㄜ ㄨㄣ ㄖㄡˊ?
Tā zěnme nàme wēnróu?

A: 林さんは誰にでも笑顔で，怒ることはありません。
B: 彼はなんでそんなに優しいのですか。

【微笑】微笑む。【生氣】怒る。憤る。

□504 很親切。 とても親切だ。

ㄏㄣˇ ㄑㄧㄣ ㄑㄧㄝˋ。
Hěn qīnqiè.

A: **陳老師總是對學生很親切。**
ㄔㄣˊ ㄌㄠˇ ㄕ ㄗㄨㄥˇ ㄕˋ ㄉㄨㄟˋ ㄒㄩㄝˊ ㄕㄥ ㄏㄣˇ ㄑㄧㄣ ㄑㄧㄝˋ。
Chén lǎoshī zǒng shì duì xuéshēng hěn qīnqiè.

B: **所以他有人氣。**
ㄙㄨㄛˇ ㄧˇ ㄊㄚ ㄧㄡˇ ㄖㄣˊ ㄑㄧˋ。
Suǒyǐ tā yǒu rénqì.

A: 陳先生はいつも生徒に親切ですね。
B: だから人気があるのです。

【總】いついかなるときも。【有人氣】人気がある。

挨拶と社交

□505

真大方。

ㄓㄣ ㄉㄚˋ ㄈㄤ。

Zhēn dàfāng.

気前がいい。

A: **今天我請客！**

ㄐㄧㄣ ㄊㄧㄢ ㄨㄛˇ ㄑㄧㄥˇ ㄎㄜˋ！

Jīntiān wǒ qǐngkè!

B: **太好了，你真大方。**

ㄊㄞˋ ㄏㄠˇ ˙ㄌㄜ，ㄋㄧˇ ㄓㄣ ㄉㄚˋ ㄈㄤ。

Tài hǎo le, nǐ zhēn dàfāng.

A: 今日は僕のおごりだ！
B: やった，気前いいね。

【請客】おごる。ご馳走する。

質問と応答

□506

非常有禮貌。

ㄈㄟ ㄔㄤˊ ㄧㄡˇ ㄌㄧˇ ㄇㄠˋ。

Fēicháng yǒu lǐmào.

非常に礼儀正しい。

A: **他每天到公司就會跟大家打招呼。**

ㄊㄚ ㄇㄟˇ ㄊㄧㄢ ㄉㄠˋ ㄍㄨㄥ ㄙ ㄐㄧㄡˋ ㄏㄨㄟˋ ㄍㄣ ㄉㄚˋ ㄐㄧㄚ ㄉㄚˇ ㄓㄠ ㄏㄨ。

Tā měitiān dào gōngsī jiù huì gēn dàjiā dǎ zhāohu.

B: **我覺得他非常有禮貌。**

ㄨㄛˇ ㄐㄩㄝˊ ˙ㄉㄜ ㄊㄚ ㄈㄟ ㄔㄤˊ ㄧㄡˇ ㄌㄧˇ ㄇㄠˋ。

Wǒ juéde tā fēicháng yǒu lǐmào.

A: 彼は毎日会社に着くと皆に挨拶するね。
B: 彼は非常に礼儀正しいね。

【打招呼】挨拶する。

意思疎通

□507

心地善良。

ㄒㄧㄣ ㄉㄧˋ ㄕㄢˋ ㄌㄧㄤˊ。

Xīndì shànliáng.

心根が善良だ。

A: **聽說她每個禮拜天都到養老院做義工。**

ㄊㄧㄥ ㄕㄨㄛ ㄊㄚ ㄇㄟˇ ˙ㄍㄜ ㄌㄧˇ ㄅㄞˋ ㄊㄧㄢ ㄉㄡ ㄉㄠˋ ㄧㄤˇ ㄌㄠˇ ㄩㄢˋ ㄗㄨㄛˋ ㄧˋ ㄍㄨㄥ。

Tīngshuō tā měi ge lǐbàitiān dōu dào yǎnglǎoyuàn zuò yìgōng.

B: **我也聽說過。真的是一個心地善良的人。**

ㄨㄛˇ ㄧㄝˇ ㄊㄧㄥ ㄕㄨㄛ ㄍㄨㄛˋ。ㄓㄣ ˙ㄉㄜ ㄕˋ ㄧˋ ˙ㄍㄜ ㄒㄧㄣ ㄉㄧˋ ㄕㄢˋ ㄌㄧㄤˊ ˙ㄉㄜ ㄖㄣˊ。

Wǒ yě tīngshuō guò. Zhēnde shì yì ge xīndì shànliáng de rén.

A: 彼女は毎週日曜日に老人ホームに行ってボランティアをしているのだって。
B: 私も聞いたよ。彼女は本当に心根が善良な人だ。

【養老院】老人ホーム。【義工】ボランティア。

勧誘と申し出

依頼・勧告・要求

感情の表現

□508 **太小氣了！**　ケチすぎる！

ㄊㄞˋ ㄒㄧㄠˇ ㄑㄧˋ ˙ㄌㄜ!
Tài xiǎoqì le!

A: **瓦斯很貴，所以在我家洗澡請不要超過 5 分鐘。**

ㄨㄚˇ ㄙ ㄏㄣˇ ㄍㄨㄟˋ，ㄙㄨㄛˇ ㄧˇ ㄗㄞˋ ㄨㄛˇ ㄐㄧㄚ ㄒㄧˇ ㄗㄠˇ ㄑㄧㄥˇ ㄅㄨˊ ㄧㄠˋ ㄔㄠ ㄍㄨㄛˋ ㄨˇ ㄈㄣ ㄓㄨㄥ。
Wǎsī hěn guì, suǒyǐ zài wǒ jiā xǐzǎo qǐng bú yào chāoguò wǔ fēnzhōng.

B: **才 5 分鐘？！　太小氣了！**

ㄘㄞˊ ㄨˇ ㄈㄣ ㄓㄨㄥ?! ㄊㄞˋ ㄒㄧㄠˇ ㄑㄧˋ ˙ㄌㄜ!
Cái wǔ fēnzhōng?! Tài xiǎoqì le!

A: ガス代が高いので、うちでシャワーを浴びるときは 5 分を越えないで。
B: 5 分だけ？！ ケチすぎる！

【瓦斯】ガス。【洗澡】シャワーを浴びる。【才＋〈数量詞〉＋〈名詞〉】たった～

□509 **很做作。**　あまりにもわざとらしい。

ㄏㄣˇ ㄗㄨㄛˋ ㄗㄨㄛˋ。
Hěn zuòzuo.

A: **小梅跟男朋友說話時的聲音不一樣。**

ㄒㄧㄠˇ ㄇㄟˊ ㄍㄣ ㄋㄢˊ ㄆㄥˊ ㄧㄡˇ ㄕㄨㄛ ㄏㄨㄚˋ ㄕˊ ˙ㄉㄜ ㄕㄥ ㄧㄣ ㄅㄨˋ ㄧˋ ㄧㄤˋ。
XiǎoMéi gēn nánpéngyǒu shuōhuà shí de shēngyīn bù yíyàng.

B: **我覺得很做作。**

ㄨㄛˇ ㄐㄩㄝˊ ˙ㄉㄜ ㄏㄣˇ ㄗㄨㄛˋ ㄗㄨㄛˋ。
Wǒ juéde hěn zuòzuo.

A: メイちゃんは彼氏と話すときの声が違いますね。
B: あまりにもわざとらしいと思います。

【聲音】音。声。

□510 **沒耐心的人。**　気が短い人だ。

ㄇㄟˊ ㄋㄞˋ ㄒㄧㄣ ˙ㄉㄜ ㄖㄣˊ。
Méi nàixīn de rén.

A: **還要等五分鐘嗎？　我不想等了。**

ㄏㄞˊ ㄧㄠˋ ㄉㄥˇ ㄨˇ ㄈㄣ ㄓㄨㄥ ˙ㄇㄚ? ㄨㄛˇ ㄅㄨˋ ㄒㄧㄤˇ ㄉㄥˇ ˙ㄌㄜ。
Hái yào děng wǔ fēnzhōng ma? Wǒ bù xiǎng děng le.

B: **沒耐心的人。**

ㄇㄟˊ ㄋㄞˋ ㄒㄧㄣ ˙ㄉㄜ ㄖㄣˊ。
Méi nàixīn de rén.

A: まだ 5 分待つの？ もう待ちたくない。
B: 気が短い人だなぁ。

□ 511

自私。

ㄗˋ ㄙ。

Zìsī.

自分勝手だ。

A: 老公的錢就是我的，但是我的錢還是我的。
ㄌㄠˇ ㄍㄨㄥ ˙ㄉㄜ ㄑㄧㄢˊ ㄐㄧㄡˋ ㄕˋ ㄨㄛˇ ˙ㄉㄜ，ㄉㄢˋㄕˋ ㄨㄛˇ ˙ㄉㄜ ㄑㄧㄢˊ ㄏㄞˊ ㄕˋ ㄨㄛˇ ˙ㄉㄜ。
Lǎogōng de qián jiù shì wǒ de, dànshì wǒ de qián hái shì wǒ de.

B: 我從沒看過像你這樣自私的人。
ㄨㄛˇ ㄘㄨㄥˊ ㄇㄟˊ ㄎㄢˋ ㄍㄨㄛˋ ㄒㄧㄤˋ ㄋㄧˇ ㄓㄜˋㄧㄤˋ ㄗˋ ㄙ ˙ㄉㄜ ㄖㄣˊ。
Wǒ cóng méi kàn guò xiàng nǐ zhèyàng zìsī de rén.

A: 旦那のお金は私のだけど，私のお金はやっぱり私のだ。
B: あなたみたいな自分勝手な人を見たことがない。

【老公】夫。【自私】利己的だ。

□ 512

狡猾。

ㄐㄧㄠˇ ㄏㄨㄚˊ。

Jiǎohuá.

ずるい。

A: 聽說他給錢進了有名的大學。
ㄊㄧㄥ ㄕㄨㄛ ㄊㄚ ㄍㄟˇ ㄑㄧㄢˊ ㄐㄧㄣˋ ˙ㄌㄜ ㄧㄡˇ ㄇㄧㄥˊ ˙ㄉㄜ ㄉㄚˋ ㄒㄩㄝˊ。
Tīngshuō tā gěi qián jìn le yǒumíng de dàxué.

B: 真狡猾。
ㄓㄣ ㄐㄧㄠˇ ㄏㄨㄚˊ。
Zhēn jiǎohuá.

A: 彼はお金を払って有名な大学に入ったと聞いたよ。
B: ホントずるいなぁ。

【聽說】聞くところによると～だそうだ。【狡猾】ずるい。

□ 513

大嘴巴。

ㄉㄚˋ ㄗㄨㄟˇ ˙ㄅㄚ。

Dàzuǐba.

口が軽い。

A: 為什麼不能跟他說秘密呢？
ㄨㄟˋ ㄕㄣˊ ˙ㄇㄜ ㄅㄨˋ ㄋㄥˊ ㄍㄣ ㄊㄚ ㄕㄨㄛ ㄇㄧˋ ㄇㄧˋ ˙ㄋㄜ?
Wèi shénme bù néng gēn tā shuō mìmì ne?

B: 因為他大嘴吧。
ㄧㄣ ㄨㄟˋ ㄊㄚ ㄉㄚˋ ㄗㄨㄟˇ ˙ㄅㄚ。
Yīnwèi tā dàzuǐba.

A: どうして彼に秘密を言えないの？
B: 彼は口が軽いからだよ。

□514 嚇我一跳。

びっくりした。

ㄒㄧㄚˋ ㄨㄛˇ ㄧˊ ㄊㄧㄠˋ。
Xià wǒ yí tiào.

A: **我開玩笑的，我沒有離婚。**
ㄨㄛˇ ㄎㄞ ㄨㄢˊ ㄒㄧㄠˋ ㄉㄜ, ㄨㄛˇ ㄇㄟˊ ㄧㄡˇ ㄌㄧˊ ㄏㄨㄣ。
Wǒ kāi wánxiào de, wǒ méiyǒu líhūn.

B: **嚇我一跳。**
ㄒㄧㄚˋ ㄨㄛˇ ㄧˊ ㄊㄧㄠˋ。
Xià wǒ yí tiào.

A: 冗談だって，離婚してないよ。
B: びっくりしたわ。

【開玩笑】冗談を言う。

□515 完蛋了。

しまった。

ㄨㄢˊ ㄉㄢˋ ˙ㄌㄜ。
Wándàn le.

A: **完蛋了，我忘記帶錢包了。**
ㄨㄢˊ ㄉㄢˋ ˙ㄌㄜ, ㄨㄛˇ ㄨㄤˋ ㄐㄧˋ ㄉㄞˋ ㄑㄧㄢˊ ㄅㄠ ˙ㄌㄜ。
Wándàn le, wǒ wàngjì dài qiánbāo le.

B: **沒關係，我借給你。**
ㄇㄟˊ ㄍㄨㄢㄒㄧ, ㄨㄛˇ ㄐㄧㄝˋ ㄍㄟˇ ㄋㄧˇ。
Méi guānxì, wǒ jiè gěi nǐ.

A: しまった，お財布を持ってくるのを忘れた。
B: 大丈夫，貸してあげるよ。

【忘記】忘れる。【錢包】財布。

□516 不得了的事。

大変なことだ。

ㄅㄨˋ ㄉㄜˊ ㄌㄧㄠˇ ˙ㄉㄜ ㄕˋ。
Bùdeliǎo de shì.

A: **聽說那家公司下個月要裁員一萬人。**
ㄊㄧㄥ ㄕㄨㄛ ㄋㄚˋ ㄐㄧㄚ ㄍㄨㄥ ㄒㄧ ㄒㄧㄚˋ ㄍㄜ ㄩㄝˋ ㄧㄠˋ ㄘㄞˊ ㄩㄢˊ ㄧˊ ㄨㄢˋ ㄖㄣˊ。
Tīngshuō nà jiā gōngsī xiàgeyuè yào cáiyuán yí wàn rén.

B: **那真的是不得了的事。**
ㄋㄚˋ ㄓㄣ ㄉㄜ ㄕˋ ㄅㄨˋ ㄉㄜˊ ㄌㄧㄠˇ ˙ㄉㄜ ㄕˋ。
Nà zhēnde shì bùdeliǎo de shì.

A: あの会社は来月1万人をリストラするらしいよ。
B: それは本当に大変なことだ。

【下個月】来月。【裁員】リストラする。

□517 真的假的？

マジで？

ㄓㄣ ˙ㄉㄜ ㄐㄧㄚˇ ˙ㄉㄜ?

Zhēnde jiǎ de?

A: **我們要結婚了。**

ㄨㄛˇ ㄇㄣ˙ ㄧㄠˋ ㄐㄧㄝˊ ㄏㄨㄣ ˙ㄌㄜ。

Wǒmen yào jiéhūn le.

B: **真的假的？ 才交往一個月就結婚？**

ㄓㄣ ˙ㄉㄜ ㄐㄧㄚˇ ˙ㄉㄜ? ㄘㄞˊ ㄐㄧㄠ ㄨㄤˇ ㄧ ˙ㄍㄜ ㄩㄝˋ ㄐㄧㄡˋ ㄐㄧㄝˊ ㄏㄨㄣ?

Zhēnde jiǎ de? Cái jiāowǎng yì ge yuè jiù jiéhūn?

A: 私たち結婚します。
B: マジで？ たった 1 か月で結婚するの？

□518 怎麼會這樣？

なんでこうなったの？

ㄗㄣˇ ˙ㄇㄜ ㄏㄨㄟˋ ㄓㄜˋ ㄧㄤˋ?

Zěnme huì zhèyàng?

A: **他剛剛發生車禍，現在在急救。**

ㄊㄚ ㄍㄤ ㄍㄤ ㄈㄚ ㄕㄥ ㄔㄜ ㄏㄨㄛˋ, ㄒㄧㄢˋ ㄗㄞˋ ㄗㄞˋ ㄐㄧˊ ㄐㄧㄡˋ。

Tā gānggāng fāshēng chēhuò, xiànzài zài jíjiù.

B: **怎麼會這樣？**

ㄗㄣˇ ˙ㄇㄜ ㄏㄨㄟˋ ㄓㄜˋ ㄧㄤˋ?

Zěnme huì zhèyàng?

A: 彼はさっき交通事故に遭って，救急処置を受けています。
B: 何でこうなったの？

【剛剛】〜したばかり。【車禍】交通事故。【急救】救急処置。

□519 不會吧！

まさか！

ㄅㄨˊ ㄏㄨㄟˋ ˙ㄅㄚ!

Bú huì ba!

A: **因為天候不佳，所以都停飛了。**

ㄧㄣ ㄨㄟˋ ㄊㄧㄢ ㄏㄡˋ ㄅㄨˋ ㄐㄧㄚ, ㄙㄨㄛˇ ㄧˇ ㄉㄡ ㄊㄧㄥˊ ㄈㄟ ˙ㄌㄜ。

Yīnwèi tiānhòu bù jiā, suǒyǐ dōu tíng fēi le.

B: **不會吧！**

ㄅㄨˊ ㄏㄨㄟˋ ˙ㄅㄚ!

Bú huì ba!

A: 天候不良のため，全便欠航することになりました。
B: まさか！

【天候不佳】天候不良。【停飛】欠航。

520 **很可怕。**

とても怖い。

ㄏㄣˇ ㄎㄜˇ ㄆㄚˋ。
Hěn kěpà.

A: **恐怖片很可怕。我不想看。**
ㄎㄨㄥˇ ㄅㄨˋ ㄆㄧㄢˋ ㄏㄣˇ ㄎㄜˇ ㄆㄚˋ。ㄨㄛˇ ㄅㄨˋ ㄒㄧㄤˇ ㄎㄢˋ。
Kǒngbùpiàn hěn kěpà. Wǒ bù xiǎng kàn.

B: **那我們看喜劇片吧。**
ㄋㄚˋ ㄨㄛˇ ㄇㄣˊ ㄎㄢˋ ㄒㄧˇ ㄐㄩˋ ㄆㄧㄢˋ ˙ㄅㄚ。
Nà wǒmen kàn xǐjùpiàn ba.

A: ホラー映画はとても怖いのよ。観たくないわ。
B: じゃあ，コメディー映画を観よう。

【喜劇片】コメディー映画。

521 **我害怕～。**

私は～が怖い。

ㄨㄛˇ ㄏㄞˋ ㄆㄚˋ～。
Wǒ hàipà～.

A: **你害怕什麼？**
ㄋㄧˇ ㄏㄞˋ ㄆㄚˋ ㄕㄣˊ ㄇㄜ?
Nǐ hàipà shénme?

B: **我害怕你。**
ㄨㄛˇ ㄏㄞˋ ㄆㄚˋ ㄋㄧˇ。
Wǒ hàipà nǐ.

A: 何が怖い？
B: あなたが怖いわ。

522 **嚇死人了。**

死ぬほどびっくりした。

ㄒㄧㄚˋ ㄙˇ ㄖㄣˊ ˙ㄌㄜ。
Xià sǐ rén le.

A: **昨天的地震好大。**
ㄗㄨㄛˊ ㄊㄧㄢ ˙ㄉㄜ ㄉㄧˋ ㄓㄣˋ ㄏㄠˇ ㄉㄚˋ。
Zuótiān de dìzhèn hǎo dà.

B: **對啊，嚇死人了。**
ㄉㄨㄟˋ ㄚ，ㄒㄧㄚˋ ㄙˇ ㄖㄣˊ ˙ㄌㄜ。
Duì a, xià sǐ rén le.

A: 昨日の地震は大きかったね。
B: そうね，死ぬほどびっくりしたわ。

□523 **寂寞。**　　　　　　　　　　　　　　　寂しい。

ㄐㄧˊ ㄇㄛˋ。
Jímò.

A: **開始一個人住了以後，我覺得好寂寞。**
ㄎㄞ ㄕˇ ㄧˋ ㄍㄜ ㄖㄣˊ ㄓㄨˋ ㄌㄜ ㄧˇ ㄏㄡˋ，ㄨㄛˇ ㄐㄩㄝˊ ㄉㄜ˙ ㄏㄠˇ ㄐㄧˊ ㄇㄛˋ。
Kāishǐ yì ge rén zhù le yǐhòu, wǒ juéde hǎo jímò.

B: **可是很自由吧。**
ㄎㄜˇ ㄕˋ ㄏㄣˇ ㄗˋ ㄧㄡˊ ㄅㄚ˙。
Kě shì hěn zìyóu ba.

A: 一人暮らしを始めたので，とても寂しさを感じる。
B: でも，自由でしょう。

【寂寞】寂しい。

□524 **想要有人陪。**　　　　　　　　誰かにそばにいてほしい。

ㄒㄧㄤˇ ㄧㄠˋ ㄧㄡˇ ㄖㄣˊ ㄆㄟˊ。
Xiǎng yào yǒu rén péi.

A: **我怕寂寞，常想要有人陪。**
ㄨㄛˇ ㄆㄚˋ ㄐㄧˊ ㄇㄛˋ，ㄔㄤˊ ㄒㄧㄤˇ ㄧㄠˋ ㄧㄡˇ ㄖㄣˊ ㄆㄟˊ。
Wǒ pà jímò, cháng xiǎng yào yǒu rén péi.

B: **那我陪你吧。**
ㄋㄚˋ ㄨㄛˇ ㄆㄟˊ ㄋㄧˇ ㄅㄚ˙。
Nà wǒ péi nǐ ba.

A: 寂しがり屋なので，常に誰かにそばにいてほしいわ。
B: じゃあ，僕がそばにいてあげようか。

【陪～】～に付き添う。

□525 **不要讓我一個人。**　　　　　私をひとりにしないで。

ㄅㄨˊ ㄧㄠˋ ㄖㄤˋ ㄨㄛˇ ㄧˋ ㄍㄜ ㄖㄣˊ。
Bú yào ràng wǒ yì ge rén.

A: **你要去哪裡？ 不要讓我一個人。**
ㄋㄧˇ ㄧㄠˋ ㄑㄩˋ ㄋㄚˇ ㄌㄧˇ？ ㄅㄨˊ ㄧㄠˋ ㄖㄤˋ ㄨㄛˇ ㄧˋ ㄍㄜ ㄖㄣˊ。
Nǐ yào qù nǎlǐ? Bú yào ràng wǒ yì ge rén.

B: **別擔心，我去買東西就回來了。**
ㄅㄧㄝˊ ㄉㄢ ㄒㄧㄣ，ㄨㄛˇ ㄑㄩˋ ㄇㄞˇ ㄉㄨㄥ˙ㄒㄧ ㄐㄧㄡˋ ㄏㄨㄟˊ ㄌㄞˊ ㄌㄜ˙。
Bié dānxīn, wǒ qù mǎi dōngxi jiù huílái le.

A: どこに行くの？ 私をひとりにしないで！
B: 心配しないで，買いものに行ってくるだけだから。

【擔心】心配する。気にかける。【買東西】買い物する。

挨拶と社交

質問と応答

意思疎通

勧誘と申し出

依頼・勧告・要求

感情の表現

□526　難過。　　　　　　　　　　悲しい。
ㄋㄢˊ ㄍㄨㄛˋ。
nánguò.

A: 你怎麼了？
ㄋㄧˇ ㄗㄣˇ ㄇㄜ˙ ㄌㄜ˙?
Nǐ zěnme le?

B: 我家的小狗去世了，我很難過。
ㄨㄛˇ ㄐㄧㄚ ㄉㄜ˙ ㄒㄧㄠˇ ㄍㄡˇ ㄑㄩˋ ㄕˋ ㄌㄜ˙, ㄨㄛˇ ㄏㄣˇ ㄋㄢˊ ㄍㄨㄛˋ。
Wǒ jiā de xiǎo gǒu qù shì le, wǒ hěn nánguò.

A: どうしたの？
B: うちのワンちゃんが亡くなってしまって，とても悲しいの。

【去世】亡くなる。

□527　好可憐。　　　　　　　　　　可哀想だ。
ㄏㄠˇ ㄎㄜˇ ㄌㄧㄢˊ。
Hǎo kělián.

A: 他好可憐，公司倒閉又離婚。
ㄊㄚ ㄏㄠˇ ㄎㄜˇ ㄌㄧㄢˊ, ㄍㄨㄥ ㄙ ㄉㄠˇ ㄅㄧˋ ㄧㄡˋ ㄌㄧˊ ㄏㄨㄣ。
Tā hǎo kělián, gōngsī dǎobì yòu líhūn.

B: 希望他快點振作起來。
ㄒㄧ ㄨㄤˋ ㄊㄚ ㄎㄨㄞˋ ㄉㄧㄢˇ ㄓㄣˋ ㄗㄨㄛˋ ㄑㄧˇ ㄌㄞˊ。
Xīwàng tā kuài diǎn zhènzuòqǐlái.

A: 彼がかわいそうで…，会社が倒産して離婚もしました。
B: 早く立ち直れるといいですね。

【倒閉】倒産。

□528　太悲慘了。　　　　　　　　悲惨すぎます。
ㄊㄞˋ ㄅㄟ ㄘㄢˇ ㄌㄜ˙。
Tài bēicǎn le.

A: 真的很同情他的遭遇。
ㄓㄣ ㄉㄜ˙ ㄏㄣˇ ㄊㄨㄥˊ ㄑㄧㄥˊ ㄊㄚ ㄉㄜ˙ ㄗㄠ ㄩˋ。
Zhēnde hěn tóngqíng tā de zāoyù.

B: 是啊，太悲慘了。
ㄕˋ ㄚ, ㄊㄞˋ ㄅㄟ ㄘㄢˇ ㄌㄜ˙。
Shì a, tài bēicǎn le.

A: 本当に彼の境遇にとても同情しています。
B: そうですね，悲惨すぎます。

【遭遇】境遇。

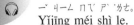

□ **529**

已經沒事了。

一 ㄐㄧㄥ ㄇㄟˊ ㄕˋ ㄌㄜ。
Yǐjīng méi shì le.

もう大丈夫です。

A: **醫生，我姊姊的病好了嗎？**
ㄧ ㄕㄥ, ㄨㄛˇ ㄗˇ ㄗ ㄉㄜ ㄅㄧㄥˋ ㄏㄠˇ ㄌㄜ ㄇㄚ?
Yīshēng, wǒ zǐzi de bìng hǎo le ma?

B: **她已經沒事了。**
ㄊㄚ 一 ㄐㄧㄥ ㄇㄟˊ ㄕˋ ㄌㄜ。
Tā yǐjīng méi shì le.

A: 先生、お姉さんの病気は治りましたか。
B: 彼女はもう大丈夫です。

【醫生】医者。

□ **530**

請放心。

ㄑㄧㄥˇ ㄈㄤˋ ㄒㄧㄣ。
Qǐng fàngxīn.

安心してください。

A: **請放心，我一定會找到工作。**
ㄑㄧㄥˇ ㄈㄤˋ ㄒㄧㄣ, ㄨㄛˇ 一 ㄉㄧㄥˋ ㄏㄨㄟˋ ㄓㄠˇ ㄉㄠˋ ㄍㄨㄥ ㄗㄨㄛˋ。
Qǐng fàngxīn, wǒ yídìng huì zhǎo dào gōngzuò.

B: **加油！**
ㄐㄧㄚ ㄧㄡˊ!
Jiāyóu!

A: 安心して，私は必ず仕事を見つけられるから。
B: がんばってね！

【放心】安心する。【工作】仕事。

□ **531**

可以鬆一口氣了。

ㄎㄜˇ 一ˇ ㄙㄨㄥ 一 ㄎㄡˇ ㄑㄧˋ ㄌㄜ。
Kěyǐ sōng yì kǒu qì le.

ほっとすることができました。

A: **面試結束了，可以鬆一口氣了。**
ㄇㄧㄢˋ ㄕˋ ㄐㄧㄝˊ ㄕㄨˋ ㄌㄜ, ㄎㄜˇ 一ˇ ㄙㄨㄥ 一 ㄎㄡˇ ㄑㄧˋ ㄌㄜ。
Miàn shì jiéshù le, kěyǐ sòng yì kǒu qì le.

B: **那去喝一杯吧。**
ㄋㄚˋ ㄑㄩˋ ㄏㄜ 一 ㄅㄟ ㄅㄚ。
Nà qù hē yì bēi ba.

A: 面接が終わったので，ほっとすることができました。
B: じゃあ，一杯飲みに行きましょう。

【面試】面接。

挨拶と社交

質問と応答

意思疎通

勧誘と申し出

依頼・勧告・要求

感情の表現

☐ 532

可惜。

残念だ。

ㄎㄜˇ ㄒㄧˊ。
Kěxí.

A: **可惡，差點就成功了！**
ㄎㄜˇ ㄨˋ, ㄔㄚ ㄉㄧㄢˇ ㄐㄧㄡˋ ㄔㄥˊ ㄍㄨㄥ ㄌㄜ!
Kěwù, chā diǎn jiù chénggōng le!

B: **好可惜。**
ㄏㄠˇ ㄎㄜˇ ㄒㄧˊ。
Hǎo kěxí.

A: ちくしょう，あと少しで成功するところだったのに！
B: とても残念だね。

【可惡】憎らしい。「ちっ」「くそっ」など，怒りを表す口語表現。【差點～了】～するところだった。

☐ 533

非常遺憾。

非常に残念でした。

ㄈㄟ ㄔㄤˊ ㄧˊ ㄏㄢˋ。
Fēicháng yíhàn.

A: **這次結果非常遺憾。**
ㄓㄜˋ ㄘˋ ㄐㄧㄝˊ ㄍㄨㄛˇ ㄈㄟ ㄔㄤˊ ㄧˊ ㄏㄢˋ。
Zhècì jiéguǒ fēicháng yíhàn.

B: **沒關係，大家都盡力了。**
ㄇㄟˊ ㄍㄨㄢ ㄒㄧˋ, ㄉㄚˋ ㄐㄧㄚ ㄉㄡ ㄐㄧㄣˋ ㄌㄧˋ ㄌㄜ。
Méi guānxì, dàjiā dōu jìnlì le.

A: 今回の結果は非常に残念でした。
B: 大丈夫です，皆はよくがんばりました。

【盡力】全力を尽くす。

☐ 534

唯一遺憾的是～。

唯一残念なことは～だ。

ㄨㄟˊ ㄧ ㄧˊ ㄏㄢˋ ㄉㄜ ㄕˋ～。
Wéiyī yíhàn de shì～.

A: **唯一遺憾的是你沒有來台灣。**
ㄨㄟˊ ㄧ ㄧˊ ㄏㄢˋ ㄉㄜ ㄕˋ ㄋㄧˇ ㄇㄟˊ ㄧㄡˇ ㄌㄞˊ ㄊㄞˊ ㄨㄢ。
Wéiyī yíhàn de shì nǐ méiyǒu lái Táiwān.

B: **我明年一定會去台灣找你！**
ㄨㄛˇ ㄇㄧㄥˊ ㄋㄧㄢˊ ㄧˊ ㄉㄧㄥˋ ㄏㄨㄟˋ ㄑㄩˋ ㄊㄞˊ ㄨㄢ ㄓㄠˇ ㄋㄧˇ!
Wǒ míngnián yídìng huì qù Táiwān zhǎo nǐ!

A: 唯一残念なことはあなたが台湾に来なかったことです。
B: 来年は必ずあなたに会いに台湾へ行きますから！

【遺憾】残念だ。【一定】必ず。

□535
我現在後悔了。
いま後悔している。

ㄨㄛˇ ㄒㄧㄢˋㄗㄞˋ ㄏㄡˋㄏㄨㄟˇ ˙ㄌㄜ。
Wǒ xiànzài hòuhuǐ le.

A: **為什麼沒有好好跟她解釋呢？**
ㄨㄟˋ ㄕㄣˊㄇㄜ ㄇㄟˊㄧㄡˇ ㄏㄠˇㄏㄠˇ ㄍㄣ ㄊㄚ ㄐㄧㄝˇㄕˋ ˙ㄋㄜ?
Wèi shénme méiyǒu hǎohǎo gēn tā jiěshì ne?

B: **不要再說了，我現在後悔了。**
ㄅㄨˊ ㄧㄠˋ ㄗㄞˋ ㄕㄨㄛ ˙ㄌㄜ，ㄨㄛˇ ㄒㄧㄢˋㄗㄞˋ ㄏㄡˋ ㄏㄨㄟˇ ˙ㄌㄜ。
Bú yào zài shuō le, wǒ xiànzài hòuhuǐ le.

A: なんで彼女にちゃんと説明しなかったの？
B: もう言わないで，いま後悔している。

【解釋】説明する。解釈する。

□536
早知道就～了。
もっと早く知っていたら，～のに。

ㄗㄠˇ ㄓ ㄉㄠˋ ㄐㄧㄡˋ～˙ㄌㄜ。
Zǎo zhīdào jiù ~ le.

A: **沒想到這麼難吃，早知道就不吃了。**
ㄇㄟˊ ㄒㄧㄤˇ ㄉㄠˋ ㄓㄜˋ ㄇㄜ ㄋㄢˊ ㄔ，ㄗㄠˇ ㄓ ㄉㄠˋ ㄐㄧㄡˋ ㄅㄨˋ ㄔ ˙ㄌㄜ。
Méi xiǎng dào zhème nán chī, zǎo zhīdào jiù bù chī le.

B: **已經太晚了。**
ㄧˇ ㄐㄧㄥ ㄊㄞˋ ㄨㄢˇ ˙ㄌㄜ。
Yǐjīng tài wǎn le.

A: こんな不味いと思わなかった，もっと早く知っていたら食べなかったのに。
B: もう遅いよ。

【難吃】不味い。

□537
我不應該那樣做的。
私はそれをするべきではなかった。

ㄨㄛˇ ㄅㄨˋ ㄧㄥ ㄍㄞ ㄋㄚˋ ㄧㄤˋ ㄗㄨㄛˋ ˙ㄉㄜ。
Wǒ bù yīnggāi nàyàng zuò de.

A: **為什麼跟高利貸借錢！**
ㄨㄟˋ ㄕㄣˊㄇㄜ ㄍㄣ ㄍㄠ ㄌㄧˋ ㄉㄞˋ ㄐㄧㄝˋ ㄑㄧㄢˊ!
Wèi shénme gēn gāolìdài jiè qián!

B: **對不起，我不應該那樣做的。**
ㄉㄨㄟˋ ㄅㄨˋ ㄑㄧˇ，ㄨㄛˇ ㄅㄨˋ ㄧㄥ ㄍㄞ ㄋㄚˋ ㄧㄤˋ ㄗㄨㄛˋ ˙ㄉㄜ。
Duìbuqǐ, wǒ bù yīnggāi nàyàng zuò de.

A: なんで闇金から借りたの！？
B: ごめんなさい，そうすべきではありませんでした。

【高利貸】闇金。

挨拶と社交

質問と応答

意思疎通

勧誘と申し出

依頼・勧告・要求

感情の表現

3Q台湾華語学院 学院長

潘凱翔（ハン・イースン）

　台北市出身。大学時代は上海に4年間留学し，上海大学を卒業（広告学専攻）。日本語能力試験1級取得。台湾華語，中国語の講師として都内の中国語学院に数年間勤めた後，現在は3Q台湾華語学院の学院長に就任。著書に『単語でカンタン！旅行台湾語会話』（Jリサーチ出版）がある。

　3Q台湾華語学院 https://www.3q-taiwan.com/

© Eason Pan, 2020, Printed in Japan

3パターンで決める
日常台湾華語会話ネイティブ表現

2020年3月10日　初版第1刷発行
2021年4月1日　　第2刷発行

著　者　潘凱翔
制　作　ツディブックス株式会社
発行者　田中 稔
発行所　株式会社 語研
　　　　〒101－0064
　　　　東京都千代田区神田猿楽町2－7－17
　　　　電 話03－3291－3986
　　　　ファクス03－3291－6749
印刷・製本　シナノ書籍印刷株式会社

ISBN978-4-87615-354-1 C0087
書名 ニチジョウタイワンカゴカイワネイティブヒョウゲン
著者 ハン・イースン

本書の感想は
スマホから↓

株式会社 語研 GOKEN
語研ホームページ https://www.goken-net.co.jp/

【無料音声のダウンロードはコチラから】

https://www.goken-net.co.jp/catalog/card.html?isbn=978-4-87615-354-1